노션 Notion
라이프

지은이 **박현정_노사연 캐리(Carrie)**

연세대학교 교육대학원에서 인적자원개발학(HRD)을 공부했고 '배워서 남 주기'를 모토로 커리어를 이어가
고 있다. 국내 대기업, 외국계 기업에서 인사/인재개발 담당자로 지내면서 리더와 일잘러를 육성하는 프로그
램을 개발하고 실행했다. 15년 조직생활을 끝으로 꿈꾸던 디지털 노마드가 되었고, 현재는 뜻이 맞는 동료
들과 '딥택트러닝'을 창업한 후 강의를 통해 더 적극적으로 '배워서 남 주기'를 실현하고 있다.
창업 이후 노션의 매력에 빠져 '노사연(노션을 사랑하고 연구하는) 캐리'라는 부캐로 유튜브 채널을 시작했
다. 강의 주제에 노션을 접목해 원하는 인생을 살기 위한 도구를 노션으로 설계하여 공유한다. '덕분에 일과
삶이 잘 정리되고 있어요'라는 피드백을 에너지로 삼아 즐거운 하루를 보내고 있다. 앞으로도 더 많은 조직
과 사람들에게 성장의 인사이트를 나누는 것이 꿈이다.

이메일 carrie@deeptactlearning.com
딥택트러닝 홈페이지 www.deeptactlearning.com
딥택트러닝 아카데미 deeptact.liveklass.com
딥택트러닝 유튜브 채널 www.youtube.com/@deeptactlearning
노션라이프×클래스유 https://m.site.naver.com/1hWNk

◀ 노션라이프 구독자를 위한 20% 할인 수강 링크

오늘도 마음만 먹는 당신을 위한 갓생 실천 비법

노션 Notion 라이프

초판 1쇄 발행 2023년 7월 10일
초판 2쇄 발행 2024년 1월 24일

지은이 박현정 / **펴낸이** 전태호
펴낸곳 한빛미디어(주) / **주소** 서울특별시 서대문구 연희로 2길 62 한빛미디어(주) IT출판1부
전화 02-325-5544 / **팩스** 02-336-7124
등록 1999년 6월 24일 제25100-2017-000058호 / **ISBN** 979-11-6921-101-7 13000

총괄 배윤미 / **책임편집** 장용희 / **교정** 박동민
디자인 이아란 / **전산편집·일러스트** 김보경
영업 김형진, 장경환, 조유미 / **마케팅** 박상용, 한종진, 이행은, 김선아, 고광일, 성화정, 김한솔 / **제작** 박성우, 김정우

이 책에 대한 의견이나 오탈자 및 잘못된 내용에 대한 수정 정보는 한빛미디어(주)의 홈페이지나 아래 이메일로 알려주십시오.
잘못된 책은 구입하신 서점에서 교환해 드립니다. 책값은 뒤표지에 표시되어 있습니다.

한빛미디어 홈페이지 www.hanbit.co.kr / **이메일** ask@hanbit.co.kr

지금 하지 않으면 할 수 없는 일이 있습니다.
책으로 펴내고 싶은 아이디어나 원고를 메일(writer@hanbit.co.kr)로 보내주세요.
한빛미디어(주)는 여러분의 소중한 경험과 지식을 기다리고 있습니다.

오늘도 마음만 먹는 당신을 위한 갓생 실천 비법

노션 Notion
라이프

박효정 지음

IB 한빛미디어
Hanbit Media, Inc.

노션으로
내 인생에 날개 달기

노션은 자신이 원하는 삶의 도구를 자유롭게 구현해낼 수 있는 신개념 서비스입니다. 저의 본업은 기업 교육이지만 노션과 깊은 사랑에 빠지면서 '이건 정말 나눠야 해!'라는 생각으로 2021년 초 자연스럽게 유튜브 채널을 시작했습니다. 첫 영상을 찍을 때 떨리던 마음이 아직도 생생하게 떠오르네요. 2022년 여름에는 '노션 전문 채널 2위'라는 영향력이 생겼습니다. 노션 영상 단 14개로 맺은 결실입니다. 특히 '할 일 관리 비서 만들기' 영상은 현재 7만이 넘는 조회수를 기록했고 이외에 노션 템플릿을 제공하는 영상이 모두 1만 조회수를 넘었습니다.

사실 조회수와 구독자수 같은 성적보다 더 의미 있게 다가온 것은 영상을 본 사람들의 반응이었습니다. '노션으로 어떻게 삶을 관리할 수 있는지 알게 되었다', '실제로 하루하루가 바뀌고 있다' 등 천여 개가 넘는 댓글이 달렸습니다. 이러한 피드백은 제가 왜 이 일을 더 열심히 해야 하는지 깨닫는 계기가 되었습니다. '배워서 남 주기'라는 가치를 업의 방향으로 삼고 있는 제가 노션 책을 집필하게 된 것은 어쩌면 정해져 있는 길이었는지도 모르겠습니다.

'노션을 내 삶에 실제로 활용하는 방법'을 자세히 가이드합니다.

'어떻게 하면 노션을 잘 다룰 수 있을까?'라는 질문으로 노션에 접근하면 단순히 노션 기능만을 학습하게 됩니다. 노션은 목적이 아닌 목적을 위한 도구입니다. 이 책에서는 '내가 원하는 삶을 살도록 도와주는 도구로서 노션을 어떻게 활용할 수 있을까?'라는 질문으로 노션에 접근합니다. 제가 오랜 시간 강의해온 '인생 관리' 주제를 노션으로 구현하는 것입니다. 인간의 심리와 행동 이해를 기반으로 설계한 노션 템플릿은 여러분이 하루하루를 원하는 방향으로 살도록 도울 것입니다. 또한 각자의 상황에 맞게 도구를 업그레이드하고 관심사에 맞는 다양한 노션 템플릿을 만들 수 있도록 노션 기능 역시 쉽고 자세하게 다뤘습니다. 이 책을 차근차근 읽어보면 노션을 내 삶에 자유자재로 활용할 수 있습니다.

이 책의 CHAPTER 01, 02에서는 노션을 활용해 궁극적으로 실현하고자 하는 'Life Management System'을 다루고 있습니다. 매일매일 성공하는 삶의 시스템에 대한 개념과 시스템을 구축하는 방법을 익힐 수 있습니다. CHAPTER 03, 04에서는 노션을 원하는 대로 활용하는 데 필요한 핵심 기능을 익힙니다. 노션의 모든 기능을 나열하지 않고 실전에서 유용하게 쓰이는 기능만 골라 사례와 함께 친절하게 구성했습니다. 본문을 차근차근 따라가다 보면 어느새 노션의 고급 기능까지 편안하게 다루고 있는 자신을 발견할 수 있을 것입니다.

노션은 수시로 업데이트됩니다. 책을 집필하기 시작한 시점부터 8개월 동안 정규 업데이트만 12번이 있었습니다. 최대한 최신 버전의 노션을 보여드리고 싶은 마음에 기능이 바뀔 때마다 본문과 예시 이미지를 수정하다 보니 책을 다시 써내는 수준의 작업을 여러 번 진행했습니다. 앞으로도 노션은 계속 업데이트되겠지만 걱정할 필요는 없습니다. 이 책에서 소개하는 노션의 핵심 기능을 제대로 익혀둔다면 새로 추가되는 기능을 쉽게 활용할 수 있을 것입니다.

Special Thanks to

이 책을 쓰면서 좋은 담당자와 작업하는 것이 얼마나 큰 행운인지 느꼈습니다. 일로 만난 사람 중에 '그 사람이 잘 되었으면 좋겠다'고 진심을 담게 되는 사람이 있는데, 박동민 편집자님이 바로 그런 분입니다. 법인 창업과 연일 계속되는 강의까지 겹쳐 인생에서 가장 바쁜 순간을 지내면서도 이 책을 집필할 수 있었던 것은 박동민 편집자님의 따뜻한 응원과 세심한 배려 덕분입니다. 따뜻한 프로는 어떤 사람인지 매번 느끼게 해주신 장용희 팀장님, 제 책이 세상에 나올 수 있게 끝까지 정성을 기울여주셔서 정말 감사드립니다.

이 책의 주제인 '인생 관리' 영역에서 늘 등대와 같은 멘토가 되어주는 딥택트러닝의 박재현 소장님께도 감사의 마음을 전합니다. 인생 관리의 대가와 한 회사에서 같이 일하고 있다는 것은 사업적으로도, 개인 인생에 있어서도 정말 빛과 같은 일입니다. 직장 동료로 만나 같은 비전을 가지고 회사를 함께 운영하는 파트너가 되었다는 사실이 꿈만 같습니다. 앞으로도 더 많은 사람의 성장을 돕는 일을 오랜 시간 함께 할 수 있기를 바랍니다.

꾸준히 지지를 아끼지 않는 친구들과 선후배 그리고 동료들에게도 애정의 마음을 전합니다. 좋은 사람과 함께 하면서 자연스레 깨닫는 것들이 저라는 사람을 조금이라도 더 나은 사람이 될 수 있게 하는 원동력입니다.

마지막으로 가장 날것의 제 모습을 사랑하고 아껴주는 가족에게 깊은 사랑을 전합니다. 늘 멋지다며 찬사를 아끼지 않는 시댁 가족분들, 딸내미 과로할까 노심초사하며 하루가 멀다 하고 반찬을 나르시는 우리 김여사님 정말 감사합니다. 마지막으로 이 기회를 빌려 마음을 전하고 싶네요. 제가 가진 그대로의 모습으로 살 수 있게 도와주는 남편에게 각별한 마음을 전합니다. 고맙고 사랑합니다.

✎ 2023년 6월 노사연 캐리, 박현정

✎ 이 책의 구성

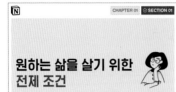

이해가 쏙쏙되는 내용 설명

인생 관리 시스템의 원리를 이해할 수 있
도록 개념과 전략을 쉽게 설명합니다. 목
표 설정법과 실행 전략, 리뷰 관리 등을
찬찬히 살펴봅니다.

원하는 삶을 살게 도와주는 가이드

인생 관리 시스템을 구축할 때 노션을 제대로
활용하는 방법을 알려줍니다. 템플릿을 활용해
초보자도 쉽게 따라 할 수 있습니다.

어려운 부분을 콕콕 짚어주는 TIP

생소한 용어, 노션을 활용하기 위한 간단한
지식, 추가 설명이 필요한 부분을 속 시원하
게 알려드립니다. 어려운 내용도 막힘없이
읽고 이해할 수 있습니다.

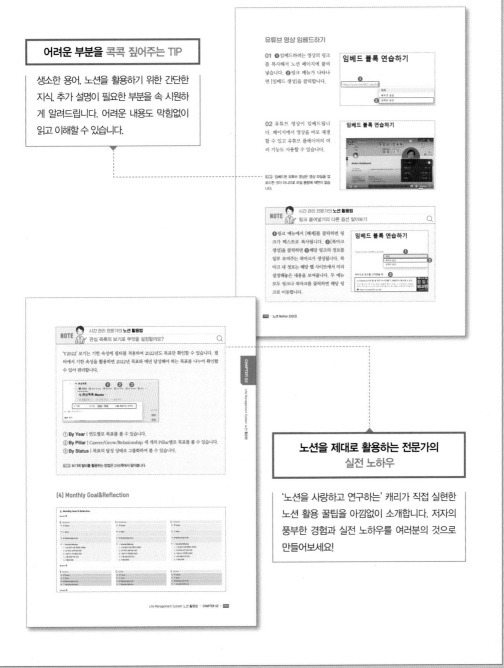

노션을 제대로 활용하는 전문가의
실전 노하우

'노션을 사랑하고 연구하는' 캐리가 직접 실현한
노션 활용 꿀팁을 아낌없이 소개합니다. 저자의
풍부한 경험과 실전 노하우를 여러분의 것으로
만들어보세요!

✎ 이 책의 활용 방법

이 책에서는 많은 것을 성취하면서도 여유롭고 행복하게 살기 위한 '인생 관리 시스템'을 구축하는 방법, 더 나아가 최고의 생산성 도구인 노션을 활용해 실천하는 방법을 알려줍니다. '인생 관리편'에서는 노션을 도구로 활용하여 바로바로 실습하면서 적용해볼 수 있어 좋습니다. 노션을 자유자재로 다룰 수 있는 역량이 있다면 인생 관리 시스템을 적용하거나 자신이 필요로 하는 도구를 만들어내는 데 큰 도움이 됩니다. 아직 노션이 서툴다면 '노션 익히기편'을 통해 노션을 학습해보세요. 노션 입문자라면 CHAPTER 03부터, 노션을 사용해보았으나 데이터베이스에 대한 개념이 부족하다면 CHAPTER 04만 집중해서 학습합니다.

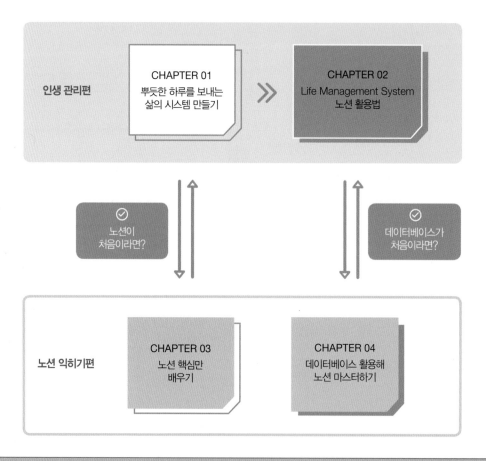

1. 인생 관리 시스템의 원리와 실천 전략을 익히고 내 삶에 적용해보자!

본격적으로 자신이 할 일을 메모하고 관리하기 전 내 인생의 방향성을 설정하고 실천 전략을 세워야 합니다. 인생 관리 시스템에서 매일매일 이뤄내는 작은 성취를 인생 목표와 연결시킨다면 자신이 원하는 인생을 살아갈 수 있습니다. CHAPTER 01에서는 인생 관리 시스템의 개념을 설명하고 목표 설정법, 실행 전략, 리뷰 관리 등을 살펴봅니다.

2. 노션을 익히는 방법을 참고하자!

이 책에서는 생산성 도구 노션을 통해 실제로 인생 관리 시스템을 구현합니다. 인생 관리 시스템의 예시는 대부분 노션 화면으로 구성되어 있고 CHAPTER 02에서는 노션 템플릿을 직접 활용해야 하므로 노션을 사용할 수 있어야만 합니다.

노션은 직관적인 인터페이스를 가지고 있어 초보자도 사용하기 어렵지 않습니다. 따라서 노션의 방대한 기능을 처음부터 모두 학습하는 것은 비효율적입니다. 인생 관리 시스템을 구축 및 활용할 때 필요한 만큼만 그때그때 확인하며 익히는 것을 추천합니다.

노션이 처음이라 예시 화면이 낯설어 이해하기 힘들다면 먼저 CHAPTER 03을 가볍게 읽어보는 것을 추천합니다. CHAPTER 02에는 노션 데이터베이스 개념이 들어가므로 중간중간 CHAPTER 04를 참고합니다.

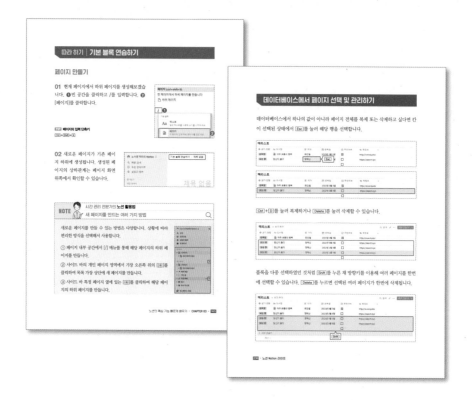

3. 인생 관리 시스템을 모두 익혔다면 데이터베이스를 학습해 노션 고수로 거듭나자!

제공하는 노션 템플릿을 통해 나만의 인생 관리 시스템을 구축하고 실천하는 방법까지 체화했다면 CHAPTER 04를 제대로 학습해보는 것을 추천합니다. 노션 데이터베이스를 자유자재로 다룰 수 있으면 인생 관리 시스템뿐만 아니라 자신이 원하는 모든 생산성 도구를 혼자서 만들어낼 수 있습니다. 인생 관리 시스템 템플릿을 직접 만들고 수정할 수 있는 수준이 되면 무궁무진한 노션의 세계를 경험할 수 있을 것입니다.

↓ 노션 템플릿 복제 가이드

인생 관리에 필수인 노션 템플릿 복제하여 활용하기

이 책에서 제공하는 노션 템플릿은 자신의 계정에 해당 템플릿을 복제하여 사용합니다. 아직 노션 계정이 없다면 147쪽을 참고하여 회원 가입을 완료한 후 템플릿 복제를 진행합니다.

01 노션에 로그인한 상태에서 **http://m.site.naver.com/1951u**에 접속해 템플릿 공유 페이지를 엽니다. 화면 오른쪽 위에 [복제]를 클릭합니다.

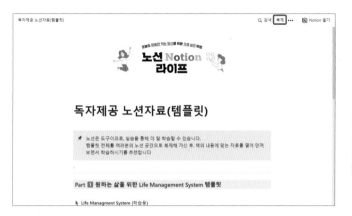

• 스마트폰에서 QR코드를 스캔합니다.

02 내 계정 워크스페이스의 개인 페이지 목록에 템플릿 공유 페이지가 복제됩니다. 본문 내용에 맞는 템플릿을 클릭해 실습을 진행합니다.

목차

CHAPTER 01 | 뿌듯한 하루를 모아가는 삶의 시스템 만들기 ▼

목차

CHAPTER 02 | Life Management System 노션 활용법

목차

CHAPTER 04

데이터베이스 활용하여 노션 마스터하기

▼

:≡ 목차

뿌듯한 하루를 모아가는 삶의 시스템 만들기

원하는 삶을 살기 위해서는 자신에게 필요한 요소가 무엇인지 정리하고, 이를 얻기 위해 실천해야 하는 행동을 전략적으로 관리해야 합니다. 삶에서 필요한 요소는 각자 다를 수 있지만 원하는 방향으로 삶을 운영하기 위한 전략은 크게 다르지 않습니다. 이 책에서는 인간의 기본적인 행동 원리를 바탕으로 가이드를 제시합니다. 이를 적용해보면서 삶의 전환점을 만들어봅니다.

원하는 삶을 살기 위한 전제 조건

자기 관리 시스템이 왜 필요할까?

필자는 대기업에서 인사 및 교육 담당자로 커리어를 시작해 기업 교육 사업을 운영하는 CEO가 되기까지 약 20년 동안 '성공하는 삶'에 대한 콘텐츠를 만들고 강의했습니다. 오랜 기간 성공한 사람들을 연구하면서 성공한 사람이란 '많은 것을 성취하면서도 여유롭고 행복한 사람'이라는 기준이 생겼습니다. 그리고 이들에게는 단순하지만 중요한 비결이 있음을 발견했습니다. 바로 자신의 삶을 운영하는 시스템을 가지고 있다는 것입니다. 여기서 시스템은 컴퓨터 시스템을 뜻하는 것이 아니라 자기의 삶을 관리하는 원칙과 방법을 말합니다. 내 삶을 운영하는 시스템을 만들고 꾸준히

관리할 수 있는 도구를 학습하는 것이 이 책의 궁극적인 목표입니다.

> **NOTE**
>
> 시간 관리 전문가의 **노션 활용법**
>
> 삶을 운영하기 위한 최고의 도구 노션 🔍
>
> 삶을 관리하는 도구는 기록 기능과 시각화가 굉장히 중요합니다. 그리고 노션은 이런 요소를 모두 갖췄습니다. 'All In One Workspace'라는 노션의 슬로건처럼 삶을 관리하는 데 필요한 모든 것을 노션으로 할 수 있습니다. 이 책에서는 삶을 운영하는 시스템을 노션으로 구현해 실제로 사용하는 방법까지 익혀봅니다.

당신이 그동안 시간 관리에 실패한 이유

미라클 모닝, 틈새 시간 활용법 등 자신의 시간을 관리하기 위한 방법들은 많습니다. 하지만 본질적으로 시간은 관리 대상이 아닙니다. 하루는 누구에게나 24시간이 주어지므로 이를 내 마음대로 조절할 수 없기 때문입니다. '한정된 시간 안에 최대한 많은 일을 구겨 넣고 모두 해내겠다'고 방향을 정한다면 원하는 삶을 사는 길은 결코 열리지 않습니다.

원하는 삶을 살기 위한 시작점은 자신이 집중할 영역을 정하는 것입니다. 나의 에너지를 어디에 집중적으로 쏟을 것인지 명확하게 정하고 나면, 이 에너지 흐름에 따라 시간은 자연스럽게 배분됩니다. '많은 일 중에 내가 가장 중요하다고 정한 일만큼은 반드시 실행하겠다'는 의지가 시간을 지배하는 힘이 됩니다. 즉, 시간이 아니라 내가 어디에 에너지를 쏟을 것인지 나의 관심을 관리해야 합니다. 성공한 사람들은 자신의 관심사를 지속적으로 관리할 수 있도록 설계된 자신만의 시스템을 가지고 있습니다. 바로 Life Management System입니다. Life Management System에 대해 구체적으로 알아보겠습니다.

Life Management System

중요한 일 다(DAR) 이루기

Life Management System은 다음 세 가지 요소로 이루어져 있습니다.

Destination 내 삶의 목적지를 명확하게 그리기
Acting Power 미루지 않도록 체계적으로 실행하기
Reflection 주기적으로 점검하고 관리하기

제한된 에너지를 잘 관리해서 내 삶에 중요한 것들을 다(DAR) 이루며 살기 위한 프로세스라고 기억하면 쉽습니다.

첫 번째, Destination은 삶의 목적지를 뜻합니다. 어디로 가야 할지 아는 것이 원하는 삶으로 나아가기 위한 첫 단추입니다. 내 삶의 목표를 정하고 그곳에 도착하기 위해 무엇을 해야 하는지 정합니다. 나의 관심, 즉 에너지를 쏟을 대상을 명확하게 설정하는 것입니다.

두 번째, Acting Power는 실행에 관한 전략입니다. 명확한 목표를 세워도 실행력이 따르지 않으면 목표는 힘을 발휘하지 못합니다. 미루지 않고 해내기 위한 전략을 설정합니다.

마지막으로는 Reflection입니다. 삶의 시스템을 지속적으로 유지하기 위해 주기적으로 나의 목표를 점검하고 성찰합니다. 이를 통해 삶을 더 의미 있게 바라보게 되고 지속적으로 실천하고자 하는 동기를 얻을 수 있습니다.

행복한 인생의 House 모델

행복한 인생을 집에 비유한다면 어떤 모습일지 생각해봅니다. 먼저 건강한 몸과 마음은 집의 토대가 됩니다. 살고자 하는 삶의 방향은 지붕이 됩니다. 토대와 지붕 사이에 일, 성장, 관계라는 세 개의 기둥이 세워져 튼튼한 집이 완성됩니다.

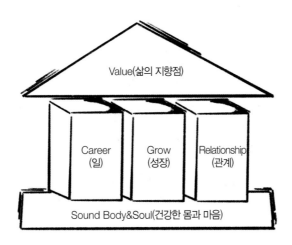

세 기둥은 인간이 행복한 삶을 살기 위한 필수 요소입니다.

먼저 일(Career)은 직업 및 전문 영역으로, 경제 활동의 원천이 되는 영역입니다. 일을 생존을 위한 불가피한 수단으로 생각하는 사람도 있습니다. 하지만 사람은 누구나 자신이 사회적으로 쓸모있다는 유능함을 확인할 때 행복을 느낍니다. 나의 존재 가치를 발견할 수 있기 때문입니다. 따라서 원하는 분야에서 의미 있는 성취를 얻는 것은 행복한 삶을 위해 꼭 필요합니다.

성장(Grow)은 자기 계발 및 내적 성장과 관련된 영역입니다. 일이 내가 가진 에너지를 사용하는 축이라면, 다른 한 축에서는 에너지를 채우는 노력이 필요합니다. 바로 성장이라는 기둥입니다. 흔히 자기 계발이라고 부르는 학습뿐 아니라 내적인 성장, 즉 삶의 원동력이 되는 에너지를 충전하는 일, 나답게 살며 내면의 풍부함을 채우는 모든 활동이 포함됩니다.

마지막으로 관계(Relationship)는 가족, 친구, 동료 등 타인과의 관계와 관련된 영역입니다. 75년에 걸친 하버드대학교의 행복 연구를 비롯한 다양한 연구를 통해 좋은 관계가 신체 건강을 포함한 삶의 행복에 큰 영향을 준다는 사실을 대부분의 사람들이 알게 되었습니다. 우리는 가까운 사람과의 관계에서 경험한 것들을 통해 세상을 바라봅니다. 건강한 관계는 좋은 시선을 만들고, 더 나아가 내적 갈등이 없는 편안한 삶으로 이끌어줍니다.

세 기둥은 상호 의존적이자 보완적인 관계입니다. 워라밸(Work&Life Balance)처럼 하나의 영역이 커지면 다른 영역이 침범받는 구조와는 맥락이 다릅니다. House 모델은 실제 집을 떠올려보면 이해하기 쉽습니다. 세 개의 기둥이 모두 다 튼튼하지 않더라도 두 개의 기둥이 힘을 받쳐준다면 집은 무너지지 않고 버틸 수 있습니다. 그러나 기둥 한 개만 강하면 집 전체를 지탱하지 못합니다. 일, 성장, 관계 세 영역이 서로를 보완하며 조화를 이룰 때 삶이라는 집은 오래도록 튼튼할 수 있습니다. 세 영역을 기준으로 삶의 지향점(To Be Map)과 관심 목록을 설정해보겠습니다.

목적지 설정하기

To Be Map의 목적 이해하기

일, 성장, 관계라는 세 영역의 관심 목록을 설정하기 전에 먼저 내가 어떤 모습의 사람이 되고 싶은지 생각해봐야 합니다. House 모델에서 지붕에 해당하는 삶의 지향점이기도 합니다. '좋은 직장에 다니고 싶다', '넓은 주택을 사고 싶다'와 같은 것은 삶의 수단적인 목표이지, 궁극적인 가치가 아닙니다. 내가 어떤 사람이 되고 싶은지를 정해야만 내가 어디에 에너지를 쓸 것인지를 결정할 수 있습니다. 필자는 일 영역에서 '타인의 성장을 돕는다'가 가장 중요한 가치입니다. 이러한 지향점은 인사 담당자로서 새로운 직장을 선택할 때에도 영향을 미쳤습니다. 그리고 현재 하고 있는 일을 디자인하게 된 동력이기도 합니다. 자신이 잘 먹고 잘 살기 위한 목표도 중요하지만 타인, 그리고 사회와 연결된 가치를 생각해보는 것이 좋습니다. 인간은 누구나 이타적 본능을 가지고 있기 때문입니다. 내가 타인에게 유용한 의미를 제공한다는 것을 느낄 때 큰 동기부여가 일어납니다. 이는 일을 하다가 겪는 어려움을 이겨내는 힘이 됩니다. 일에서의 가치를 명확히 가진 사람은 어려운 문제 앞에서도 올바른 해결 방법을 찾을 수 있습니다. To Be Map을 활용하여 삶의 지향점을 명료하게 정리해본다면 여러분의 삶의 방향이 분명해질 것입니다.

To Be Map 미리 보기

To Be Map은 필자가 제공하는 템플릿에서 더 자세히 살펴볼 수 있습니다. 복제한 템플릿에서 Life Management(학습용)를 열어 필요한 내용을 확인합니다. 템플릿 복제 방법은 이 책의 013쪽을 참고합니다.

To Be Map 구성 및 사용법

사실 To Be Map 템플릿이 노션의 어떤 기능으로 만들어졌는지는 크게 중요하지 않습니다. 중요한 것은 내용입니다. 필자가 제공하는 템플릿 요소의 목적을 잘 이해하여 자신에게 알맞게 적용해봅니다. 아직 노션을 다루기 어려운 입문자라면 페이지에 기본 텍스트로만 정리해도 됩니다.

TIP 노션을 처음 접한다면 CHAPTER 03을 참고해 노션의 기본 사용법을 익혀봅니다.

To Be Map 구성 요소

To Be Map은 간단한 데이터베이스로 만들어 사용합니다. 노션의 데이터베이스는 개별 페이지를 체계적으로 넣어두는 캐비닛이라고 생각하면 됩니다. 아직 데이터베이스에 대한 이해가 부족하다면, 일단 나의 To Be Map을 적는 단순한 표로 생각하고 작성합니다. To Be Map의 요소는 아래와 같습니다.

TIP 데이터베이스는 노션의 꽃이라고 할만큼 흥미롭고 다양한 것을 구현해주는 기능입니다. Life Management System도 데이터베이스 기능을 통해 구현됩니다. 따라서 데이터베이스 기능을 익혀둔다면 Life Management System을 더욱 잘 활용할 수 있을 것입니다. 데이터베이스를 제대로 학습하려면 CHAPTER 04를 참고합니다.

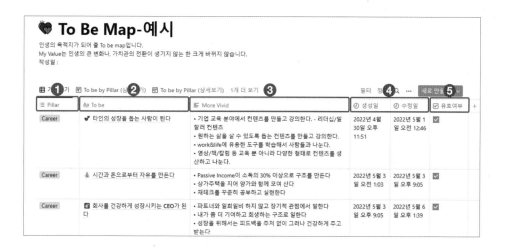

① **Pillar(선택 속성)** | House 모델의 세 기둥인 일, 성장, 관계(Career, Grow, Relationship)를 카테고리로 만들었습니다. 각 카테고리에서 자신은 어떤 사람이 되고 싶은지 고민해봅니다. 세 카테고리는 삶에 있어 가장 중요한 기둥이 되므로 관심 목록을 작성할 때도 해당 카테고리별로 나누어 생각해봅니다.

② **To be(제목 속성)** | 내가 되고자 하는 모습을 적습니다. 내 삶 속에서 만들어내고 싶은 가치가 무엇인지 정립해봅니다. 일의 가치는 영향력과 관련지어 생각하기를 추천합니다. 예를 들어 재무 관련 업무를 한다면 자신을 회계 처리를 하는 사람이 아니라 '기업의 비즈니스가 위기에 처하지 않고 재무적 건강성을 유지할 수 있도록 돕는 사람'이라고 생각해볼 수 있습니다. 이런 방식으로 일의 가치를 설정해보면 일의 의미가 다르게 보이고, 더 나아가 자신이 발전시켜야 할 전문성의 영역을 새롭게 발견할 수도 있습니다.

③ **More Vivid(메모 속성)** | 내가 원하는 모습이 된다는 것이 어떤 의미일지 구체적으로 상상하여 적습니다. 선명하게 떠올릴수록 원하는 모습에 가까워질 가능성이 높습니다.

④ **생성일/수정일(자동 속성)** | To be를 설정한 시점, 또는 내용을 수정한 시점이 자동으로 기록되므로 직접 입력하지 않아도 됩니다.

⑤ **유효여부(체크박스 속성)** | 삶에 큰 변화가 있을 때 To be는 바뀔 수 있습니다. 기존의 To be와 현재의 To be를 구분할 수 있도록 체크 박스를 활용합니다. 더 이상 유효하지 않은 To be라면 체크를 해제합니다. 체크 박스를 활용하여 현재 유효한 To be만 선택하여 볼 수 있습니다.

To Be Map 보기 방식 설정하기

템플릿의 여러 보기 중에서 To be by Pillar(상세보기) 보기를 추천합니다. 카테고리별로 To be를 상징하는 이미지와 내용을 함께 확인할 수 있습니다. 필자는 불필요한 꾸미기 작업을 지양합니다. 그러나 To Be Map은 한 번 설정하고 나면 자주 바꾸지 않으므로 나의 To be에 어울리는 이미지를 페이지 커버로 지정하고 [카드 미리보기] 노출 이미지로 설정했습니다. 커버 이미지는 Unsplash에서 검색하여 추가할 수 있습니다. 데이터베이스의 보기 방식에 대한 자세한 설명은 267쪽을 참고합니다.

TIP 이미지를 사용하지 않을 경우 데이터베이스의 [⊞] 메뉴에서 [레이아웃]–[카드 미리보기]–[카드 사용 안함]을 클릭합니다.

NOTE 시간 관리 전문가의 **노션 활용법**
자신이 되고 싶은 모습을 구체적으로 메모하기 🔍

각 To be 페이지 안에 To be에 대한 생각을 메모할 수 있는 데이터베이스 템플릿이 있습니다. 왜 해당 To be를 가지게 되었는지 이유를 정리함으로써 자신에 대해서 탐구할 수 있습니다. 자유롭게 메모한 후 생각을 정리해서 More Vivid에도 입력합니다.

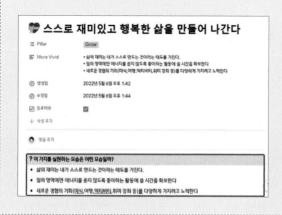

목적지로 가기 위한 징검다리 놓기

나는 무엇에 관심이 있을까?

Destination의 두 번째 단계는 관심 목록을 설정하는 것입니다. To Be Map을 통해 궁극적으로 내가 되고 싶은 모습을 설정했다면 그곳에 갈 수 있는 징검다리를 놓아야 합니다. 시간이라는 한정된 자원을 어떤 일에 쓸 것인지 정하는 단계이기도 합니다. 항상 쉴 새 없이 바쁜데도 정작 인생은 원하는 대로 흘러가고 있지 않다는 생각이 든 다면 내가 알맞은 곳에 에너지를 쏟고 있는지 꼭 짚어봐야 합니다.

☰ Pillar	Aa 관심목록(목표)	☰ 목표 메모	☰ 기한	⊙ 중요도	⊙ Status
Career	홈페이지 개편하기		2022	★	진행 전
Career	핵심상품 구축하기		2022	★★	진행 전
Relationship	한 달에 1회 이상 긴 수다 타임		매년	★★	연중진행
Relationship	한 달에 1번 계획한 데이트하기		매년	★★	연중진행
Career	퍼블리에 분기에 1회 기고하기		2022	★★	진행 중
Grow	탁구 배우기		2023	★★	
Grow	주 3회 필라테스 or 헬스장 가기		2022	★★	진행 중
Grow	주 1회 Ted 영상 반복 청취하기		2022	★	진행 중
Relationship	좋은 말습관 가지기 (고맙다/그렇구나)		매년	★★	연중진행
Grow	전문도서 100권/비전문도서 50권		2022	★★★	진행 중

관심 목록 역시 To Be Map과 연결해 일, 성장, 관계를 기준으로 생각합니다. 내

가 해야겠다고 생각하는 일(관심 목록)을 설정할 때, 내가 되고자 하는 모습(To Be Map)을 연결해서 생각하지 못하는 경우가 꽤 많습니다. 대부분 현재 나에게 주어진 일, 해야 할 일을 먼저 고려할 때 발생합니다. 예를 들어 언젠가 작가가 되겠다는 목표를 가지고 있지만 현재 다니는 회사 업무에 맞춰진 계획만 가지고 있는 경우, 가정적인 아빠가 되겠다는 목표가 있지만 가족과 함께 하는 시간을 계획하지 않는 경우 등입니다. 관심 목록을 설정하는 자체가 내가 원하는 모습으로 살기 위한 도구임을 상기하며 관심 목록을 정리해봅니다.

일, 성장, 관계에서 나의 관심 목록 만들기

일(Career)

관심 목록은 5년 이상의 장기적 관점으로는 만들지 않습니다. 일, 성장, 관계 영역 중 특히 일은 장기적 관점으로 설정하는 것이 현실적이지 않습니다. 세상은 너무나 빠르게 바뀌므로 내 삶의 수단적 목표는 언제든 쉽게 바뀔 수 있습니다. 예를 들어 필자의 To be에 '타인의 성장을 돕는 사람이 된다'가 있으므로 관심 목록에 '노션과 관련된 책을 쓰겠다'를 추가할 수 있습니다. 그러나 이는 노션이라는 프로그램을 알기 전에는 생각조차 할 수 없는 관심 목록입니다. 미래에 어떤 일이 나에게 주어질지 모르는 상황에서 3년 후나 5년 후의 관심 목록까지 예측하여 작성하는 것은 매우 어렵고 비현실적입니다. 가까운 기간 내에 해야 하는 행동을 구체적으로 설정하고 여기에 에너지를 모으는 것이 To be와 가까워지는 현실적인 전략입니다. 가급적 3년 이내에 내가 정말 집중해야 하는 계획을 명확히 적습니다. To be가 명확하다면 중간 경로는 상황에 따라 바뀌어도 크게 문제되지 않습니다. 5년 이상 장기적인 관점으로 고려할 요소는 To be에 반영해 관리합니다.

현재 직장을 다니고 있다면 지금 하는 일의 전문성을 키우고 성과를 내기 위해 자신이 가진 에너지의 70%를 사용하고 나머지 30%는 미래를 준비하는 데 쓰길 추천합니다. 프리랜서의 경우 계속 자신의 기회를 창출해야 하므로 에너지를 현재와 미래 준비에 각각 50% 정도로 분배하여 관심 목록을 작성하길 추천합니다.

성장(Grow)

샐러던트(Salaried man과 Student의 합성어)라는 말이 생겨날 정도로 요즘 직장인들은 미래를 준비하기 위해 부지런히 공부합니다. 취직 후에도 미래에 대한 불안 때문에 무언가 공부해야 한다는 강박에서 자유롭지 못한 것입니다. 그래서인지 대부분의 사람들이 성장 영역에서 자신의 관심 목록을 작성할 때 자기 계발과 관련된 목표만을 세웁니다. 하지만 성장 영역에서 관심 목록을 작성할 때는 아래 두 가지 사항을 꼭 고려하여야 합니다.

첫 번째, 자기 계발을 잘하려면 역설적으로 자기 계발을 덜 해야 합니다. 많은 사람들이 무언가를 학습하는 일은 무조건 좋은 것으로 여깁니다. 그래서 관심을 제한하지 않고 다양한 영역에 도전하고자 합니다. 그러나 하나에 집중하지 못하고 이것저것 기웃거리다 보면 단 하나도 제대로 달성하기 어렵습니다. 배우는 것은 좋은 일이지만 무작정 많은 것만 배우려고 하는 것은 나쁜 일이 될 수도 있습니다. 자기 계발 영역의 다양한 관심사 중에서 중요한 것에만 제대로 발을 담그고 공부하여 학습한 내용을 실제로 쓸 수 있는 경지까지 만들어야 합니다. 그렇기 때문에 현실적으로 성장 영역의 관심 목록 개수도 제한하는 것이 필요합니다.

두 번째, '나의 몸과 마음을 평온하게 하겠다'는 목표를 챙겨야 합니다. 많은 사람들이 놓치는 부분이기도 합니다. 주로 일을 위주로 성장 영역을 생각하기 때문입니다. 일을 할 수 있는 에너지는 하고 싶은 일을 하는 데서 충전됩니다. 이 점을 잊지 말아야 합니다. 건강 관리를 위해 비타민을 챙겨 먹듯이, 나의 성장도 마찬가지입니다. 어떤 목표를 달성하기 위한 활동이 아니라 행위 그 자체만으로 마음이 편해지고 좋은 감정이 차오르는 일을 해야 합니다. 필자가 몸과 마음을 위해 챙기는 일들은 다음과 같습니다.

- 주말에 두 시간 좋아하는 작가의 수필이나 소설 읽기
- 명작 드라마 선별해서 주에 한두 편 보기 또는 극장 가서 영화 보기
- 주말에 두세 시간 뜨개질하기

대단한 일들은 아니지만 이러한 행위가 채워주는 에너지로 다시 해야 하는 일을 해낼 수 있습니다. 자신의 에너지를 충전해주는 일들을 찾아 관심 목록에 반영합니다.

Relationship(관계)

좋은 관계는 단숨에 만들어지지 않습니다. 적금처럼 꾸준히 쌓아가야 합니다. 다음은 필자가 가족과 지인들로부터 받은 메시지입니다.

남편 "출장 온 곳에 오징어 순대 잘하는 집 있어. 자기 먹을 거랑 어머님 댁에 가져다 드릴 것 좀 살게."
어머니 "현정아, 얼마 전 갔다 온 건강 검진 결과는 괜찮니?"
친구 "너 명란젓 좋아하잖아. 내가 좋은 가게 발견해서 한 통 보냈어."
동료 "선배님, 지난번에 준비한다고 하셨던 중요한 프로젝트는 잘 되어가고 있나요?"

곁에 이런 사람들이 있어야 내 삶이 단단히 뿌리내리고 더욱 튼튼해집니다. 인생에 있어 관계가 중요하다는 것을 알면서도 하루하루 바쁘게 지내다 보면 주변 사람들에게 소원하기 쉽습니다. 일, 공부 등에 밀려 후순위가 되기 때문입니다. 따라서 관계 영역의 관심 목록은 '아무리 바빠도 이것만은 꼭 하겠다'는 마음으로 관리해야 합니다. 가장 추천하는 방법은 무용건 통화입니다.

"그냥 엄마 생각나서 전화했어."
"너 뭐하고 있나 궁금해서 걸어봤어."

아무리 바빠도 마음만 먹으면 5분 정도의 짧은 통화는 어렵지 않습니다. 관계 영역에서의 작은 실천들이 차곡차곡 쌓인다면 삶은 더욱 안정되고 굳건해질 것입니다.

관심 목록 작성하기

관심 목록에는 To be를 위해 내가 이뤄야 하는 목표를 적습니다. 그리고 이러한 목표는 'SMART'하게 써야 합니다.

SMART 목표 설정법

S Specific(구체적이고)

M Measurable(측정이 가능하고)

A Achievable(성취가 가능하고)

R Relevant(내 삶에 필요한 것과 관련되고)

T Time-bound(시간적 범위를 고려한)

아래 세 가지 사항을 중점적으로 고려하면서 작성해봅니다.

① 키워드가 아니라 구체적인 행동을 작성하고 기한을 설정하여 달성 여부를 확인할 수 있도록 작성합니다.

Bad	Good
강의하기	• 월 OO시간 강의하기 • 강의 연간 매출 목표 OO만 원 달성하기
노션 공부	• OO 강의 16강좌 5월까지 완강하기 • 나를 위한 업무 관리 템플릿 6월까지 세팅하기 • 매일 노션 기록으로 하루 시작하기

Bad	Good
이직 알아보기	• 9월까지 이력서 업데이트하기 • 올해 연말까지 10곳 이직 희망 기업 지원서 보내기

② 하지 않는 것도 목표가 될 수 있습니다.

필자의 경우 강의에 매달 50시간 이상 할애하면 다른 목표에 악영향을 준다는 것을 알게 되었습니다. 이후 당장의 수입보다 지속적으로 성장하는 구조를 유지하기 위해 가급적 매달 50시간 이하로 강의 목표를 제한합니다. 인생에서 내가 쓸 수 있는 에너지는 제한적입니다. 해야 할 일에 쓸 에너지를 확보하기 위해서는 하지 말아야 할 것을 분명히 정해야 합니다.

- 월 강의 시간 50시간 초과 금지
- 뜨개질이나 드라마 시청 등 취미 활동은 세 시간 이상 연속하지 않기
- 학습 목적 외의 유튜브 영상 하루 20분 이상 보지 않기

③ 제어할 수 있는 영역에서 목표를 세웁니다.

노력으로 달성할 수 있는 목표만이 동력을 최대치로 만들 수 있습니다. 예를 들면 목표를 세울 때 '정부 창업 지원금 받기'가 아니라 '정부 창업 지원금 지원하기'로 세우는 것입니다. 창업 지원금을 받는 것은 자신의 역량만으로 이룰 수 있는 목표가 아닙니다. 자신이 제어할 수 없는 요소로 달성 여부가 결정되는 일을 목표로 삼으면 나의 노력이 충분했음에도 목표를 달성하지 못할 경우 무의미한 좌절을 겪을 수 있습니다. 삶의 목표는 우리가 제어하지 못하는 영역이 아니라 노력을 쏟아서 바꿀 수 있는 영역에서 세워야 합니다. '정부 창업 지원금 지원하기'를 목표로 세우고 '4분기에 주 네 시간 이상 창업 지원 제안서 작성하기', '회사 내부 평가 기준에서 9점 이상 만들기'와 같은 세부적인 목표를 설정합니다. 이렇게 목표를 설정하면 외부적 요인으로 궁극적인 목표를 달성하지 못했을 때도 다시 도전할 수 있는 동력을 얻을 수 있습니다.

관심 목록 미리 보기

복제한 템플릿에서 Life Management(학습용)의 [관심목록]을 열어 자세한 예시를
확인합니다. 템플릿 복제 방법은 이 책의 013쪽을 참고합니다.

관심 목록 구성 및 사용법

관심 목록은 꾸준히 쌓아가야 하므로 데이터베이스로 관리합니다.

관심 목록 구성 요소

① Pillar(선택 속성) | 일(Career), 성장(Grow), 관계(Relationship)로 나누어 목표를 설정합니다. To be와 연관 지을 수 있도록 동일한 분류를 사용합니다. 세 영역을 고르게 고려해야 일과 삶의 조화를 이룰 수 있습니다.

② 관심목록(제목 속성) | Pillar별 가이드와 관심 목록 작성 방법을 참고해 구체적인 목표를 작성합니다. To Be Map에서 지향하는 내가 되기 위해서 어떤 목표를 이뤄야 할지 고민합니다.

③ 목표 메모(메모 속성) | 목표에 대해 추가로 기록해야 하는 내용이 있다면 작성합니다.

④ 기한(다중선택 속성) | 해당 관심 목록을 언제까지 실행할 것인지 설정합니다. 먼저 연 단위로 목표를 설정합니다. 2년, 3년 등 장기간에 걸쳐 실행해야 하는 목표일 경우 연도 속성을 복수로 선택할 수 있습니다.

• **연도 형태의 태그** : 2022, 2023과 같이 연도를 태그로 만들고 필요할 때마다 연도를 추가해 사용합니다.

- **매년 태그** : 한 해에 국한하지 않고 삶에서 꾸준히 실천해야 하는 관심 목록에 설정합니다. 성장, 관계 영역의 관심 목록에서 자주 사용됩니다.

⑤ **중요도(선택 속성)** | 관심 목록 중에서도 우선순위를 고려하기 위해 별점으로 중요도를 표기합니다. 중요도는 상대적이므로 관심 목록을 모두 작성한 후 전체적으로 리뷰하면서 중요도를 체크합니다.

⑥ **Status(선택 속성)** | 관심 목록의 달성 상태를 표시합니다. 관심 목록을 작성할 때는 '진행 전' 또는 '진행 중' 상태입니다. 매월 관심 목록을 리뷰하면서 해당 상태를 업데이트합니다. 연 단위의 목록은 완료의 개념이 없으므로 '연중진행' 태그를 활용합니다.

NOTE 시간 관리 전문가의 **노션 활용법**
To be와 관심 목록을 연결시켜 관리할 수 있나요? 🔍

To be와 관심 목록이 자연스럽게 연결되어야 원하는 삶을 이루는 행동 목표를 설정할 수 있습니다. 앞서 살펴보았듯 To be와 관심 목록은 모두 데이터베이스로 관리하기 때문에 두 데이터를 연결시키는 게 적합해 보이지만 실제로는 그렇지 않습니다. 관심 목록의 개별 아이템은 단 하나의 영역보다는 여러 가치와 영역에 연결된 경우가 많고, 일부 관심 목록은 현재 상황을 고려한 목표이므로 To be와 잘 연결되지 않습니다.

만약 노션이 익숙하고 관계형 데이터베이스를 자유롭게 사용할 수 있다면 두 데이터베이스를 연결해봐도 좋습니다. 초기에 관심 목록을 설정할 때 To be의 목록들과 어떻게 연결되는지 세밀하게 검토할 수 있습니다. 그러나 노션 활용이 서툴다면 To be와 관심 목록은 따로 관리하는 것이 좋습니다.

TIP 관계형 데이터베이스에 관한 자세한 내용은 308쪽을 참고합니다.

관심 목록 보기 설정하기

① Year Group 보기

Year Group 보기에서 그룹화를 기한 속성으로 설정하면 연도별로 관심 목록을 살펴볼 수 있습니다. 여러 보기 방식 중 가장 추천하는 보기 방식입니다.

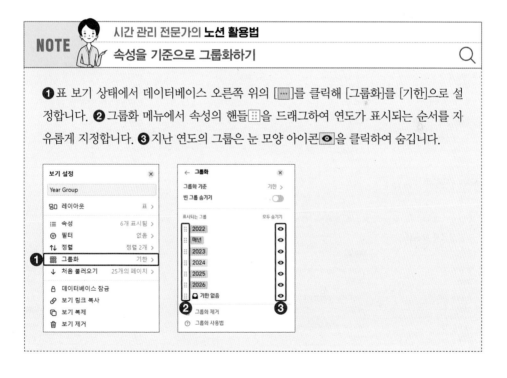

② By Year/By Pillar/By Status 보기

관심 목록은 주로 선택형 속성을 사용하므로 태그를 그룹화하는 보드 보기를 추천합니다. 원하는 기준에 따라 관심 목록을 한눈에 확인할 수 있습니다. 보기 방식마다 노출이 필요한 속성이 무엇인지, 어떻게 정렬하면 좋을지 등을 고려하여 자신의 취향에 맞게 설정합니다. 필자는 By Status 보기 방식을 가장 자주 사용합니다.

▲ By Year 보기

▲ By Pillar 보기

▲ By Status 보기

자신의 에너지를 모으는 방법

관심 목록을 자주 변경하면 목표를 실천하는 에너지가 분산됩니다. 따라서 3년 이내의 관심 목록은 특별한 경우가 아니라면 변경하지 않습니다. 매년 연말에 신년 계획을 세우면서 관심 목록을 관리하는 것을 권합니다. 향후 3년을 기준으로 어떤 일에 더욱 관심을 둘지 고민하며 목록을 수정합니다. 결혼이나 자녀 출생, 직업 변경 등 삶에서의 큰 변화가 일어난 경우에도 관심 목록을 업데이트합니다.

TIP 관심 목록의 생성일과 수정일을 자동 속성으로 만들면 언제 만든 목표인지, 언제 수정했는지를 쉽게 확인할 수 있습니다.

관심 목록의 달성 상태는 월 단위로 체크하여 반영합니다. 관심 목록은 끊임없이 상기하는 것이 중요하므로 적어도 주 단위로 한 번씩 내용을 확인하며 진행 상태를 체크합니다.

할 일 메모로 실행력 높이기

지금까지 자신의 에너지를 모아 이뤄야 할 삶의 목표들을 정해봤습니다. 하지만 이 것으로는 충분하지 않습니다. 의지만으로 실제 삶에서 목표를 실천하는 것은 쉽지 않기 때문입니다.

필자는 기업에서 인사 및 교육 담당자로 지내면서 조직 내에서 인정받는 구성원들을 관찰해왔습니다. 일을 잘하는 사람들에게는 공통점이 하나 있습니다. 바로 실행력이 뛰어나다는 점입니다. 주어진 일에 대한 경험이 있든 없든, 일을 잘하는 사람들은 일을 계획하고 지정한 기한 내에 수행하여 높은 실행력을 보여주었습니다.

많은 사람들이 낮은 의지나 실행력을 자신의 성격과 관련지어 이야기합니다. 목표나 성공에 대한 열망의 크기는 성격에 영향을 받을 수 있습니다. 그러나 해야 하는 일을 끝내는 실행력은 성격보다 훈련된 행동 패턴에 가깝습니다. 실행력도 근육처럼 충분히 훈련하여 기를 수 있습니다. 작은 일뿐만 아니라 삶의 목표를 달성하는 데에도 실행력이라는 기초 체력만 있다면 이룰 수 없는 일은 없습니다.

높은 실행력은 정서적 만족감에도 영향을 줍니다. '마음먹은 일은 꼭 해내는 사람'이라고 스스로를 인식하게 되면 자기 효능감이 높아집니다. 이는 삶을 살아가는 데에 가장 큰 정서적 자양분이 됩니다.

내가 원하는 일인데도 미루는 이유, 저항

분명 내 삶에 중요한 일이고 꼭 실천해야겠다고 마음먹었는데도 왜 일을 미루게 될까요? 우리 몸은 태생적으로 변화를 싫어하도록 프로그래밍되어 있습니다. 인간 뇌의 중량은 전체 몸에서 2% 정도를 차지하지만 뇌가 하루에 소모하는 에너지는 몸 전체에 필요한 에너지의 15%나 차지합니다. 가전제품으로 따지면 뇌는 에너지 효율등급에서 5등급을 받을 것입니다. 인간은 본능적으로 생존을 위해 뇌에서 소모하는 에너지를 최소화하려는 습성이 있습니다.

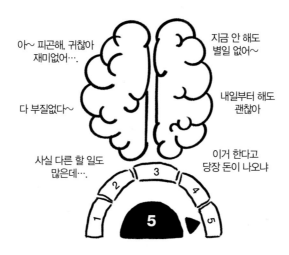

아무것도 하지 않는 상태에서 무언가를 실행하는 상태로 변화하려면 에너지가 많이 들기 때문에 뇌는 이런 상황을 필사적으로 벗어나기 위해 메시지를 보냅니다. 예를 들어 '매일 영어를 한 시간씩 공부해야지'라고 굳게 결심해도 막상 실천하려면 '오늘은 너무 피곤한데?', '당장 안 해도 큰일이 나진 않아', '지금 다른 할 일도 많은데…' 등 다양한 이유를 만들어 실행을 미루게 만듭니다. 이를 뇌가 만들어내는 '저항'이라고 합니다. 여태 의지가 박약하다며 자신을 몰아세웠다면 이제 그간의 실행력 부족이 나의 문제가 아니었다는 것을 알아야 합니다. 뇌의 생존 본능에 의해 의지가 좌절

되었기 때문입니다. 하지만 이런 본능에 끌려다닌다면 삶에서 내가 원하는 것을 이루기는 힘듭니다. 나의 실행 의지를 꺾는 뇌의 저항 신호에 대해 알게 되었으니 우리는 이를 적절하게 다스리는 지혜를 가져야 합니다. 저항 신호는 아래와 같은 특징을 가집니다.

> 중요하거나 잘하고 싶은 일일수록 저항이 커집니다.
> 미루어 기한에 쫓길수록 저항이 격렬하게 커집니다.
> 쉽게 처리할 수 없는 큰일일수록 저항이 더 커집니다.

한 번에 쉽게 끝낼 수 없는 일일수록 하기 싫은 감정이 커집니다. '비즈니스 영어 실력 올리기'와 같이 장기간에 걸쳐야 하는 일을 마주하면 우리의 뇌는 앞으로 쏟아야 할 막대한 에너지를 감지합니다. 그리고 '하기 싫다'는 저항 신호를 강렬하게 내보냅니다. 오늘 하루 공부한다고 해서 비즈니스 영어 실력이 크게 올라가지 않는다는 사실도 저항을 더욱 크게 만듭니다.

잘하고 싶은 일인데도 실행을 앞두면 저항을 느낍니다. 퀄리티에 대한 부담과 결과물에 대한 걱정도 실행에 큰 방해가 됩니다. 일을 미루면 미룰수록 저항감은 점점 커집니다. 시간까지 촉박해지면 저항감은 걷잡을 수 없이 커집니다. 상사가 금요일까지 부탁한 보고서 작성을 목요일까지 미룬다면 '몸이 아프다 말하고 결근할까?'와 같은 생각이 들 만큼 저항감이 커질 것입니다.

더 이상 미루지 않는 방법

이렇게 장애물로만 느껴지는 저항이지만, 우리는 저항의 가장 중요한 한 가지 속성, '행동'에서 미루지 않는 희망을 발견할 수 있습니다.

행동을 시작하면 저항은 작아집니다.

앞서 예시로 든 보고서 작성의 경우, 마감에 닥쳐서야 보고서 작성을 시작합니다. 정말 하기 싫었던 일이지만 막상 파일을 열어 목차라도 몇 줄 적고 나면 생각보다 일의 진도가 빠르게 나가는 것을 확인할 수 있습니다. 보고서 작성을 마친 후 '그렇게까지 하기 싫어할 건 아니었네'라는 생각도 하게 됩니다. 여기에 주목하면 우리는 '어떻게 하면 일을 시작할 때 저항을 낮추고 빠르게 시작할 수 있을까?'라는 질문에 대한 답을 찾을 수 있습니다.

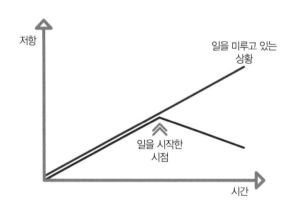

위의 저항 그래프를 보면 일을 시작하기 직전까지 저항은 커지기만 합니다. 그러나 '시작이 반'이라는 말처럼 일단 일을 시작하고 나면 저항은 눈에 띄게 줄어듭니다. 이는 자이가르닉 효과(Zeigarnik Effect)와 관련있습니다. 우리는 이런 심리 효과를 전략적으로 이용해야 합니다.

NOTE 시간 관리 전문가의 **노션 활용법**
자이가르닉 효과(Zeigarnik Effect)란? 🔍

해결되지 않은 문제나 마치지 못한 일을 마음속에서 지우지 못하는 심리적 상태를 말합니다. 시작한 일에 대해 완성 욕구를 더 느끼게 되는 현상이기도 하여 '미완성 효과'라고 부르기도 합니다. 완료하지 못한 일을 기억에서 떨쳐내지 못하고 계속해서 되뇌는 상태를 해소하고자 완수 의지가 높아지는 것입니다. 클라이맥스 장면에서 드라마를 끝내고 시청자가 다음 회차를 시청하도록 유도하는 전략도 자이가르닉 효과와 연관됩니다.

자이가르닉 효과를 잘 활용하면 실행력 관리에 도움이 될 수 있습니다. 덩어리가 큰 일이 있을 때 우리가 느끼는 저항을 줄이기 위해 자이가르닉 효과를 활용할 수 있습니다. 큰 덩어리의 일을 여러 개의 작은 일로 쪼개고, 쪼갠 일 중에 가장 첫 번째 일만 먼저 실행해 보는 것입니다. 예를 들어 어려운 보고서를 작성해야 한다면 보고서 파일을 먼저 생성하여 목차만이라도 가볍게 끄적여보는 것입니다. 강한 저항감 때문에 손도 못 대던 일이 일단 시작하고 나면 자이가르닉 효과에 의해 자연스레 완수 의지가 높아집니다. 실행에 옮기기 어려운 일에 마주하면 그 일에 조금이라도 발을 담글 수 있는 행동을 설계해서 실행력을 컨트롤해보세요.

왜 매일 메모해야 할까?

행복을 연구하는 서울대학교 최인철 교수는 다음과 같이 말했습니다.

> 행복하게 살기 원한다면서 하루를 대충 산다는 건 인류를 위한다면서 옆자리 김 대리를 막 대하는 것처럼 모순이다.
>
> – 최인철 《아주 보통의 행복》(21세기 북스, 2021)

인생에서 하루하루를 잘 관리하는 것은 매우 중요하지만 뇌는 우리가 계획한 일을 실천하도록 순순히 허락하지 않습니다. 실천할 수 있는 환경과 방법을 명확히 설정해야 뇌의 신호를 잘 다스릴 수 있습니다. 뇌의 저항을 낮추기 위한 첫 번째 전략은 메모입니다. 현재 자신이 매일 할 일을 적어서 관리하는지 아래 질문에 답해봅니다.

1 거의 매일 적는다.

2 적지 않는다.

3 어쩌다 필요할 때만 적는다.

각자의 방식이 있겠으나 정답은 하나입니다. 반드시 적어야 합니다. 먼 길을 가기 위해서는 지도가 필요하듯 삶의 목적지로 가기 위해서도 지도가 필요합니다. 인생이라는 긴 여정에서 하루의 할 일을 적은 메모는 원하는 곳으로 나를 안내하는 내비게이션입니다. 멀어 보이는 목적지라도 하루하루의 여정에만 집중한다면 끝내 목적지에 도달할 수 있음을 기억하세요.

실행력을 끌어올리는 할 일 메모법

일단 적어야 합니다.

누구나 한 번씩 할 일을 적어본 경험이 있을 것입니다. 그러나 어떻게 적어야 효과적으로 할 일을 관리할 수 있는지 아는 사람은 많지 않습니다. 매일 실천해야 하는 중요한 행위임에도 할 일을 제대로 적는 법을 모르는 사람이 많습니다. 할 일을 어떻게 적어야 할지 알아보겠습니다.

Task	Memo	실행일	요일	진행현황	마감일	Today	Pillar
부모님 환갑 여행 기획하기		2022/08/04	Thursday	진행중	2022/08/31	☐	Relationship
상반기 프로젝트 결과 정리하기		2022/08/04	Thursday	시작전		☐	Career
노션 책 구매하기		2022/08/03	Wednesday	진행중		☐	Grow
카드값 체크 후 통장 입금		2022/08/03	Wednesday	완료됨		☐	Jobs
전직장 동료 모임 참석하기		2022/08/03	Wednesday	시작전		☐	Relationship
이력서 업데이트하기	매년 진행	2022/08/03	Wednesday	시작전		☐	Career
전공 보유 대학원 리스트업 하기		2022/08/03	Wednesday	완료됨		☐	Grow

▲ Life Management System의 할 일 관리 템플릿

(1) 하루 안에 완수할 수 있는 만큼만 쪼개어 적습니다

할 일 목록은 하루 안에 끝낼 수 있는 분량만큼만 일
(Task) 단위로 쪼개어 적습니다. 예를 들면 '대학원 입
시 준비하기'가 아니라 '희망하는 대학원 리스트 만들기'
와 같이 하루 안에 완료 가능한 일을 적어야 합니다. 하
루에 한 가지 일만 하지 않기 때문에 하나의 Task는 적
어도 두세 시간 내에 완료할 수 있어야 합니다. 여러 날
에 걸쳐서 해야 하는 일의 수준으로 할 일 목록을 적으

Aa Task
부모님 환갑 여행 기획하기
상반기 프로젝트 결과 정리하기
노션 책 구매하기
카드값 체크 후 통장 입금
전직장 동료 모임 참석하기
이력서 업데이트하기
전공 보유 대학원 리스트업 하기
전형 일정 체크하기
지원서 작성하기

면 결국 당일에 완수하지 못하는 일이라는 생각에 더욱 미루게 됩니다. 그렇게 되면
할 일 목록의 힘이 약해지고 무의미해집니다. 그러므로 하루 안에 처리할 수 있는 양
으로 할 일을 잘 쪼개는 것이 기본이 되어야 합니다.

TIP 할 일을 체계적으로 쪼개는 방법은 060쪽을 참고합니다.

(2) 마감일이 아니라 실행일로 관리합니다

할 일은 실행일을 기준으로 관리하며, 마감일(데드라인)과는
분리해서 생각해야 합니다. 모든 일을 마감일 기준으로 관
리한다면 우리는 마감일에 끌려다니게 됩니다. 따라서 마감
일 전에 일의 적절한 실행 시점을 고려하여 실행일을 설정합
니다. 마음속으로 이날 이 일을 꼭 해야겠다고 나와 약속하

🗓 실행일	Σ 요일
2022/08/04	Thursday
2022/08/04	Thursday
2022/08/03	Wednesday
2022/08/03	Wednesday
2022/08/03	Wednesday
2022/08/03	Wednesday

는 개념이라고 생각해도 좋습니다. 실행일을 부여할 때 정확한 시점을 잘 모를 수 있
습니다. 실행일은 언제든 조정할 수 있으므로 대략 이때 이 일을 하는 것이 좋겠다고
생각하는 날을 기준으로 일단 부여합니다. 해당일이 도래했을 때 적절한 실행 시점을
다시 조정해도 됩니다. 마감일이 아니라 실행일에 따라 일을 완수하는 습관을 들이면
시간에 쫓기지 않고 능동적으로 시간을 관리할 수 있는 능력이 생깁니다.

(3) 진행 상태를 부여합니다

일의 진행 상태를 표시하면 할 일들의 전반적인 진행 상황을 파악하기
수월합니다. 또한 미완료된 일에 대한 완수 의지를 높일 수도 있습니
다. 진행현황에는 시작전, 진행중, 완료됨, 취소됨, 연기됨과 같은 옵
션을 만들어 사용합니다. 매일 할 일 목록을 보여주는 보기에 필터를
적용하면 '완료됨' 상태의 할 일은 자동으로 사라지도록 설정할 수 있습
니다. 이때 오늘 할 일을 화면에서 빨리 없애는 게임처럼 생각하며 할
일을 관리합니다. 실제로 할 일 목록에서 일이 하나씩 사라질 때 뇌에
서는 쾌락 호르몬 도파민이 분비되고, 이 영향으로 나머지 일들도 모두
없애고 싶어질 것입니다.

(4) 할 일의 카테고리를 나눕니다

많은 사람들은 당장 닥친 일을 할 일이라 생각합니다. 그래서 관심 목
록과 연관된 할 일들을 계획해야 한다는 것을 잊기 쉽습니다. 내 삶에
필요한 일을 능동적으로 계획하고 실천하기보다 타인에 의해 할당된
일을 쳐내는 데에 익숙해져 있기 때문입니다. 따라서 할 일 목록을 만
들 때는 입력하는 값이 하나 추가되더라도 일, 성장, 관계 카테고리를
사용해 할 일을 분류해보는 것이 좋습니다.

일, 성장, 관계 카테고리를 사용하면 자연스럽게 관심 목록과 관련지어 할 일을 관
리할 수 있습니다. 할 일이 특정 카테고리에 몰려있다면 다른 카테고리에서는 해야
할 일이 없는지 상기해봅니다. 카테고리마다 관심 목록을 떠올려보면 챙겨야 하는
하루 할 일을 놓치지 않을 수 있습니다. 시스템에 따라 의식과 행동을 자연스럽게 제
어할 수 있게 되는 것입니다.

필자는 삶에 중요한 세 가지 기둥 영역 외에 'Jobs' 카테고리를 추가하였습니다. 해
당 카테고리는 잡스러운 일을 관리하는 데 사용합니다. 해야 할 일이지만 특정 영

역에 포함하기는 애매한 일들을 해당 카테고리로 분류합니다. Jobs에 해당하는 일들은 관심 목록, 즉 원하는 삶을 이루는 데 본질적인 일은 아니므로 의식적으로 시간을 적게 사용하도록 관리합니다.

(5) 우선순위는 간단하게 정합니다

할 일들의 중요도는 간단하게 관리합니다. 별의 개수나 점수 방식은 우선순위를 파악하는 데 오히려 방해가 될 수 있습니다. 'Today'라는 속성을 활용하여 오늘 안에 반드시 실행해야 하는 일들을 체크합니다. 그러면 오늘 해야 하는 일 중에 어떤 일을 우선 처리해야 할지 쉽게 파악할 수 있고, 체크하지 않은 일은 적절한 날짜로 조정할 수 있습니다.

TIP 정렬 기능을 활용하여 체크된 일들이 목록 상단에 위치하도록 변경할 수 있습니다.

OX 퀴즈로 알아보는 할 일 메모법

뇌의 저항을 이기고 실행력을 높이기 위한 할 일 메모법을 살펴보았습니다. ○× 퀴즈를 통해서 할 일을 관리하는 방법을 정리해보겠습니다. ○ 또는 ×로 답해봅니다.

1. 오늘 할 일은 오늘 정리한다?	○ / ×
2. 오늘 할 일로 정해진 일은 모두 오늘 처리한다?	○ / ×
3. 오늘 할 일로 부여되지 않은 일은 하지 않는다?	○ / ×

○×로 답변하기가 애매하다고 느꼈다면 정답입니다. '할 일을 관리한다'는 행위에 대해 좀 더 고민해볼 수 있도록 일부러 관점에 따라 답변이 바뀔 수 있는 질문을 제시하였습니다. 정답을 맞추는 것보다 중요한 것은 바로 할 일 관리 방법을 더욱 깊게 이해하는 것입니다. 각 질문을 살펴보겠습니다.

(1) 오늘 할 일은 오늘 정리한다?

오늘의 할 일은 오늘 정리하는 게 맞습니다. 매일 일과를 시작할 때 노션에서 할 일 관리 페이지를 열고 오늘 해야 하는 일을 체크하고 기록해야 합니다. 그러나 오늘의 할 일 목록 중 일부는 이미 이전에 오늘쯤 실행하는 것이 좋겠다고 판단해서 계획한 일입니다. 따라서 오늘의 할 일 목록을 오늘 다 적는 개념은 아닐 수 있습니다. 필자가 제공하는 할 일 관리 템플릿을 활용하면 할 일의 적절한 실행일을 미리 정할 수 있고, 실행 당일이 되면 자동으로 목록이 나타나 오늘 해야 할 일을 쉽게 확인할 수 있습니다. 매일 아침에 오늘 실행하기로 했던 할 일을 체크하고, 추가로 해야 하는 일은 없는지 생각해보는 루틴을 가지면 좋습니다. 이때 관심 목록에 연결되지 않은 잡스러운 일만 가득한 것은 아닌지, 더 가치 있는 일을 해야 할 것은 없는지를 생각해본다면 하루를 더 의미 있게 보낼 수 있습니다.

(2) 오늘 할 일로 정해진 일은 모두 오늘 처리한다?

오늘 할 일을 모두 오늘 안에 처리해야만 한다고 생각할 수 있습니다. 물론 적어 놓은 할 일을 모두 깔끔하게 처리하고 잠드는 것만큼 뿌듯한 일은 없습니다. 하지만 할 일을 적는 행위에는 또 다른 장점이 있습니다.

할 일을 적어 놓으면 잘 미룰 수 있습니다.

할 일을 적지 않고 그냥 미루고 있으면 불안만 커집니다. 바쁘고 할 일이 많다고 느낄수록 할 일을 적는 데에 더 신경써야 합니다. 할 일을 적고 보면 우선순위가 보이고 해야 할 일을 제대로 관리할 수 있습니다. 오늘 반드시 해야 하는 일과 그렇지 않은 일을 나눌 수도 있습니다. 이렇게 나눠서 볼 수 있게 만들면 일부 일은 다른 적절한 시점으로 이동할 수 있습니다. 더불어 사소한 일도 일단 적어서 관리하면 수많은 일 중 가치 있는 일과 잡스러운 일을 구별할 수 있습니다. 중요한 일도 아닌 잡스러운 일에 많은 시간을 쓰지 않고, 그 시간에 가치 있는 일에 더욱 집중할 수 있습니다.

또한 피치 못하게 일을 할 수 없는 날에도 미리 정리해둔 할 일 목록을 활용합니다. 꼭 챙겨야 하는 일을 빠르게 처리하고 나머지 일은 적절한 시점으로 조정하여 돌발 상황을 지혜롭게 대처할 수 있습니다.

(3) 오늘 할 일로 부여되지 않은 일은 하지 않는다?

한정된 에너지를 낭비하지 않고 필요한 데 모아 쓰기 위해서는 관심 목록에 집중해야 합니다. 하지만 우리의 하루는 계획된 대로만 흘러가지 않습니다. 예정에 없던 일을 상사로부터 요청받는 등 예상치 못한 새로운 일이 일상적으로 생겨납니다. 할 일 목록에 없던 일이 갑자기 생겨나면 불편함을 느낄 수도 있습니다. 계획적인 성향을 가진 사람일수록 돌발상황에 대한 불편함을 크게 느끼고, 할 일 목록을 작성하는 것에 대한 회의로 이어지기도 합니다. 그러나 할 일 목록은 하나의 길잡이일 뿐, 절대적인 것이 아닙니다. 목적지에 가는 여러 가지 경로가 있는 것처럼 우리의 하루 계획도 바뀔 수 있다고 유연하게 생각해야 합니다. 이 상태에서 새로운 일을 만나면 당장 실행하지 말고 먼저 할 일 목록에 병합하여 넣어봅니다. 그러면 다른 일과 비교하며 언제 실행하는 것이 좋은지 현명한 판단을 할 수 있게 됩니다. 어느 날 갑자기 '너도 생산성 도구에 관심 많으니까 노션을 한번 써 봐'라는 지인의 말을 들었습니다. 당연히 그날 할 일 목록에는 '노션 알아보기'라는 일은 존재하지 않았습니다. '노션 알아보기'를 할 일 목록에 넣고 보니 다른 일들보다 급하거나 중요한 일이 아니었기에, 일자를 정해 나중에 살펴보기로 합니다. 이 개념을 'Parking'이라고 부릅니다. 차를 타지 않을 때 주차를 해두는 것처럼 당장 중요하지 않은 일은 특정 시점에 확인할 수 있도록 기록만 해두는 것입니다. 어떤 일은 대략적인 일정만 부여하기도 하고 중요하지 않은 일은 아예 실행일을 부여하지 않고 나중에 한꺼번에 살펴보기도 합니다.

Parking의 흥미로운 점은 갑자기 관심이 생긴 일이 조금 지나고 보면 해야 할 일처럼 보이지 않는다는 것입니다. 실제로 절반은 쓸모가 적은 일들이었습니다. 필자는 원고 집필로 한참 바쁜 시기에 갑자기 '강의에 쓸 스마트 포인터를 바꾸고 싶다' 는 생각이 들었습니다. 대개 이런 현상은 지금 해야 하는 일을 회피하고자 다른 일을 벌리려는 심리가 작용하는 경우입니다. 일단 '스마트 포인터 신모델 알아보기'를 할 일 관리에 기록하고 실행일은 지정하지 않았습니다. 한 주가 지난 후 다시 보니 이미 스마트 포인터를 세 개나 가지고 있다는 사실을 깨달았습니다. 결국 이 일은 필요하지 않다고 판단하여 삭제했습니다. 오늘 할 일로 계획되지 않은 일이라면 먼저 목록에 적고 우선순위를 체크합니다. 상대적으로 급하지 않은 일들은 적절히 Parking하는 것은 관심 목록과 중요한 할 일에 집중할 수 있는 전략입니다. 꼭 활용해보길 바랍니다.

작은 습관으로 매일매일 성공하기

원하는 삶을 살아가기 위해서 목표와 계획은 꼭 필요합니다. 그러나 종종 '목표가 있어도 작심삼일이고 별 소용이 없던데요?' 또는 '계획 세운 대로 잘 실천하지도 못하니, 스트레스만 받고 목표가 더 싫어져요'라고 말하는 사람들을 만납니다.

필자 또한 목표는 마음 먹은 대로 실행하기도 어렵고 내 삶을 돕기보다 속박하는 것처럼 느껴졌던 때가 있습니다. 우리가 아무리 야심차게 계획을 세워도 뇌는 에너지를 쓰도록 쉽게 허락하지 않습니다. 얼마큼 지속하는지는 차이가 있지만 원대하게 세운 계획은 머지않아 곧 실패로 이어집니다. '내가 마음먹은 일 하나조차 제대로 못해내는 사람인가?'라며 자책하기도 합니다. 자기 신뢰가 떨어진 상태에서 재차 계획을 실천하려 시도하면 이전보다 더 빠른 속도로 다시 실패합니다. 여기까지 오게 되면 뇌의 방어 기제에 따라 목표나 계획 따위는 쓸모없다고 생각하게 됩니다. 그렇게 목표를 내던지고 나면 결국 누군가가 내게 시키고 채찍질하는 일들만 할 뿐 내가 원하는 방향으로 삶을 이끌어가지 못합니다.

| 계획을 세운다 | 실패한다 | 자신에 대한 신뢰가 떨어진다 | 또 실패한다 | 목표 같은 건 쓸모없다고 생각한다 | 되는대로 산다 |

열심히 잘 살아보려고 목표를 세우고 계획한 것인데, 왜 이런 결과를 맞이하게 된 것일까요? 목표와 계획은 삶에 없어서는 안 되는 도구지만, 인간의 심리를 깊게 이해하고 사용하지 않으면 치명적인 부작용을 낳게 됩니다. 이런 부작용을 없애는 방법은 스티븐 기저의 《습관의 재발견》(비즈니스북스, 2014)에서 찾을 수 있습니다. 스티븐 기저는 'Mini Habit'이라는 개념을 제안합니다. 부작용의 악순환은 '실패'로부터 시작합니다. 인간의 의지로 실행하기 힘든 계획을 세워놓고 이를 실패함으로써 악순환의 고리가 생겨나는 것입니다. 꾸준히 실천하기 위해서는 도저히 실패할 수 없는 작은 단위로 계획을 세워야 합니다. 그리고 서서히 습관으로 몸에 입혀가는 전략을 씁니다.

지금까지 '매일 한 시간씩 운동하기'를 계획했다면 지금부터는 '스쿼트 한 번 하기'로 바꿔봅니다. 목표의 가장 최소 버전인 Mini Habit으로 만들어 습관화하는 것입니다. 자꾸 실패하는 목표는 나를 구속하는 불편한 것으로 느껴지고, 불편해진 목표를 지속하는 것은 무척 힘듭니다. Mini Habit의 전략은 목표를 실천으로 옮기는 것에 대한 저항을 최소화하여 목표에 실패하지 않게 만드는 것입니다.

✓ 매일 한 시간씩 운동하기	≫	✓ 하루에 스쿼트 한 번 하기
✓ 한달에 책 세 권 읽기	≫	✓ 하루에 책 한 페이지 읽기
✓ 긍정적인 마인드로 살기	≫	✓ 감사한 점 노트에 하루에 한 줄 적기

매일 한 시간씩 운동하겠다고 생각하면 실행에 대한 저항이 커집니다. 한 시간 운동은 쉽게 달성할 수 있는 목표가 아니기 때문입니다. 하지만 스쿼트 한 번이라고 생각

하면 '별것 아닌 것 얼른 해버리자'라며 실천할 수 있습니다. 스쿼트를 한 번만 하면 '이왕 시작한 김에 하나만 더 해볼까'라는 생각이 들고 당초에 계획했던 것보다 더 많이 스쿼트를 할 수 있습니다. 자연스럽게 초과 달성으로 이어지는 것입니다. 여기서 중요한 것은 '그래, 내가 마음먹는 일은 한다니까'와 같은 느낌입니다. 목표에 대해 긍정적인 마음이 생겨남으로써 실천을 지속할 수 있게 됩니다.

목표를 높게 세워야 그 목표의 반이라도 가지 않겠냐고 질문할 수도 있습니다. 이 방식은 관료적인 회사에서 많이 쓰며, 채찍질을 하는 감독관이 있을 때는 어느 정도 효과가 있습니다. 목표를 높게 세우고 왜 그것을 달성하지 못하냐고 압박하는 방법입니다. 그러나 이와 같은 수동적인 자세로 내 삶에서 지속적인 변화를 만들기는 어렵습니다. 인간의 근본적인 행동 패턴을 이해하고 나 자신을 잘 달래서 실천하는 습관을 만들어야 합니다. 더불어 시각화 방법을 함께 쓰면 좋습니다. 매일 Mini Habit을 달성했는지 체크할 수 있는 도구를 사용하는 것입니다. 노션에서 매일 할 일 목록과 Mini Habit을 통합해 한번에 관리합니다.

Daily Log (예시)

⊞ 전체 data ⊞ 습관포커스

Daily Log_Master*

🔡 이름	📅 일자	∑ 요일	☑ 스쿼트 1번	☑ 노션 커기	☑ 영단어 1개	◎ Check	☰ Today Reflection
2022.08.01	2022/08/01	Monday	☑	☑	☐	작성완료	
2022.08.02	2022/08/02	Tuesday	☐	☑	☑	작성완료	
2022.08.03	2022/08/03	Wednesday	☑	☑	☑	작성완료	
2022.08.04	2022/08/04	Thursday	☐	☑	☑	작성완료	
2022.08.05	2022/08/05	Friday	☑	☑	☐	작성완료	
2022.08.06	2022/08/06	Saturday	☑	☑	☑	작성완료	
2022.08.07	2022/08/07	Sunday	☐	☐	☐		

▲ 일기를 비롯한 Daily Log를 남기는 데이터베이스에 Mini Habit을 함께 사용함

Mini Habit을 보고 '스쿼트 한 번해서 운동이 될까?'라는 의문이 들 수 있습니다. 처음 결과가 미약해도 목표를 놓아버리는 것보다는 백 번 낫습니다. 필자의 강의에서

한 수강생이 '코딩 공부'라는 목표를 세우고 '코딩 책 펴기'라는 Mini habit을 만들었습니다. 이 수강생 역시 때때로 피곤함을 못 이겨 정말 책만 펼치고 Mini habit에 체크만 한 날도 있었습니다. 그러나 책만 펴는 목표를 놓지 않고 실천하니 주에 두세 번은 30분 이상 코딩 공부를 할 수 있었습니다. 시작할 때는 Mini habit으로 언제 목표를 이루나 싶지만, 하루하루 Mini Habit을 실행하는 것만으로도 미래를 위해 무언가 행동하려는 자신을 대견하게 느끼고 꾸준히 실천하는 힘을 얻을 수 있습니다. Mini Habit은 하나의 방법이기도 하지만 내 삶을 운영하는 새로운 철학이기도 합니다. Mini Habit을 잘 관리하는 몇 가지 포인트를 알아보겠습니다.

(1) Mini Habit은 세 개 이하로 시작합니다

한번에 너무 많은 Mini Habit을 세우는 것은 근본적인 의도와 맞지 않습니다. 습관으로 만들고 싶은 것이 많더라도 욕심을 버리고 한두 개로 시작합니다. 습관이 들어 애쓰지 않아도 자연스럽게 Mini Habit을 실천할 때 목표를 높이거나 다른 목표를 추가합니다. 사람과 목표에 따라 차이가 있으나 하나의 습관이 형성되기 위해서는 30일에서 100일 정도가 소요됨을 기억합니다.

(2) 행동의 이정표로 사용합니다

노션으로 Mini Habit을 관리하면 습관과 관련된 통계를 낼 수 있습니다.

Aa 이름	📅 일자	Σ 요일	☑ 스쿼트 1번	☑ 노션 켜기	☑ 영단어 1개	◉ Check	☰ Today Reflection
2022.08.01	2022/08/01	Monday	☑	☑	☐	작성완료	
2022.08.02	2022/08/02	Tuesday	☐	☑	☑	작성완료	
2022.08.03	2022/08/03	Wednesday	☑	☑	☑	작성완료	
2022.08.04	2022/08/04	Thursday	계산 안함		☑	작성완료	
2022.08.05	2022/08/05	Friday	모두 세기			작성완료	
2022.08.06	2022/08/06	Saturday	체크 표시됨		☑	작성완료	
2022.08.07	2022/08/07	Sunday	체크 표시되지 않음	☑	CHECKED 75%		
+ 새로 만들기			체크 표시된 비율(%)				
개수 7	계산 ∨	계산 ∨	체크 표시되지 않은 비율(...	이 속성에서 체크박스에		계산 ∨	
			표시됨 57.143%	체크 표시한 페이지 비율을 표시합니다.	3%		

▲ 표 하단의 '계산' 기능을 활용하면 해당 Mini Habit의 달성률을 쉽게 확인할 수 있음

통계는 월 단위 달성률 정도만 가볍게 체크합니다. Mini Habit은 과거 행동의 수치를 얻고자 사용하는 것이 아닙니다. 과거는 바꿀 수 없습니다. 오늘 내가 무엇을 해야 하는지에 에너지를 집중해야 합니다. 지난 달의 통계를 보고 '달성률이 60%밖에 안 되네'라고 생각하기보다 오늘 데이터를 보며 '오늘은 다 체크해볼 수 있을까?'라는 가벼운 마음을 가집니다. 이것이 Mini Habit을 더욱 건강하게 운영하는 방법입니다.

(3) 나를 돕겠다는 관점을 가집니다

Mini Habit은 계속해서 목표를 놓지 않고 긍정적인 효능감을 유지하는 것이 포인트입니다. 때로는 원하는 만큼 달성되지 않아서 스스로에게 실망할 수 있습니다. 하지만 '나는 왜 이럴까'라고 자책하는 것은 삶을 긍정적으로 변화시키지 못합니다. 채찍질이 아니라 건강한 성찰을 하기 위해서는 '내일은 어떻게 하면 달성할 수 있을까'라는 고민을 해야 합니다. 미래지향적으로 생각하는 것입니다. 중단하지 않고 계속하고 있다는 것만으로도 스스로 잘하고 있다고 칭찬하며, '어떻게 하면 내가 이 일을 해내도록 도와줄 수 있을까?'를 적극적으로 생각해주는 자신의 컨설턴트가 되어야 합니다.

예를 들어 물이 건강에 미치는 영향이 크다는 사실을 알고 '물을 하루에 2리터를 마셔야겠다'는 목표를 세웠다고 가정합니다. Mini Habit으로 '500밀리미터 마시기'를 정해 매일 실행하려 했으나 실패하는 날이 잦을 수 있습니다. 이 때 필요한 것은 솔루션을 고민하는 컨설턴트로서의 자세입니다. 2리터의 물을 담을 수 있는 투명한 물병을 구매하고 '물병에 물만 떠오기'로 Mini Habit을 수정합니다. 자연스레 물병에 담긴 물을 자주 보게 되면 자극을 받아 목표한 양의 물을 마시게 되는 환경을 조성할 수 있습니다.

나를 적극적으로 도와주겠다는 관점으로 문제를 바라보면 분명 방법이 있습니다. 그 방법을 찾는 과정도 하나의 재미있는 시도로 생각해보세요. 당장 원하는 결과를 달성하지 못해도 즐거울 수 있습니다. Mini Habit을 아예 포기하지 않는 한 목표를 완전히 실패하는 일은 없습니다.

일 쪼개기로
실행력 높이기

일을 어떻게 쪼갤까?

뇌의 저항을 낮추는 두 번째 전략은 '일 쪼개기'입니다. 일의 덩어리가 클수록 저항도 커진다는 것을 기억할 겁니다. 단숨에 처리할 수 없는 복잡하고 큰 일은 실행까지옮기기가 상당히 힘듭니다. 이런 경우 일을 작은 덩어리로 잘라서 관리하면 저항을낮춰 일에 착수하기 쉬워집니다.

이를 체계적으로 만든 방법이 WBS 기법(Work Breakdown Structure), 쉽게 말해'일 쪼개기'입니다. WBS 기법은 회사의 대규모 프로젝트 관리뿐만 아니라 나의 할일 관리에 실행력을 높이는 첫 단추입니다.

첫 번째 전략인 할 일 메모법에서 할 일은 하루에 처리할 수 있는 수준으로 작성해야한다고 설명했습니다. 그러나 우리에게 주어지는 일의 첫 상태는 하루에 처리할 수없는 수준의 덩어리일 때가 많습니다. 예를 들어 여러분이 새로운 집으로 이사를 가야 합니다. 그러나 '이사'라는 단어만 생각해도 막막합니다. 이때 할 일을 단순히 '6월30일까지 이사하기'로 정한다면 저항에 밀려 시작하기조차 힘듭니다. 이 일을 다음과 같이 쪼개보는 겁니다.

↗ Project	Aa Task	🗓 실행일	Σ 요일
📄 이사하기	이사 갈 동네 선정하기	2022/04/01	Friday
📄 이사하기	네이O 부동산 매물 확인하기 ↗ 열기	2022/04/02	Saturday
📄 이사하기	부동산 연락해서 집보기 일정 잡기	2022/04/06	Wednesday
📄 이사하기	집 보러 가기 1차	2022/04/10	Sunday
📄 이사하기	집 보러 가기 2차	2022/04/11	Monday
📄 이사하기	최종 이사갈 집 선정하기	2022/04/13	Wednesday
📄 이사하기	이사 일정 협의하기	2022/04/16	Saturday
📄 이사하기	집 계약하기	2022/04/17	Sunday
📄 이사하기	이사짐 센터 견적받기	2022/05/01	Sunday
📄 이사하기	이사짐 센터 최종 예약하기	2022/05/07	Saturday
📄 이사하기	버릴 짐 정리 1차	2022/05/15	Sunday
📄 이사하기	버릴 짐 정리 2차	2022/05/22	Sunday
📄 이사하기	인터넷/정수기 이전 설치 신청하기	2022/06/01	Wednesday
📄 이사하기	귀중품 싸기	2022/06/27	Monday
📄 이사하기	대형 폐기물 신고하기	2022/06/27	Monday
📄 이사하기	이사 당일 - 포장 이사	2022/06/30	Thursday
📄 이사하기	관리비 정산하기	2022/06/30	Thursday
📄 이사하기	잔금 처리하기	2022/06/30	Thursday
📄 이사하기	전입신고하기	2022/06/30	Thursday
📄 이사하기	인터넷/정수기 설치하기	2022/06/30	Thursday

▲ 필자가 제공하는 Project와 Task 데이터베이스를 연결한 템플릿 예시(이사하기라는 큰 덩어리를 하루에 처리할 수 있는 일로 쪼갬)

일 쪼개기의 두 가지 단계

WBS 기법은 두 단계로 이루어져 있습니다. 첫 번째는 일을 쪼개서 세분화합니다. 두 번째는 세분화한 일들에 각각 기한을 부여합니다.

(1) 세부 Task로 쪼개기

전체 일을 작은 할 일들로 나눠봅니다. 언제든지 편리하게 순서를 바꾸거나 다시 정렬할 수 있으므로 생각나는 대로 나눕니다. 쪼개진 하나의 Task는 가급적 하루에 완료(다른 할 일을 고려하여 가급적 3시간 이내 수행 가능한 수준)할 수 있어야 합니다.

협업이 필요한 일은 절차를 분리합니다. 예를 들어 '팀 워크숍 장소 결정하기'는 다른 구성원들의 의견을 반영해야 하므로 하루만에 해낼 수 없는 일입니다. '워크숍 장소 후보 리스트업', '후보 장소 공지 및 투표 요청', '투표 완료 독려', '투표 결과 체크', '최종 결과 보고' 등으로 한 번에 처리할 수 있는 일의 단위로 나누어 실행합니다.

할 일은 유동적이므로 완벽하게 일을 쪼개는 것은 불가능합니다. 일 쪼개기는 체계적으로 할 일을 시작하도록 1차 설계도를 그리는 것입니다. 이미 쪼개진 업무도 진행 과정에서 추가, 삭제, 수정되는 것은 자연스러운 일이므로 편안한 마음을 가지고 주 단위로 내 할 일을 리뷰하면서 업데이트합니다.

저항을 낮추는 것 또한 일 쪼개기의 목적입니다. 전체 일에서 하나라도 실행한다면 다음 단계로 이어질 확률이 높다는 것을 기억하여 첫 번째 할 일은 가급적 빠르게 착수할 수 있는 작은 일로 정합니다. 예를 들어 보고서를 써야 한다면 '보고서 파일 생성하기'처럼 쉽게 할 수 있는 일로 설정합니다.

(2) 일정 부여하기

덩어리 일의 전체 마감일을 기준으로 거꾸로 계산하여 세부 할 일들을 실행하기 적절한 일정을 찾습니다. 이런 방법을 'Backward Planning'이라고 합니다. 세부 일정 역시 상황에 따라 조정할 수 있으므로 모두 정확하게 계획할 필요는 없습니다.

쪼갠 일은 지정된 날짜의 할 일 목록에서 다른 할 일과 함께 고려하여 일정을 조정할 필요는 없는지 결정합니다. 필자가 제공하는 템플릿을 활용하면 쪼개져 있는 할 일이라도 실행일만 지정해두었다면 날짜에 맞춰 한눈에 확인할 수 있습니다. 쪼갠 일에도 중간중간 정해진 일정이 있을 수 있습니다. '중간 보고'와 같은 일은 보고 대상과 일시 등이 이미 정해져 있습니다. 이럴 경우 마감일에 일정을 같이 기록합니다. 크고 복잡한 일 앞에서 걱정만 하지 말고 일단 쪼개보고 일정을 부여합니다. 당일에는 그날 해야 하는 일에만 집중하는 습관을 꾸준히 실천합니다. 복잡한 머릿속이 깔끔해지고 어느새 큰 일을 완수한 자신을 발견할 수 있을 것입니다.

예시로 살펴보는 일 쪼개기

일 쪼개기는 중요한 활동이므로 예시를 통해 한 번 더 살펴보겠습니다.

상사가 '올해의 마케팅 트렌드 분석 보고서'를 요청합니다. 가장 먼저 할 일은 '마케팅 보고서 작성하기'라는 덩어리 일을 세부 할 일로 쪼개는 것입니다.

① 편안한 마음으로 시작할 수 있도록 첫 번째 할 일은 가벼운 일로 정합니다. 일단 시작하고 나면 다음 스텝으로 나아갈 확률이 높아집니다.

② 자료를 조사해본 후에야 구체적으로 무엇을 조사할지 정확히 알 수 있는 것처럼 처음 일을 쪼갤 때는 과정에 필요한 모든 일을 알기 어렵습니다. 먼저 현재 상황에서 예상되는 일을 작성하고 중간중간 체크하여 할 일을 추가 또는 삭제합니다. 이를 위해 WBS 중간 점검 역시 하나의 Task로 생성하여 관리하는 것도 좋은 방법입니다.

③ 보고서 본문 내용을 작성하는 Task가 하루 안에 완성하기 어렵다면 목차를 참고하여 어디까지 쓸지를 나눕니다.

④ 개별 Task마다 기한, 즉 실행일을 부여하는 것은 필수입니다. 하지만 사전에 정한 실행일은 대략적인 계획의 일부이므로 최대한 지키려고 노력하되 상황에 따라 유연하게 조정합니다.

⑤ 쪼갠 일 중에 일부 Task는 이미 마감일이 있을 수 있습니다. 예를 들어 특정 요

일에 팀장님에게 중간 보고를 해야 한다면 해당 일정은 반드시 지켜야 하므로 개별 Task에 마감일을 기입합니다. 다른 Task 또한 마감일이 정해진 Task를 고려하여 실행일을 관리합니다.

차근히 할 일을 쪼개어 실행하면 업무에서 중요한 요소를 빠뜨리지 않고 모두 챙길 수 있습니다. 더불어 동료와 상사에게 업무적인 신뢰도 얻을 수 있습니다.

WBS를 위한 템플릿 미리 보기 : Task, Project

전체 일과 쪼갠 일은 노션 템플릿에서 각각 Project와 Task 데이터베이스로 구성됩니다. 두 데이터베이스는 서로 연결되어 있어 Project 데이터베이스에서 하위 Task를 쪼개고 세부적으로 관리할 수 있습니다.

TIP 두 개의 데이터베이스는 관계형 속성으로 연결됩니다. 관계형 속성에 대한 자세한 설명은 308쪽을 참고합니다.

📋 Task_Master

▦ All ▦ Task 기본 **▦ Task+Project** ▦ Today All ▦ Today(일정관리) ▦ Tomorrow ▦ -7 Days ▦ +7 Days ▦ Calendar 8개 더 보기   필터 정렬 Q ⋯ **새로 만들기** ⌄

↗ Project	☰ Task	▤ Memo	🗓 실행일	Σ 요일	⦿ 진행현황	🗓 마감일	☑ Today	⦿ Pillar	+ ⋯
📄 노션시스템만들기	노션 책 구매하기		2022/08/04	Thursday	진행중		☐	Grow	
📄 대학원진학	전공 보유 대학원 리스트업 하기		2022/08/04	Thursday	완료됨		☐	Grow	
📄 대학원진학	전형 일정 체크하기		2022/08/04	Thursday	진행중	2022/09/01	☐	Grow	
📄 대학원진학	지원서 작성하기		2022/08/04	Thursday	시작전		☐	Grow	
📄 대학원진학	연구(학업)계획서 작성하기		2022/08/04	Thursday	시작전		☐	Grow	
📄 대학원진학	전형 방식 확인하기		2022/08/04	Thursday	시작전		☐	Grow	
📄 대학원진학	대학원 후보록 노션 리스트 완성하기		2022/08/04	Thursday	시작전		☐	Grow	
📄 이사하기	이사 당일 - 포장 이사		2022/06/30	Thursday	완료됨		☐	Jobs	
📄 이사하기	관리비 정산하기		2022/06/30	Thursday	완료됨		☐	Jobs	
📄 이사하기	잔금 처리하기		2022/06/30	Thursday	완료됨		☐	Jobs	
📄 이사하기	전입신고하기		2022/06/30	Thursday	시작전		☐	Jobs	
📄 이사하기	인터넷/정수기 설치하기		2022/06/30	Thursday	시작전		☐	Jobs	
📄 이사하기	귀중품 싸기		2022/06/27	Monday	시작전		☐	Jobs	
📄 이사하기	대형 폐기물 신고하기		2022/06/27	Monday	시작전		☐	Jobs	
📄 이사하기	인터넷/정수기 이전 설치 신청하기		2022/06/01	Wednesday	시작전		☐	Jobs	
📄 이사하기	버릴 짐 정리 2차		2022/05/22	Sunday	시작전		☐	Jobs	
📄 이사하기	버릴 짐 정리 1차		2022/05/15	Sunday	시작전		☐	Jobs	
📄 이사하기	이사짐 센터 최종 예약하기		2022/05/07	Saturday	시작전		☐	Jobs	
📄 이사하기	이사짐 센터 견적받기		2022/05/01	Sunday	시작전		☐	Jobs	
📄 이사하기	집 계약하기		2022/04/17	Sunday	시작전		☐	Jobs	
📄 이사하기	이사 일정 협의하기		2022/04/16	Saturday	시작전		☐	Jobs	
	계산 ⌄								

▲ Task 데이터베이스 템플릿

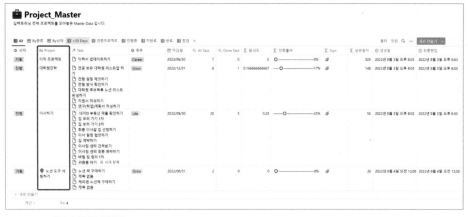

▲ Project 데이터베이스 템플릿

일 쪼개기의 또 다른 장점

▲ Project 데이터베이스 템플릿 내 개별 페이지 예시

일 쪼개기는 실행력을 높이는 데에도 도움이 되지만 이 기록 자체가 업무 매뉴얼도 된다는 장점이 있습니다. 커리어에 중요한 일들도 기록해놓지 않는다면 세부적인 절차나 요소를 잊기 쉽습니다. 하지만 일을 쪼개고 기록한다면 다음에 비슷한 일을 할 때에 유용한 참고 자료가 됩니다. 이렇게 쌓아둔 자료는 이직 등을 위한 인터뷰를 할 때도 자신이 어떠한 일을 했는지 막힘없이 답할 수 있을 것입니다.

CHAPTER 01 · ⊘ SECTION 07

분출로
더 많은 일 해내기

큰 일을 쪼개어 실행하다 보면 '오늘 해야 할 일이 너무 많은데 언제 다 하지?'와 같은 생각이 들 수 있습니다. 일을 쪼개어 관리한다고 해도 할 일 자체가 많다는 근본적인 문제가 있기 때문입니다. 이 대목에서 삶의 전환점이 될 수도 있는 화두를 나누고자 합니다.

우리에게 도전적인 마감이 필요한 이유

할 일에 부여한 시간은 과연 적절한가?

이 질문에 대한 답은 '파킨슨 법칙' 안에 있습니다. 파킨슨 법칙은 어떤 일이든 주어진 시간이 소진될 때까지 늘어지는 현상을 의미합니다. 어떤 일을 완수하는 데 주어진 시간에 비례하여 해당 업무의 중요성과 복잡성을 더 크게 인식하는 현상입니다. 여유가 있다고 판단하면 기한이 임박할 때까지 일을 미루거나 간단히 끝내도 될 일을 더 키우기도 합니다. 사례를 통해 자세히 알아보겠습니다.

대학 생활

강의 계획서에는 학기 종료일 오전 9시까지 기말 보고서를 과제로 제출하도록 명시되어 있다. 그런데 학기 내내 구상만 하다가 학기 종료일 전 마지막 3일에 걸쳐 기말 보고서를 썼다. 종료일 오전 7시에 간신히 이메일로 제출했다.

회사 생활

월요일 오전 10시에 임원 보고가 예정되어 있다. 주중에 보고서를 쓸 수 있는 시간이 있음에도 손에 잡히지 않아 시작하지 못했다. 금요일에라도 마무리하려 했으나 PPT 장표 디자인만 세 시간을 고민하다 퇴근했다. 토요일에는 친구들과 만나서 놀고 일요일 밤이 되어서야 본격적으로 일을 시작했다.

과제와 일을 완수하기에 충분한 시간이 있음에도 발등에 불이 떨어질 때까지 미루고 미룹니다. 하지만 미루고 있는 시간조차 우리 뇌는 에너지를 계속 소진합니다. 사용하지 않아도 켜져 있다면 계속 램을 잡아먹는 컴퓨터 프로그램처럼 말입니다.

마감 기한이 넉넉하다는 생각이 들면 일을 더 키우거나 불필요한 일을 끼워 넣습니다. 예를 들어 기존 보고서 템플릿을 그대로 사용하면 되는데도 군이 PPT 장표 디자인을 새로 만듭니다. 어렵고 복잡한 일을 마주하면 잘 완수하지 못할 것 같은 두려움에 쉽게 해결할 수 있는 자잘한 일을 벌이는 것입니다. 시험 공부가 급한데 책상을 치우는 것처럼 말입니다.

이러한 인간의 행동 경향을 고려하면 넉넉한 마감 기한은 도리어 비본질적인 일에 시간을 쏟는 결과를 낳습니다. 양질의 결과물도 못 만들고 오랜 시간 이 일에 매여 있게만 됩니다. 그래서 필요한 게 바로 타이트한 마감 관리입니다. 남이 부여한 마감에 맞춰 일하는 것이 아니라 내가 스스로 도전적인 마감 시점을 부여하는 방법입니다. 화산이 분출하는 것처럼 짧은 시간 동안 폭발적으로 몰입해서 에너지를 사용하므로 분출 기법(Burst)이라고 부릅니다.

분출로 생산성 올리기

다음은 도전적인 마감을 부여하기 위해 분출 기법을 효과적으로 적용한 예시입니다.

분출은 쪼갠 일에 적용하는 것이 효과적입니다. 우리 뇌가 한 번에 최대로 몰입할 수 있는 시간은 90분 정도이니, 한 타임에 몰입하는 최대 시간을 90분을 넘지 않도록 분출 시간을 배정합니다. 예를 들어 '3시간 동안 꼼짝 않고 이 일만 해야지'는 애초에 쉽지 않습니다. 적절한 휴식이 있어야 샛길로 빠지지 않습니다. 일의 크기도 몰입할 시간도 저항이 일어나지 않도록 쪼개야만 시작한 일을 끝까지 완수할 확률이 높아집니다. 10분 동안 보고서 목차를 써보겠다는 것도 이와 연결된 전략입니다. 정말 하기 싫은 일이라도 10분이라면 참고 시작해볼 만할 것입니다.

필자는 분출 기법에 세트 방식을 활용합니다. 여기서 1세트는 25분 몰입에 5분 휴식으로 설정할 것을 추천합니다. 1세트는 단순히 한 번에 몰입하는 시간만을 의미하지 않습니다. Task별로 어느 정도 시간을 부여하면 좋을지 설정하는 단위로 사용합니다. 도전적인 마감 시간은 그 일을 끝내기에 충분한 시간이 아닙니다. 짧은 시간 안에 해내야 하는 일의 경우 0.5세트를 부여하고 10분에서 15분 이내에 처리할 수도 있습니다. 이렇게 짧은 시간 안에 몰입하다 보면 그 시간 안에 해낼 수 있는 새로운 방법을 찾을 수도 있습니다. 또는 중요하지 않은 과정은 생략하겠다는 결단을 내릴 수도 있습니다.

분출 기법을 적용할 때는 할 일의 가치를 바탕으로 각 일에 얼마큼의 세트를 부여할지 계산합니다. 분출 시간을 정할 때 주의할 점은 일을 완수하는 데 드는 시간이 길다고 해서 중요한 일이라고 판단하면 안 된다는 것입니다. 소요되는 시간은 일의 가치와 상관 관계가 적습니다. 예를 들어 교육 담당자에게는 교재를 인쇄하는 일이 교육 과정을 기획하는 일보다 오래 걸리지만 인쇄 일의 가치가 더 높은 것은 아닙니다. 하루의 할 일 목록을 전체적으로 살펴보고 일마다의 가치를 잘 판단하면 한정된 시간을 어디에 더 사용해야 할지 파악할 수 있습니다. 파레토 법칙이라고도 불리는 8:2 법칙에 의하면 우리가 해야 할 일을 100%라고 했을 때 이 중 정말 중요한 일은 20%밖에 되지 않습니다. 80%는 에너지를 전력으로 기울여 할 일은 아니라는 이야기입니다. 그럼에도 불구하고 우리는 중요하지 않은 80% 일에 대부분의 시간을 허비합니다. 이를 해결하기 위해서 분출 기법을 적극적으로 활용해야 합니다.

분출 기법 실전 예시

분출 기법을 활용해 Task 데이터베이스에 Set 속성(숫자 속성)을 부여한 예시입니다.

📋 Task_Master*

| All | Task 기본 | Task+Project | **Today(실행관리)** | Today All | Tomorrow | -7 Days | +7 Days | Calendar | 미완료Calendar | -30 Days | +30 Days | 5개 더 보기 |

☑ Today	⬤ 진행현황	☰ Task	# Set	☰ Memo	◉ Pillar	🗓 마감일	🗓 실행일	Σ 요일	↗ Project_Master*	+ ...
☑	시작전	강의안 초안 설계하기	3		Career		2022/08/04	Thursday		
☑	시작전	WBS 점검하고 필요한 일 추가하기	0.5		Career		2022/08/03	Wednesday	🔴 마케팅 보고서 작성하기	
☑	시작전	필요한 자료 목록 만들기	2		Career		2022/08/03	Wednesday	🔴 마케팅 보고서 작성하기	
☑	시작전	팀장님께 목차 내용 OK인지 체크하기	1		Career		2022/08/02	Tuesday	🔴 마케팅 보고서 작성하기	
☑	시작전	대학원 후보목록 노션 리스트 완성하기	1		Grow		2022/08/04	Thursday	🔴 대학원진학	
☑	시작전	전직장 동료 모임 참석하기			Relationship		2022/08/03	Wednesday		
☑	시작전	OO친구 통화- 아픈 건 괜찮은지	0.5		Relationship		2022/08/04	Thursday		
☐	시작전	상반기 프로젝트 결과 정리하기	2		Career		2022/08/04	Thursday		
☐	시작전	진행 방식 확인하기	2		Grow		2022/08/04	Thursday	🔴 대학원진학	
☐	진행중	진행 일정 체크하기	1		Grow	2022/09/01	2022/08/04	Thursday	🔴 대학원진학	
☐	진행중	노션 책 구매하기			Grow		2022/08/04	Thursday	🔴 노션 도구 세팅하기	

'강의안 초안 설계하기'는 종일 해도 끝나지 않을 수 있는 일입니다. 이 날은 다른 Task도 있으므로 하나의 Task에 가장 크게 부여하는 단위인 3세트(90분)를 책정해 봅니다. 90분이라는 시간은 당연히 충분하지 않습니다. 하지만 도전적인 마감을 부여함으로써 중요하지 않은, 비본질적인 일을 최소화하여 최대한의 생산성을 발휘할 수도 있습니다. 완수하지 못했을 경우에는 추가 Task를 생성해 시간을 더 할애하면 됩니다.

모든 일에 Set 속성을 부여하지는 않습니다. 오늘 안에 반드시 해야 하는 일을 먼저 체크하고 중요한 일 또는 그냥 두면 미룰 일에 세트 값을 부여합니다. 데이터베이스 표 하단의 계산 기능을 활용하면 대략 어느 정도의 시간이 필요한지 알 수 있습니다. 위 예시에서는 세트 값의 합계로 15(7.5시간)가 산출됩니다. 하지만 분출은 최대로 집중한 상태를 기준으로 삼기 때문에 실제로는 더 많은 시간이 사용됩니다. 휴식 시간도 더 필요할 수 있습니다. 이런 계산을 통해 해야 할 일과 할 수 있는 일을 판단하고 당일 우선 순위가 낮은 일을 가려내어 일정을 조정할 수 있습니다.

일과 삶의 조화는 분출 기법을 만났을 때 더욱 빛을 발합니다. 일의 가치에 따라 시간을 집중적으로 투자하여 자신이 하고 싶은 일을 할 수 있는 시간을 더 많이 확보하도록 합니다.

NOTE 시간 관리 전문가의 **노션 활용법**
분출 기법에 사용하면 좋은 도구, 타이머

분출 기법의 특성상 타이머가 필요합니다. 필자의 책상에도 생산성을 높이기 위한 타이머가 항상 대기하고 있습니다. 시간을 설정하기 쉽고 어느 정도 시간이 소요되었는지 확인할 수 있는 타이머를 추천합니다. 사무실에서도 사용할 수 있는 무음 알림 타이머나 PC에 기본 프로그램으로 설치되어 있는 타이머 등 자신에게 맞는 것을 선택하여 사용합니다.

타이머를 설정하고 시작을 누르는 행위는 다른 일로 새지 않고 해야 할 일에 바로 집중할 수 있도록 도와줍니다. 100미터 달리기 출발점에서 '탕' 소리가 나면 곧바로 달려나가듯 시작을 누르는 행위는 일종의 트리거(Trigger) 역할을 합니다. 하기 싫은 일이 있다면 10분 타이머를 맞추는 일로 시작해봅니다.

분출이 가져다주는 삶의 변화

분출 기법을 삶에 적용하니 아래와 같은 변화가 생겼습니다.

1 일에 소요되는 시간이 줄어듭니다.
2 하루 종일 책상에 매달려 있던 삶에서 벗어났습니다.
3 하기 싫어 뭉그적거리던 시간이 줄어듭니다.

할 일이 있는데도 컴퓨터 앞에 앉아서 쓸데없이 인터넷 서핑하며 시간을 흘려보낸 경험은 모두 있을 것입니다. 저항이 높아서 하기 싫은 일도 일단 1세트만 해보자 마음먹으면 좀 더 빠르게 행동하게 됩니다.

의도적으로 도전적인 마감을 정해 실행하면 내가 예상했던 소요 시간과 실제 소요 시간은 차이가 있음을 자주 발견합니다. 꼬박 한 시간은 써야 하는 일인 줄 알았는데 30분 만에 해내기도 합니다. 이러한 경험은 분출 기법을 더욱 활용하게 만드는 원동력입니다.

가치가 낮은 일에 시간을 최대한 적게 부여하고, 정해진 시간에 몰입하여 생산성을 높인 경험은 우리의 튼튼한 일 근육이 됩니다. 이렇게 단단한 습관을 만들어놓으면 어떤 일이 주어져도 무섭지 않습니다. 단위 시간에 내가 낼 수 있는 최대 생산성을 확인한 경험이 있으므로, 이를 기반으로 다른 사람들보다 여유를 갖고 일을 시작할 수 있고 삶의 다른 영역도 살펴볼 수 있는 여유가 생깁니다. 분출 기법이 익숙한 사람들은 일이 아무리 바빠도 하루에 15분이라도 시간을 마련하여 원하는 일에 투자할 수 있습니다. '0.5세트만 책 읽어야지', '부모님께 10분이라도 안부 연락 드려야지'처럼 일상의 일도 모두 분출로 해낼 수 있습니다.

짧은 시간일지라도 삶의 여러 영역을 고루 살피고 실행하게 되면 '나의 삶이 한군데에만 치중되지 않고 균형적이구나'하고 생각하게 되어 마음도 편안해집니다. 분출 기법이 선물하는 마법 같은 마음의 평화를 꼭 누리길 바랍니다.

성찰하며
목적지로 나아가기

목적지까지 건강하게 완주하는 방법, 성찰

지금까지 원하는 삶을 살 수 있는 시스템을 만들기 위해 목적지를 정하고 꾸준히 실천할 수 있는 전략까지 알아봤습니다. 마지막으로 이런 과정을 지속하는 방법에 대해 살펴보겠습니다.

매년 전 세계에서 10만 명 이상이 방문한다는 산티아고 순례길은 전체 길이가 무려

800킬로미터에 달합니다. 쉬지 않고 하루에 25킬로미터씩 걸어도 한 달이 넘는 시간이 소요되는 긴 여정입니다. 언제 끝날까 싶은 이 여정을 즐겁게 완주하는 사람들을 살펴보면 다음과 같은 공통점이 있습니다.

1. 순례길을 걷는 동안은 완주까지 남은 거리가 얼마인지 생각하며 걷지 않습니다.
2. 목적지로 가는 경로 중에 내가 가고자 하는 경로를 선택하고 하루에 얼마큼 걸을 것인지를 정합니다.
3. 오롯이 자신이 정한 목표에만 집중합니다.
4. 비가 오거나 몸이 아픈 경우와 같이 예상치 못한 상황을 마주할 때도 이를 실패로 보지 않고 그저 과정 중에 있을 수 있는 일로 받아들입니다.
5. 목적지에 가는 것만이 목표가 아니라 매일 걸으면서 만나는 순간순간의 아름다움을 놓치지 않으려 합니다.

산티아고 순례길 걷기는 인생이라는 긴 여정을 축소해서 보여줍니다. 인생을 건강하게 살아가는 데에도 이러한 방법이 필요합니다. 성찰은 Life Management System을 삶에 적용하는 과정에서 시스템을 지속적으로 운영할 수 있는 힘이 됩니다. 정해진 목표에 대해 내가 어디까지 와 있는지 살펴보고 계획을 재조정하며, 앞으로의 여정을 계속 이어 나갈 수 있는 에너지를 만드는 과정이기도 합니다. 목적지까지의 긴 여정을 흔들리지 않고 꾸준히 나아가는 데에는 건강한 성찰의 과정이 반드시 필요합니다. 성찰의 원칙과 방법을 알아보겠습니다.

성찰의 원칙 1 – 목표 쪼개서 관리하기

목적지로 가는 경로를 짧은 단위로 쪼개듯이 관심 목록, 즉 목표도 같은 방법을 적용합니다. 관심 목록은 3년(길어도 5년 이내)의 시각을 가지고 집중해야 하는 일이라, 하나하나의 할 일을 한순간에 달성할 수는 없습니다. 그래서 좀 더 작은 단위, 짧은 기간으로 쪼개서 관리해야 합니다. 산티아고 순례길을 한 달 안에 완주하겠다고 목표를 잡았다면 일정을 주 단위, 일 단위로도 나눠서 계획해야 합니다. 그래야 오늘 내가 올바른 길을 적절한 페이스로 가고 있는지 알기 쉽습니다. 설령 길을 잘못 들었다고 해도 하루 단위로 계획을 관리하고 성찰한다면 옳은 길을 쉽게 찾아갈 수 있습니다.

목표를 성찰하는 주기도 짧게 쪼개야 제대로 진행할 수 있습니다. 관심 목록을 먼저 연 단위로 쪼갭니다. 일 년 동안 무엇을 얼마큼 실천하면 좋을까 고민하여 일 년 목표를 잡습니다. 연말에 '이 정도 실천했으면 올 한해 잘 보냈다'라는 평가를 할 수 있을 정도의 목표를 생각해봅니다. 이전 관심 목록에 비해 좀 더 보수적이고 구체적으로 적을 수 있습니다. 처음 설정할 때부터 실패할 수밖에 없는 목표를 세우지 않도록 합니다. 목표는 원대하고 화려해야만 하는 것이 아닙니다. 내 삶에 중요한 것을 명확하게 정하는 것이 중요합니다.

관심 목록 템플릿에서 기한의 연도 태그를 사용하여 올해 태그만 정렬해 살펴봅니다. 올해 실행이 어려운 일은 다음 연도의 일로 조정합니다. 연 단위 목표가 세워졌다면 이후에는 월로 쪼갭니다. 1년의 목표를 월로 쪼개면 목표에 대한 현실적인 감각이 느껴질 것입니다. 마지막으로 월 목표에 따라 하루하루를 잘 살기 위해 프로젝트와 할 일을 작성합니다. To Be Map에서 출발한 우리의 목적지를 하위 단계로 쪼개며 계획하고 역으로는 오늘 하루를 계획대로 실천하면 됩니다.

목표를 쪼개서 적는 일이 귀찮게 느껴질 수 있습니다. 그러나 목표를 잘게 쪼갤수록 중간중간 작은 실패에 효과적으로 대처할 수 있고 계획을 리셋할 수 있는 기회도 많아집니다. 또한 목표를 쪼개는 것은 목표에 대해서 깊이 고민하고 마음에 새길 수 있는 과정이기도 합니다. 잘게 쪼개진 목표를 성찰할 때는 일, 성장, 관계라는 세 영역을 고려하며 영역 간 조화를 이룰 수 있는 계획인지도 살펴봅니다.

성찰의 원칙 2 – 주기적으로 목적지와 현주소 체크하기

내가 현재 어디에 있는지 파악하는 일은 여정에서 매우 중요합니다. 효과적으로 자신의 위치를 파악할 수 있도록 두 가지 핵심 도구를 제공합니다.

성찰을 위한 핵심 도구

(1) 목표 관리 대시보드(Goal Dashboard)

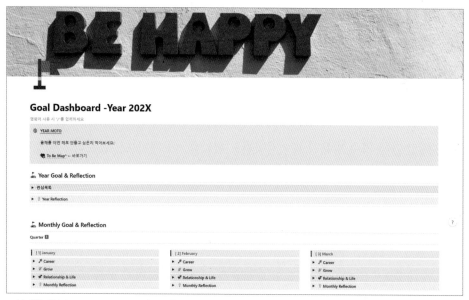

▲ 복제한 템플릿 Life Management(학습용)의 [Goal Dashboard]

목표 관리 대시보드는 To Be Map → 관심 목록(전체, 연간 목표) → 월간 목표로 이어지는 전체 흐름을 한눈에 확인할 수 있는 공간입니다. 여기에 목표를 쪼개어 작성하면 해당 페이지는 여정을 이끄는 전체 지도가 됩니다. 나의 목적지와 오늘 할 일을 연결시켜 설정했는지 수시로 체크할 수 있도록 브라우저에 즐겨찾기해놓습니다.

(2) 할 일 관리 대시보드(Navigation Dashboard)

▲ 복제한 템플릿 Life Management(학습용)의 [Navigation Dashboard]

목적지로 가는 세부 경로를 관리하는 대시보드입니다. 기간별 목표를 확인하고 하루, 한 주 단위로 무엇을 해야 하는지 구체적으로 설정합니다. 할 일 관리 대시보드는 내비게이션처럼 바로 앞에 놓인 길에 집중하도록 돕습니다. 목표에 맞는 Project와 Task를 설정하고 하루, 한 주, 한 달 단위로 완료한 일과 앞으로 할 일을 점검합니다. 매일 가장 자주 방문할 페이지이기도 합니다. 이 대시보드도 브라우저에 즐겨찾기하여 사용할 것을 추천합니다.

주기별 성찰 루틴

이제 두 대시보드를 활용하여 할 일과 목표를 자주 확인하면서 삶을 관리합니다. 지도와 내비게이션을 수시로 체크할 수 있는 루틴을 만들어보겠습니다.

(1) 매년 말

Goal Dashboard에서 관심 목록 전체를 리뷰하고 수정할 항목이 있는지 확인하며 내년 목표도 설정합니다. 평소 내년 계획에 대한 아이디어를 미리 메모해놓으면 유용하게 활용할 수 있습니다. 세운 목표는 가급적 자주 바꾸지 않도록 합니다.

(2) 매월 말

Navigation Dashboard에서 Monthly Task Review를 열어 한 달 동안 완료한 Task를 살펴보고 전체 관심 목록 방향에 맞게 일을 실행했는지 살펴봅니다. 다음 달 목표를 세우고 관련된 Project와 Task를 설정합니다.

(3) 매주 금요일

Navigation Dashboard에서 Weekly Task Review를 열어 한 주 동안 완료한 Task를 살펴보고 월 목표와 연결하여 시간을 잘 쓰고 있는지 체크합니다. 완료되지 않은 일이 있는지 확인하고 다음 주 Task를 살펴보며 실행 가능한 일자로 조정합니다.

(4) 매주 월요일

Navigation Dashboard에서 Weekly Task Review를 열어 금주로 배정된 Task를 살펴봅니다. 적절한 분량으로 일이 계획되었는지 그리고 일, 성장, 관계 세 영역의 일들이 조화를 이루도록 계획됐는지 확인합니다. 보상 차원으로 주중 저녁이나 주말에 좋아하는 활동을 계획에 추가하는 것을 추천합니다.

(5) 매일 아침

아침에는 Navigation Dashboard에서 Mini Habit을 관리하기 위해 Daily Log 페이지를 생성합니다. Today Task에서 오늘로 배정된 Task를 살펴보고 새롭게 추가할 일은 없는지 점검합니다. 오늘 반드시 해야 하는 일을 확인합니다. 분출 기법을 활용할 수 있도록 Set 값을 부여합니다. 하루 할 일로 적절하지 않은 수준이라면 우선순위가 낮은 일을 다른 날로 조정할 수 있는지 살펴봅니다.

(6) 매일 오후

오후에는 Task 진행 상황을 보면서 오늘 내로 꼭 해야 하는 일을 체크합니다. 저녁에 자신이 좋아하는 Task를 설정하면 속도를 더 내어 분출할 힘이 생길 수 있습니다. 일과를 마칠 때는 Tomorrow Task를 열어보며 오늘 Task의 완료 상태를 체크하고 내일 할 일을 조정합니다. 마지막으로 Daily Log에서 Mini Habit을 체크하고 하루의 기록을 남깁니다.

성찰 루틴을 막상 실행해보면 큰 에너지가 들지 않습니다. 매일 오전과 오후에 각각 10분 정도 할애합니다. 월요일과 금요일은 한 주를 돌아보고 계획하기 위해 추가로 10분을 더 사용합니다. 월간 목표도 관심 목록과 연간 목표가 잘 설정되어 있다면 금방 작성할 수 있습니다. 성찰 루틴을 프로젝트로 만들어서 할 일로 관리하면 자연스럽게 챙길 수 있습니다.

☑ 진행현황	≣ Task	≣ Memo	⊞ 실행일	Σ 요일	☑ Today	⊞ 마감일	# Set	◉ Pillar	↗ 🏛 Project_Master*
시작전	아침 루틴		2022/08/05	Friday	☑			Grow	📍 리뷰 루틴
시작전	오후 루틴		2022/08/05	Friday	☑			Grow	📍 리뷰 루틴
시작전	금요일 리뷰 루틴		2022/08/05	Friday	☑		0.5	Grow	📍 리뷰 루틴
시작전	월요일 리뷰 루틴		2022/08/08	Monday	☑		0.5	Grow	📍 리뷰 루틴
시작전	월말 리뷰 루틴		2022/08/30	Tuesday	☑		1	Grow	📍 리뷰 루틴
시작전	연말 리뷰 루틴		2022/12/26	Monday	☑		3	Grow	📍 리뷰 루틴

커리어 개발 진단 도구 활용하기

나의 현재 상황에 대한 인지가 체계적으로 필요한 영역은 심층 질문을 통해 깊게 살펴보면 좋습니다. 커리어에는 관리해야 할 영역이 많고 변화되는 요소도 많습니다. 그러므로 적정한 기간마다 스스로 어디에 집중해야 커리어를 발전시킬 수 있을지 방향을 잡아줘야 합니다.

TIP 복제한 템플릿 Life Management(학습용)의 [Career Development Self Check(샘플)]에서 자세한 예시를 참고합니다.

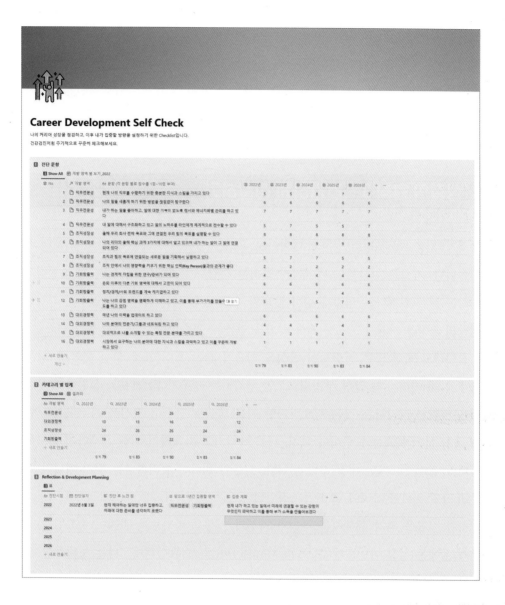

진단은 기본적으로 점수를 매기는 것이지만 점수 자체보다 문항을 읽으며 느꼈던 생각을 정리하는 것이 중요합니다. 커리어를 발전시키는 것은 길게 보아야 하므로 앞으로의 성장 방향을 설정하는 것에 집중해서 생각해봅니다.

Career Development Self Check는 매년 연말에 실행합니다. 매년 이 진단을 실행하면 관심 목록의 커리어 영역에 어떤 일들을 세팅하는 것이 적합할지 균형있게 생각해볼 수 있어 좋습니다. 진단을 위한 템플릿은 이 책의 특별부록(357쪽)에서 자세하게 소개하겠습니다.

성찰의 원칙 3 – 건강하게 성찰하기

목적지와 경로를 분명히 정하고 나아가도 우리는 얼마든지 다른 길로 빠져 헤맬 수 있습니다. 때로는 한발짝도 나아가지 못하는 순간도 존재합니다. 이런 때 좌절하고 원하는 삶을 살겠다는 의지가 심하게 꺾일 수도 있습니다. 힘든 상황일수록 건강한 성찰의 과정을 거쳐야 목표를 지속할 힘을 얻을 수 있습니다.

성찰이라고 하면 많은 사람들이 반성을 떠올립니다. '또 목표를 실천 못했네, 나는 도대체 왜 이러지'와 같이 부정적으로만 생각하는 경우가 많습니다. 실천하지 못한 일을 정확히 자각하는 것은 필요하지만 이를 화살로 만들어 자신을 겨누어서는 안 됩니다. 삶의 목표는 도구여야 하지, 나를 속박하고 자책하기 위해 존재하지 않도록 합니다. 오늘 못 가면 내일 가면 됩니다. 미루기 위하여 합리화하는 것이 아니라 꾸준히 가기 위하여 가져야 할 마음가짐입니다.

건강한 성찰을 하기 위해서는 우리가 자신과 인생을 바라보는 관점이 중요합니다. 우리 삶에는 성장 마인드셋(Growth Mindset)이 꼭 필요합니다. '나는 노력하면 성장할 수 있는 사람'이라고 믿는 태도입니다. 반대의 마인드는 고정 마인드셋(Fixed Mindset)입니다. 사람은 타고난 것을 벗어나지 못하며 그 안에서 모든 것이 결정된다고 믿는 태도입니다.

마인드셋 연구로 전 세계에 큰 영향을 준 캐럴 드웩 교수는 성장 마인드셋을 가지는 것만으로도 성장과 행복이 따라온다고 말합니다. 나는 노력하면 원하는 모습으로 성장할 수 있는 사람이라는 사실을 믿고 스스로를 어떻게 도와줄지 고민하는 것이 성찰의 출발점이자 목적이기도 합니다.

오늘 원하는 수준에 다다르지 못했더라도 일희일비할 필요는 없습니다. 목적지까지 다다르지 못했어도 오늘 애쓴 만큼 우리는 성장하고 있습니다. 작지만 조금씩 앞으로 나아가는 과정 자체도 즐겁고 아름다운 일입니다. 그런 하루하루에 오롯이 집중하면 더 이상 언제 목적지에 도착할지 연연하지 않고 즐겁게 나아갈 수 있습니다.

> **건강한 성찰을 위한 질문**
>
> **1** 이번 달(연도)에 이룬 뿌듯한 성취는?
>
> **2** 이번 달(연도)에 감사한 일과 사람은?
>
> **3** 이번 달(연도)에 어려웠거나 아쉬웠던 일은?
>
> **4** 다음 달(연도)에 에너지를 집중할 목표와 방법은?

성찰 질문이 꼭 위와 같을 필요는 없습니다. 하나만 기억하면 됩니다. 과거에 대해 비판만 하지 않고 앞으로 나아가기 위한 질문이어야 합니다. 많은 사람들이 성취한 일은 의외로 과소평가하고 못 이룬 것에 집착하는 경향이 있습니다. 과거를 성찰함으로써 우리는 잘한 점과 배운 점을 찾고 이에 대한 의미를 더 발견하여 앞으로 나아갈 수 있는 의지를 북돋을 수 있습니다.

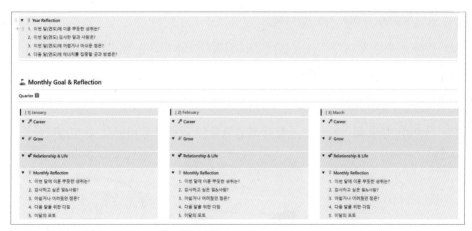

▲ 목표 관리 대시보드(Goal Dashboard) 템플릿 – 성찰 질문

02

Life Management System
노션 활용법

CHAPTER 01에서는 Life Management System의 필요성과 관리 방법에 대해 알아보았습니다. CHAPTER 02에서는 해당 시스템을 적용한 노션 템플릿이 어떻게 구성되어 있는지 살펴보겠습니다. 제공하는 템플릿을 직접 만들 수 있을 만큼의 노션 실력이 없어도 괜찮습니다. 삶을 운영하는 원리와 행동 전략을 바탕으로 템플릿이 어떻게 구성되는지를 이해하는 것이 핵심입니다. 직접 템플릿을 복제하여 페이지의 여러 요소들을 수정하고 추가해보며 학습하기를 추천합니다.

Life Management System 노션 템플릿

Life Management System을 어떻게 노션 페이지로 구현했는지 살펴보겠습니다. 다양한 노션 기능을 활용해서 만든 템플릿을 직접 사용해보는 경험은 노션 실력을 높이는 지름길이기도 합니다.

템플릿 종류와 구성

앞서 CHAPTER 01에서 살펴봤듯이 Life Management System은 DAR(Destination, Acting Power, Reflection) 프로세스로 이루어집니다. 각 단계에 필요한 생산성 도구가 노션 템플릿으로 구성되어 있습니다. CHAPTER 01에서 배운 모든 내용을 실제 삶에 바로 적용해볼 수 있습니다.

Life Management System

Destination
💗 To Be Map
👤 관심목록

Acting Power
📄 Daily Log_Master
📄 Task_Master
💼 Project_Master
📄 Daily Log_추가활용

Review
🚩 Goal Dashboard -Year 202X
🕐 Navigation Dashborad
🎖 Career Development Self Check

아래 두 개의 대시보드는 각각 삶을 운영하는 데 필요한 내비게이션 역할을 합니다. 대시보드를 통해 위의 노션 템플릿들을 편리하게 확인하고 수정할 수 있습니다.

Goal Dashboard **(목표 관리)**	• 삶의 방향과 목표를 정리하기 위해 사용 • To Be Map, 관심 목록(연간 목표), 월간 목표 • To Be Map, 관심 목록은 데이터베이스형, 월간 목표는 메모형으로 구성 • Yearly/Monthly로 목표 설정 및 리뷰 • 연도 단위로 복제하여 사용
Navigation Dashboard **(하루 관리)**	• 하루의 일을 잘 관리하고 실천하기 위해 사용 • 세 개의 데이터베이스 Daily Log, Task, Project로 구성 • 링크된 데이터베이스를 활용해 Task 관리에서도 편리하게 확인 가능

TIP 당장 필요하지 않은 자료를 보느라 집중력이 흐려지는 것을 방지하고자 두 대시보드에는 토글 기능을 많이 사용했습니다. 편리하게 사용하기 위해서 단축키를 활용합니다.

• 전체 토글 열기 : Ctrl + Alt + T
• 일부 토글 열기 : 열고자 하는 토글을 블록으로 잡아 선택한 후 Ctrl + Enter

먼저 Goal Dashboard부터 차근차근 활용해보겠습니다.

Goal Dashboard로 목표 설정하고 성찰하기

Life Management System에서 목적지를 설정하고 성찰할 수 있는 대시보드입니다. 일 년을 쪼개어 세부 목표를 설정하고 성찰합니다.

Goal Dashboard 구성 및 사용법

(1) Dashboard 이름

Goal Dashboard는 연 단위로 사용하므로 페이지 제목에 연도를 표기합니다.

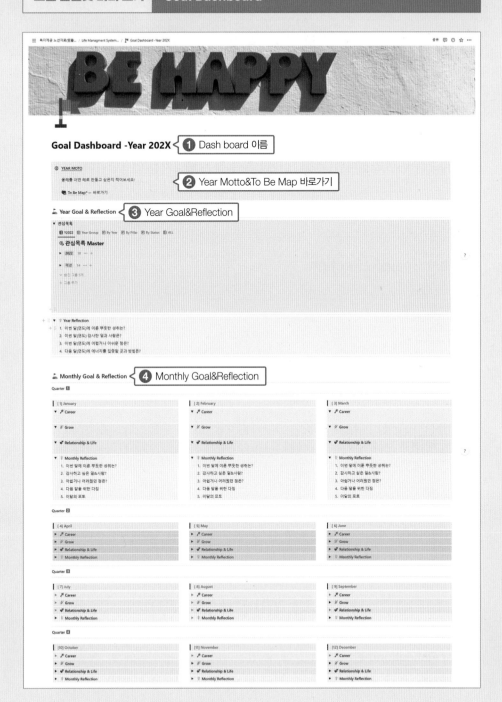

(2) Year Motto&To Be Map 바로가기

한 해를 어떻게 살고 싶은지를 정리하여 콜아웃 블록에 모토를 적어봅니다(027쪽). 바로가기 링크를 사용하여 To Be Map도 편리하게 살펴볼 수 있습니다. 다른 페이지로 링크를 바꾸고 싶다면 '@'를 입력한 후 원하는 페이지를 입력합니다.

TIP 콜아웃 블록에 대한 자세한 설명은 168쪽을 참고합니다.

(3) Year Goal&Reflection

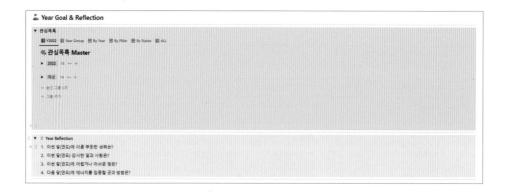

- **관심 목록** | 목표를 관리하기 위한 데이터베이스입니다. 관심 목록은 링크된 데이터베이스로 가져와서 편리하게 볼 수 있도록 다양한 보기를 설정했습니다. 관심 목록은 원본 데이터베이스에서 작성하거나 Goal 대시보드에서 작성합니다.

    TIP 데이터베이스 이름 앞에 오른쪽 위를 향하는 화살표 ↗가 있으면 링크된 데이터베이스입니다. 원본의 위치가 따로 있다는 의미이며, 링크된 데이터베이스에 대한 자세한 설명은 297쪽을 참고합니다.

- **Year Reflection** | 한 해를 성찰할 수 있는 질문입니다. 연말에 한 해를 성찰하면서 작성합니다. 질문에 대한 답을 토글 안에 텍스트 형태로 입력합니다.

NOTE · 시간 관리 전문가의 **노션 활용법**

관심 목록의 보기로 무엇을 설정할까요? 🔍

'Y2022' 보기는 기한 속성에 필터를 적용하여 2022년도 목표만 확인할 수 있습니다. 필터에서 기한 속성을 활용하면 2022년 목표와 매년 달성해야 하는 목표를 나누어 확인할 수 있어 편리합니다.

① **By Year** | 연도별로 목표를 볼 수 있습니다.

② **By Pillar** | Career/Grow/Relationship 세 개의 Pillar별로 목표를 볼 수 있습니다.

③ **By Status** | 목표의 달성 상태로 그룹화하여 볼 수 있습니다.

TIP 보기에 필터를 활용하는 방법은 256쪽에서 알아봅니다.

(4) Monthly Goal&Reflection

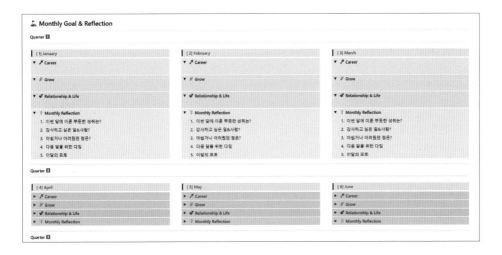

연간 목표를 쪼개어 월간 목표를 설정하고 한 달을 기준으로 성찰하는 공간입니다. 필요한 분기 혹은 월에만 토글을 열어 확인할 수도 있습니다. 또한 개별 토글로 Pillar별 목표를 기입할 수 있습니다. 월간 목표는 텍스트로 기입합니다.

체크 박스 속성을 활용하여 달성 여부를 체크할 수 있습니다. 세웠던 목표가 취소되는 경우에는 지우기보다 취소선을 긋습니다.

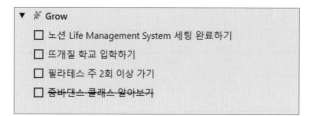

시간 관리 전문가의 **노션 활용법**

월 목표는 언제 작성할까요? 🔍

보통 매월 말에 다음달 목표를 작성합니다. 몇 개월에 걸쳐 한 개의 목표를 진행하는 경우 미리 다른 월의 계획까지 잡아둡니다. 같은 목표가 몇 달마다 반복되는 경우에는 해당 목표를 복제하여 사용합니다. [Alt]를 누른 채 원하는 위치로 드래그하면 목표를 쉽게 복제할 수 있습니다.

Monthly Reflection 질문은 월말에 작성합니다. 해당 월의 소중한 순간을 기억할 수 있는 사진을 함께 넣기도 합니다.

> ▼ 💡 **Monthly Reflection**
> 1. 이번 달에 이룬 뿌듯한 성취는?
> 2. 감사하고 싶은 일&사람?
> 3. 아쉽거나 어려웠던 점은?
> 4. 다음 달을 위한 다짐
> 5. 이달의 포토

목표는 자주 확인하기

Goal Dashboard는 일 년의 여정을 함께하는 지도입니다. 수시로 열어보고 상기하는 것이 중요합니다. 당장 시급한 일이 많더라도 목표를 실현하기 위해서는 Task 계획을 세울 때 월간 목표를 고려해야 합니다. 웹 브라우저의 시작 화면에 Goal Dashboard나 Navigation Dashboard를 추가해놓는 것을 추천합니다. 인터넷을 사용할 때마다 자연스럽게 확인할 수 있습니다.

> **NOTE** 시간 관리 전문가의 **노션 활용법**
> **크롬 브라우저 시작 그룹에 노션 페이지 추가하기**
>
> ❶크롬 브라우저 설정 메뉴에서 [시작 그룹]을 클릭하고 ❷[특정 페이지 또는 페이지 모음 열기]에 Goal Dashboard와 Navigation Dashboard 페이지의 링크를 추가합니다. 페이지 링크는 공유 링크가 아니라 노션 페이지 주소 창의 주소를 넣어도 됩니다.

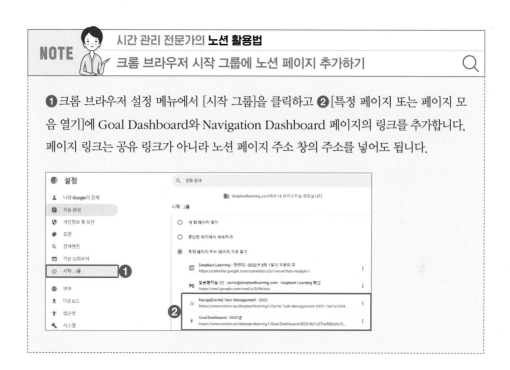

연말, 연초 그리고 월말, 월초에는 해당 기간에 맞는 목표와 성찰을 꼭 기록해야 합니다. 다음 연도 템플릿은 기존 템플릿을 복제하고 제목만 수정하여 만들 수 있습니다. 따라서 템플릿에 내용을 입력하기 전 템플릿은 복제를 위하여 별도로 남겨둡니다. 템플릿을 복제하는 방법은 다음과 같습니다. ❶템플릿 오른쪽의 [⋯]를 클릭하고 ❷[복제]를 클릭합니다.

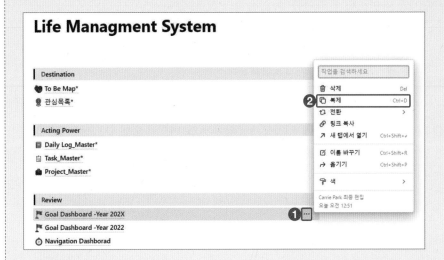

TIP Goal Dashboard의 구성 요소인 To Be Map과 관심 목록은 원본이 다른 페이지에 있기 때문에 복제에 영향을 받지 않습니다.

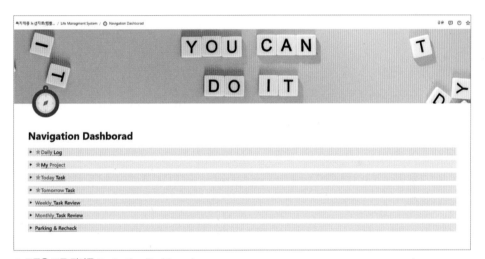

▲ 토글을 모두 접어둔 Navigation Dashboard

목표를 이룰 수 있도록 매일의 내비게이션 역할을 하는 대시보드입니다. 한마디로 할 일 관리 도구입니다. 일어나자마자 확인하고 수시로 스마트폰을 통해 활용해야 합니다. 모든 계획을 차곡차곡 정리함으로써 쏟아지는 많은 일들 속에서 집중해야 하는 일이 무엇인지 파악할 수 있습니다.

Navigation Dashboard는 총 세 개의 데이터베이스로 이루어져 있습니다. 그중 Daily Log 데이터베이스부터 살펴보겠습니다.

Daily Log 속성 및 입력 방법

Daily Log 데이터베이스는 일기처럼 하루의 기록을 남기는 데이터베이스입니다. 데이터베이스 표에서 하나의 행은 한 개의 노션 페이지와 같습니다. 하루에 한 개 페이지를 생성하고 필요한 속성 값을 기입합니다.

① **이름(제목 속성)** | '연도.월.일' 형식으로 페이지명을 입력합니다.

② **일자(날짜 속성)** | 해당 페이지의 날짜 값을 캘린더를 활용하여 입력합니다. 해당 속성을 참고하여 제목 속성 값을 적을 수 있습니다.

③ **요일(수식 속성)** | 일자 속성에 날짜를 기입하면 자동으로 요일을 표기합니다. 날짜 속성을 사용하는 데이터베이스에 'formatDate(prop("일자"), "dddd")' 수식을 적용하여 사용합니다.

④ **Check(선택 속성)** | Mini Habit의 완수 여부를 체크합니다. 하루를 마무리할 때 체크하며 완료가 안 된 날을 체크하기 위해서도 사용합니다.

⑤ **Mini Habit(체크 박스 속성)** | Mini Habit을 설정합니다. 템플릿에서는 Mini Habit 세 개를 설정할 수 있습니다. 필요에 맞게 추가, 삭제하여 사용합니다. 너무 많은 Mini Habit을 설정하면 실천하기가 어렵습니다. 두세 개로 시작한 후 익숙해지면 다른 습관을 추가하는 방식으로 천천히 늘려가도록 합니다. '영양제 먹기'와 같이 목표가 아닌 잊기 쉬운 일을 지정할 수도 있습니다. 습관의 하나로 '노션 켜기'를 설정하는 것도 좋은 전략입니다.

⑥ **Today Reflection/For Tomorrow(텍스트 속성)** | 하루를 되돌아보며 성찰하고 내일을 위한 다짐을 간략히 씁니다. 글이 칸의 너비보다 긴 경우 속성명을 클릭하여 '열 줄바꿈' 기능을 활성화하면 내용을 잘림 없이 볼 수 있습니다.

⑦ **마음챙김(다중 선택 속성)** | 자신의 감정을 명확하게 이해하는 것은 자신을 잘 돌보는 출발점입니다. 오늘 자신이 느낀 감정을 되짚어보며 입력합니다. 하루에 느끼는 감정이 다양할 수 있으므로 여러 개의 태그를 다중 선택할 수 있습니다. 태그 색상으로 다섯 가지 감정이 구분되며 빨간색은 기쁨, 갈색은 두려움, 주황색은 분노, 노란색은 불쾌함, 파란색은 슬픔을 의미합니다.

⑧ **행복도/생산성(선택 속성)** | 그 날의 행복도와 생산성을 점수로 기록합니다.

TIP ⑦, ⑧은 취향에 따라 사용하지 않아도 됩니다. 속성명을 클릭하고 [보기에서 숨기기]를 클릭하여 보이지 않게 만듭니다.

Daily Log 보기 설정하기

자신의 필요나 취향에 따라 보기를 선택하여 사용합니다.

[1] 습관포커스(표 보기)

마음챙김/행복도/생산성 속성은 숨기고 Mini Habit과 성찰 위주로 확인하는 보기입니다. 하루에 너무 많은 기록을 하는 것이 부담스러운 사람들에게 추천합니다.

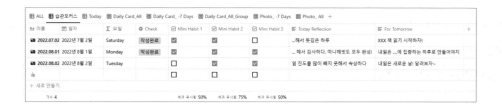

(2) Today(표 보기)

오늘 일자 페이지만 확인할 수 있습니다. 해당 보기에서 페이지를 생성할 때 자동으로 오늘 일자가 입력되어 편리합니다.

(3) Daily Card(갤러리 보기)

하루 데이터를 직관적인 카드 형태로 볼 수 있습니다. 페이지 내에 사진을 넣어 포토 일기로도 활용할 수 있습니다.

Daily Log 추가 활용법

데이터베이스 내 템플릿 활용하기

Daily Log는 매일매일 기록하는 데이터베이스입니다. 여러 가지 템플릿을 활용하여 하루 기록을 다양하게 남길 수 있습니다. 취향과 목적에 맞게 템플릿을 사용해봅니다.

목적에 맞는 속성 추가하기

자신만의 속성을 만들어 추가할 수 있습니다. 예를 들어 다이어트 중이라면 체중, 식사 등을 기록할 수 있는 속성을 추가합니다. 이외에도 매일 꾸준히 기록하는 데이터가 있다면 Daily Log 데이터베이스를 활용합니다.

TIP 텍스트 속성을 추가하는 방법은 225쪽을 참고합니다.

Task로 할 일 체계적으로 관리하기

할 일(Task)을 관리하는 데이터베이스입니다. 쪼갠 일을 하나의 Task로 관리하며 Task를 여러 개 묶어서 하나의 Project 데이터베이스를 만들 수도 있습니다. 먼저 Task 데이터베이스에 대해 알아보겠습니다.

Task-Master 속성 및 입력 방법

① **Task(제목 속성)** | 할 일을 표기합니다. 하루에 완료할 수 있는 크기로 일을 쪼개어 입력합니다. 적어도 두세 시간 안에 끝낼 수 있는 수준으로 쪼개는 것을 가장 추천합니다.

② **Memo(텍스트 속성)** | Task에 대한 추가 설명이 필요한 경우 기입합니다.

③ **실행일/마감일(날짜 속성)** | 실행일과 마감일은 각각 따로 입력합니다. 꼭 해야 하는 Task는 실행일을 반드시 입력하고, 마감일은 정해진 기한이 있는 경우에만 입력합니다. 시간과 연결되지 않은 할 일은 실행 확률이 낮아집니다. 반드시 대략의 실행일을 계획하는 습관을 들여야 합니다. 또한 Task 데이터베이스에는 실행일을 기준으로 할 일을 보여주므로 실행일이 비어 있지 않게 관리하는 것이 중요합니다.

④ **요일(수식 속성)** | 실행일의 요일이 자동으로 표시됩니다. 한 주의 할 일을 편리하게 파악할 수 있습니다.

⑤ **진행현황(상태/선택 속성)** | Task의 진행 상태를 입력합니다. 시작전/진행중/완료됨/취소됨/연기됨으로 선택지를 만들어두었습니다. 필터를 활용해 효과적으로 Task를 관리할 수 있도록 진행현황은 꼭 입력합니다. Task 상태를 기록하는 것은 할 일 관리에 매우 중요한 요소이자 실행 동기부여 요소로 작동됩니다. 잘 챙겨서 기입합니다.

⑥ **Today(체크박스 속성)** | 실행일 기준으로 오늘 반드시 끝내야 하는 일을 표시합니다. 실행일을 기준으로 할 일을 배정하면 하루만에 처리하기 버거운 양의 Task가 배정될 수도 있습니다. 하루의 Task를 시작하기 전에 오늘 할 일이 무엇인지 확인하고 반드시 해야 하는 일, 상황에 따라 다른 일자에 옮길 수 있는 일을 판단하여 체크합니다.

> **TIP** 일에 대한 우선순위는 선택 속성으로, [★★★/★★/★]과 같은 태그를 붙여 관리할 수 있습니다. 하지만 우선순위를 점수로 표기하는 일 자체가 추가적인 일이 될 수 있으므로 체크 박스 속성을 활용합니다. 상세한 우선순위 표기 방식은 Task보다 단위가 큰 프로젝트 단위에서 주로 사용합니다.

⑦ **Set(숫자 속성)** | 해당 일에 얼마큼의 시간을 배분할지 사전에 분출 계획을 설정합니다. 모든 일에 Set를 부여하지는 않고 일이 많거나 몰입해서 끝내야 하는 일에 주로 사용합니다. 표 보기에서는 데이터베이스 하단의 계산 기능을 활용할 수 있습니다. Set 값의 합계를 확인하면 오늘 배정한 일의 양이 적절한지 가늠할 수도 있습니다.

⑧ **Pillar(선택 속성)** | 삶에 필요한 세 가지 기둥, 즉 Pillar를 구분하기 위해 사용합니다. 관심 목록의 Career/Grow/Relationship 그리고 Jobs 중 관련 있는 태그를 활용하여 작성합니다. 삶의 영역을 확인하며 내 삶에 필요한 영역을 두루 챙기고 있는지 Pillar 속성 태그를 활용하여 살펴봅니다.

⑨ **Project(연결)(관계형 속성)** | Task의 상위 데이터베이스인 Project와 관계형 속성을 설정했습니다. Project 페이지로 이동하지 않아도 Task를 입력하는 페이지에서 새 프로젝트를 간단히 생성할 수 있습니다. 기존에 생성한 프로젝트에 Task를 연결하는 경우에는 관계형 창에서 검색하여 선택합니다. 관계형 데이터베이스에 대한 자세한 설명은 308쪽을 참고합니다.

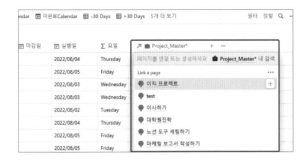

⑩ **완료확인(수식 속성)** | 진행현황 속성에서 '완료됨'으로 표시된 Task의 개수를 확인할 수 있습니다. 진행현황 속성을 설정하면 자동으로 입력됩니다. 대부분의 보기에서는 숨겨져 있습니다.

TIP 완료확인 수식은 'if(prop("진행현황") == "완료됨", true, false)'입니다. 수식 속성에 대한 자세한 설명은 323쪽을 참고합니다.

⑪ **최종편집일(최종편집일시 속성)** | 최종 수정한 일시를 자동으로 표기합니다. Task를 정렬해서 확인할 때 사용합니다. 대부분의 보기에서는 숨겨져 있습니다.

데이터베이스 보기 설정하기

보기를 통해 Task를 체계적으로 관리할 수 있습니다. Task를 관리할 때는 한눈에 Task를 파악할 수 있는 표 보기 레이아웃이 가장 적합합니다. Task 데이터베이스의 실행일 속성과 진행현황 속성에 필터 조건을 다르게 설정하여 여러 가지 보기 방식을 생성했습니다. 각각의 보기는 계획을 성찰하는 루틴과도 연관되므로 템플릿에 제공된 보기를 먼저 사용해보는 것을 추천합니다.

📋 **Task_Master***

⊞ All ⊞ **Task+Project** ⊞ Today(실행관리) ⊞ Today All ⊞ Tomorrow ⊞ -7 Days ⊞ +7 Days ⊞ +7 Days_Project ⊞ -30 Days ⊞ -30 Days 완료 ⊞ +30 Days 7개 더 보기

TIP 필터와 정렬 조건을 설정하는 방법은 251쪽을 참고합니다.

각 보기가 어떤 조건으로 구성되었고 어떻게 사용하면 되는지를 알아보겠습니다. 이를 활용하여 다른 데이터베이스를 만들 때도 마치 프로그래머처럼 본인에게 최적화된 보기를 만들 수 있습니다.

(1) Today All 보기

| 📅 실행일 ∨ | 이(가) | 오늘 ∨ | 날짜와 동일한 데이터 ∨ | ⋯ |

＋ 필터 규칙 추가 ∨

＋ 필터 규칙 추가 ∨

필터 제거

▲ Today All 보기 필터 규칙

‘실행일’을 ‘오늘’로 설정하면 실행일이 오늘로 설정된 Task가 모두 나타납니다. 해당 보기로 설정된 상태에서 새 Task를 만들면 실행일 속성에 자동으로 오늘 일자가 입력되어 생성됩니다. 정렬은 자신의 취향에 맞게 만듭니다. 이 템플릿에서는 진행현황 순서로 설정했습니다.

> **TIP** 날짜 속성에 필터를 입력할 때 ‘오늘’, ‘내일’과 같이 상대 일자를 설정하는 경우에는 고급 필터 기능을 사용해야 합니다. 고급 필터에 대한 내용은 261쪽을 참고합니다.

(2) Today(실행관리) 보기

📄 **Task_Master***

▦ All　▦ Task 기본　▦ Task+Project　▦ Today(실행관리)　▦ Today All　▦ Tomorrow　▦ -7 Days　▦ +7 Days　▦ -30 Days　▦ -30 Days 완료　▦ +30 Days　▦ Calendar　5개 더 보기　　　　필터　정렬

▼ ☑ 11 ⋯ ＋

☑ Today	⊙ 진행현황	Aa Task	# Set	≣ Memo	⊙ Pillar	📅 마감일	📅 실행일	Σ 요일	Σ 완료확인	↗ 🖿 Project_Master*	＋ ⋯
☑	시작전	이력서 업데이트 - 표준 이력서 양식 수정	3		Career		2022/08/05	Friday	☐	● 이직 프로젝트	
☑	시작전	강의안 초안 설계하기	3		Career		2022/08/04	Thursday	☐		
☑	시작전	WBS 점검하고 필요한 일 추가하기	0.5		Career		2022/08/03	Wednesday	☐	● 마케팅 보고서 작성하기	
☑	시작전	필요한 자료 목록 만들기	2		Career		2022/08/03	Wednesday	☐	● 마케팅 보고서 작성하기	
☑	시작전	팀장님께 목차 내용 OK인지 체크하기	1		Career		2022/08/02	Tuesday	☐	● 마케팅 보고서 작성하기	
☑	시작전	오후 루틴			Grow		2022/08/05	Friday	☐	● 리뷰 루틴	
☑	시작전	아침 루틴			Grow		2022/08/05	Friday	☐	● 리뷰 루틴	
☑	시작전	금요일 리뷰 루틴	0.5		Grow		2022/08/05	Friday	☐	● 리뷰 루틴	
☑	시작전	대학원 투보목록 노션 리스트 완성하기	1		Grow		2022/08/04	Thursday	☐	● 대학원진학	
☑	시작전	OO친구 통화- 아픈 건 괜찮은지	0.5		Relationship		2022/08/04	Thursday	☐		
☑	시작전	전직장 동료 모임 참석하기			Relationship		2022/08/03	Wednesday	☐		

＋ 새로 만들기

합계 11.5

▼ ☐ 10 ⋯ ＋

☑ Today	⊙ 진행현황	Aa Task	# Set	≣ Memo	⊙ Pillar	📅 마감일	📅 실행일	Σ 요일	Σ 완료확인	↗ 🖿 Project_Master*	＋ ⋯
☐	시작전	마케팅 트렌드 키워드 초안 도출하기			Career		2022/08/05	Friday	☐	● 마케팅 보고서 작성하기	
☐	시작전	마케팅 트렌드 2022 도서 훑어보기			Career		2022/08/05	Friday	☐	● 마케팅 보고서 작성하기	
☐	시작전	상반기 프로젝트 결과 정리하기	2		Career		2022/08/04	Thursday	☐		
☐	시작전	지원서 작성하기	2		Grow		2022/08/07	Sunday	☐	● 대학원진학	
☐	시작전	연구(학업)계획서 작성하기	3		Grow		2022/08/05	Friday	☐	● 대학원진학	
☐	시작전	전형 방식 확인하기	2		Grow		2022/08/04	Thursday	☐	● 대학원진학	
☐	진행중	전형 일정 체크하기	1		Grow	2022/09/01	2022/08/04	Thursday	☐	● 대학원진학	
☐	진행중	노션 책 구매하기			Grow		2022/08/04	Thursday	☐	● 노션 도구 세팅하기	

Task를 관리할 때 가장 핵심적인 보기이며, 오늘 할 일을 관리하기 위해 사용합니다. Task를 완료한 후 체크하면 목록에서 사라집니다. Today 속성으로 그룹화하여 오늘 반드시 해야 하는 일과 그렇지 않은 일을 분리하여 확인할 수 있습니다.

TIP Today(실행관리) 보기에서 새로 Task를 생성하면 자동으로 실행일이 오늘 일자로 입력됩니다. 같은 방법으로 Task를 만든 후 실행일만 변경하면 다른 일자의 Task를 추가할 수 있습니다.

시간 관리 전문가의 노션 활용법
NOTE Today All(실행관리) 보기의 필터 살펴보기

Today All(실행관리) 보기는 전체 데이터베이스 보기 중에서 가장 복잡한 필터가 적용되어 있는 보기입니다. 아래와 같은 두 개의 필터 그룹이 or(또는) 조건으로 연결되어 있습니다.

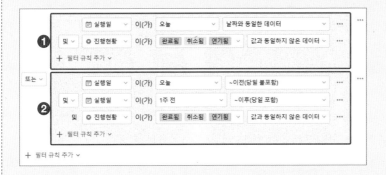

① 실행일을 '오늘'로 설정하고 '및' 조건으로 진행현황이 '완료됨/취소됨/연기됨'과 동일하지 않은 Task를 선택합니다. 결국 진행현황이 '시작전/진행중'인 Task만 목록에 노출이 됩니다.

② 실행이 완료되지 않은 Task는 일주일 동안 계속 노출합니다. 과거 일정에서 완수하지 못한 일을 함께 파악하되 페이지에 너무 많은 Task가 표시되지 않도록 기간을 일주일 이내로 한정했습니다.

(3) Tomorrow 보기

▲ Tomorrow 보기 필터 규칙

실행일이 '내일'인 Task만 나타납니다. 내일 할 일을 체크하거나 추가할 때 사용합니다. 해당 보기에서 Task를 추가하면 내일 일자로 실행일이 자동으로 지정되어 다음 날 계획을 세울 때 편리합니다.

(4) 7 Days/+7 Days 보기

▲ 7 Days 보기 필터 규칙

▲ +7 Days 보기 필터 규칙

일주일 단위로 Task를 관리할 때 사용합니다. 실행일에 일주일을 기준으로 필터를 적용하여 오늘로부터 일주일 이전 혹은 일주일 이후의 Task만 모아서 확인할 수 있습니다.

NOTE 시간 관리 전문가의 **노션 활용법**
7 Days/+7 Days 보기를 활용하여 루틴 설정하기 🔍

성찰 루틴에서 소개했던 것처럼 매주 금요일에는 −7 Days 보기에서 지난 7일간의 Task 진행 상태를 확인합니다. 완료되지 않은 일은 다른 일자에 실행하도록 조정합니다. +7 Days 보기에서는 다음 주에 어떤 중요한 일들이 있는지 확인하고 월간 목표와 연계하여 필요한 일을 추가합니다. 매주 월요일에는 +7 Days 보기에서 한 주의 일정을 살펴보며 Task를 적절하게 분배합니다.

(5) −30 Days/−30 Days 완료/+30 Days 보기

한 달 전후의 Task를 확인할 수 있습니다. 이 보기는 주로 월말에 사용합니다.

−30 Days 보기

▲ −30 Days 보기 필터 규칙

지난 한 달간 실행한 일을 확인하고 월 목표를 잘 실천했는지 성찰할 때 유용합니다. Pillar 속성을 기준으로 정렬하여 영역별 월 목표와 함께 비교할 수 있습니다.

−30 Days 완료 보기

지난 한 달간 완료한 Task만 나타납니다. 자신이 정한 목표를 성취할 수 있게 해당 보기에 많은 Task 목록이 쌓일 수 있도록 노력합니다.

▲ −30 Days 완료 보기 필터 규칙

+30 Days 보기

▲ +30 Days 보기 필터 규칙

다음 달 목표를 정한 후 +30 Days 보기에서 다음 달에 해야 하는 중요한 일들을 계획합니다.

(6) Calendar All/미완료 Calendar 보기

할 일 관리에서는 주로 표 보기를 사용하지만 전체적인 일정을 파악하여 실행일을 조정할 때는 캘린더 보기를 사용하기도 합니다. 해당 보기를 사용할 때는 데이터베이스 레이아웃 메뉴에서 [캘린더 표시 기준 보기]가 [실행일]로 지정되어 있는지 확인합니다. 간혹 캘린더 보기를 추가로 생성했을 때 [마감일]로 지정된

경우도 있으니 필요한 일자 기준으로 설정되어 있는지 확인합니다.

TIP 레이아웃 메뉴는 데이터베이스 오른쪽의 [▦]를 클릭한 후 [레이아웃]을 클릭하면 나타납니다.

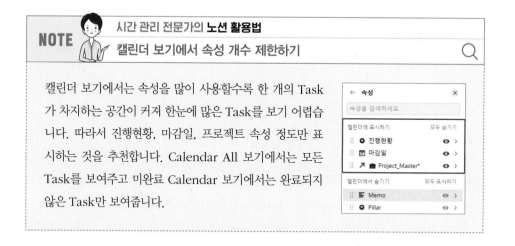

(7) 실행일 X/취소연기 Task 보기

▲ 실행일 X 보기 필터 규칙

두 보기는 실행일이 지정되지 않았거나 취소 또는 연기된 Task를 확인할 때 사용합니다. 주로 월말, 월초에 사용합니다.

Task의 실행일이 비어 있는 경우는 크게 두 가지입니다. 첫 번째는 실수로 실행일을 입력하지 못한 경우입니다. 이때는 실행일을 적절한 일자로 설정합니다. 두 번째는 Parking을 위하여 실행일을 일부러 비워둔 경우입니다. 당장 해야 하는 일은 아니지만 잊지 않도록 실행일이 빈 Task는 없는지 주기적으로 관리합니다.

예를 들어 '스마트 포인터 신제품 알아보기'와 같은 일은 꼭 필요한 일인지 판단하기 애매하고 언제 실행해도 무방한 일입니다. 이런 일은 실행일을 비워두고 여유 시간이 있을 때 실행합니다. 이후 다시 판단했을 때 불필요한 할 일이라면 삭제합니다. 취소연기 Task 보기에서는 해당 Task가 정말 실행할 필요가 없는지 확인합니다.

할 일을 실행하는 데 도움이 되는 방법 중 하나로 다양한 보기를 제안했습니다. 보기는 얼마든지 자신의 필요와 취향에 따라 수정하여 사용하면 됩니다. 제공된 보기를 복제하여 일부만 변형할 수도 있습니다. 자신의 실행 관리 루틴에 맞게 활용하기 바랍니다.

NOTE 시간 관리 전문가의 **노션 활용법**
데이터베이스에 데이터를 빠르게 입력하는 방법 🔍

필자가 가장 자주 사용하는 템플릿은 Task 데이터베이스입니다. Task 데이터베이스에서 할 일을 빠르게 입력하는 방법을 익히면 Task 관리가 더욱 수월해집니다. 데이터베이스에 데이터를 빠르게 입력하는 방법을 알아보겠습니다.

① 표 보기에서 새로운 데이터를 입력할 때는 특정 칸이 선택된 상태에서 Shift + Enter 를 눌러 한 개의 행을 생성합니다. 한 개의 행은 새로운 페이지를 의미합니다.

② Enter 나 Esc 를 눌러 한 개의 칸 혹은 한 개의 페이지(한 행)를 선택합니다. 날짜, 태그, 관계형 등 필요한 값을 Ctrl + C , Ctrl + V 를 눌러 복사/붙여넣기합니다. 여러 개의 칸을 드래그하거나 Shift 를 누른 채 방향키를 눌러 다중 선택하면 한번에 복수의 칸을 복사/붙여넣기할 수 있습니다.

③ 비슷한 데이터를 추가할 때는 Esc 를 눌러 한 행을 선택하고 Ctrl + D 를 눌러 복제한 후 수정합니다. 하나의 시리즈로 관리해야 하는 Task의 경우 공통된 Task 이름을 입력하고 복제한 후 상세 내용만 변경합니다. 예를 들어 '노션 강좌 듣기'가 10개의 Task로 이루어진 시리즈라면 1강 Task를 먼저 만든 후 Ctrl + D 를 눌러 아홉 개를 복제합니다. 수정해야 하는 값은 제목 제일 뒤에 배치하여 쉽게 변경할 수 있도록 작성합니다.

☐	시작전	노션 강좌 듣기 - 강좌 1			2022/08/08	Monday		Career
☐	시작전	노션 강좌 듣기 - 강좌 2			2022/08/08	Monday		Career
☐	시작전	노션 강좌 듣기 - 강좌 1	수정		2022/08/08	Monday		Career
☐	시작전	노션 강좌 듣기 - 강좌 1			2022/08/08	Monday		Career
☐	시작전	노션 강좌 듣기 - 강좌 1			2022/08/08	Monday		Career
☐	시작전	노션 강좌 듣기 - 강좌 1			2022/08/08	Monday		Career
☐	시작전	노션 강좌 듣기 - 강좌 1			2022/08/08	Monday		Career
+ 새로 만들기								

④ 날짜 속성은 해당 칸에서 Enter 를 누르면 날짜를 직접 지정할 수 있습니다. [날짜 형식&표준 시간대] 메뉴에서 날짜 형식을 [년/월/일]로 지정하면 날짜를 직접 입력할 수 있어 편리합니다.

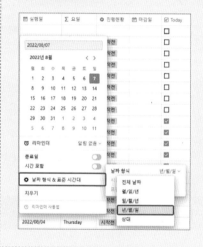

Project로 하루하루 집중하기

마지막 데이터베이스는 Project로, 쪼개진 Task를 묶어 하나로 관리하는 데이터베이스입니다. Project 데이터베이스에서는 여러분의 노션 실력을 업그레이드해주는 여러 고급 기능을 사용하고 있으니 차근차근 익혀봅니다.

Project-Master 속성 및 입력 방법

① **종류(선택 속성)** | 프로젝트의 종류를 표시합니다. Task 데이터베이스와 마찬가지로 삶의 주요 영역을 고려하여 입력합니다. 기존 Career, Grow, Relationship 영역에 Life 영역을 추가했습니다. 예를 들어 '이사하기'와 같은 프로젝트를 Life로 분류할 수 있습니다.

☰ 독자제공 노션자료(템플... / Life Managment System / Project_Master*

💼 Project_Master*

딥팩트러닝 전체 프로젝트를 모아놓은 Master Data 입니다.

🎫 All 🎫 By종류 🎫 By종류_상태 Group 🎫 By상태 🎫 진행중 🎫 연중프로젝트 🎫 +30 Days 🎫 미완료 🎫 완료 🎫 점검 +

⚙ 종류	Aa Project	⊙ 상태	🗓 마감일	🗗 Task (연관)	Q All Task	Q Done Task	Σ 진행률	Σ 진행플바	Σ 남은일자	Σ Sign
Career	🎯 이직 프로젝트	기획	2023/06/30	🗋 이력서 업데이트 - 표준 🗋 이력서 양식 수정 🗋 이력서 업데이트 - 프로젝트 자료 모으기 🗋 WBS하기 🗋 지원서 완성하기	4	1	0.25	——○———25%	326	🔏
Relationship	🎯 착한 알 되기	연간진행	2022/12/31	🗋 주 1회 무용건 통화하기 🗋 여름 휴가 여행 계획 잡기 🗋 겨울 여행 계획 잡기 🗋 생신 선물 뭐할지 써치하기	4	0	0	○————0%	145	🔏
Grow	🎯 대학원진학	진행	2022/12/31	🗋 전공 보유 대학원 리스트업 하기 🗋 전형 일정 체크하기 🗋 지원서 작성하기 🗋 연구(학업)계획서 작성하기 🗋 전형 방식 확인하기 🗋 대학원 후보목록 노션 리스트 완성하기	6	1	0.166666666667	——○———17%	145	🔏
Grow	🎯 리뷰 루틴	연간진행	2022/12/31	🗋 월말 리뷰 루틴 🗋 금요일 리뷰 루틴 🗋 월요일 리뷰 루틴 🗋 연말 리뷰 루틴 🗋 아침 루틴 🗋 오후 루틴	6	0	0	○————0%	145	🔏
Life	🎯 이사하기	진행	2022/09/30	🗋 이사 당일 - 포장 이사 🗋 관리비 정산하기 🗋 잔금 처리하기 🗋 전입신고하기 🗋 인터넷/정수기 설치하기 🗋 귀중품 싸기 🗋 대형 폐기물 신고하기 🗋 인터넷/정수기 이전 설치 신청하기 🗋 버릴 짐 정리 2차 🗋 버릴 짐 정리 1차 외 10개 항목	20	5	0.25	——○———25%	53	🔏
Grow	🎯 노션 도구 세팅하기	기획	2022/08/31	🗋 노션 책 구매하기 🗋 노션 강좌 듣기 - 강좌 7 🗋 노션 강좌 듣기 - 강좌 6 🗋 노션 강좌 듣기 - 강좌 5 🗋 노션 강좌 듣기 - 강좌 4 🗋 노션 강좌 듣기 - 강좌 3 🗋 노션 강좌 듣기 - 강좌 2 🗋 노션 강좌 듣기 - 강좌 1 🗋 OO 친구 생일 축하 메세지 보내기 🗋 노션 강좌 듣기 - 강좌 8 외 2개 항목	12	0	0	○————0%	23	🔏
	🎯 테스트 프로젝트			🗋 제목 없음 🗋 제목 없음	0	0		○————0%		🔏
	🎯 마케팅 보고서 작성하기			🗋 최종보고 🗋 보고서 V2 작성하기 🗋 팀장님중간 보고 🗋 보고서 V1 작성하기 - 본론 🗋 보고서 V1 작성하기 - 서론 🗋 마케팅 트렌드 키워드 초안 도출하기 🗋 마케팅 트렌드 2022 도서 훑어보기 🗋 WBS 점검하고 필요한 일 추가하기 🗋 필요한 자료 목록 만들기 🗋 팀장님께 목차 내용 OK 인지 체크하기 외 2개 항목	12	2	0.166666666667	——○———17%		🔏

+ 새로 만들기

계산 ∨   개 = 8

② **Project(제목 속성)** | 프로젝트명을 입력합니다. 덩어리가 큰 일이 생길 때마다 프로젝트를 추가합니다. 연간 목표로 생각하는 일은 대부분 일 쪼개기가 필요한 큰 일이므로 프로젝트 수준으로 관리해야 합니다. 연말에 내년 목표를 세우면서 필요한 프로젝트들을 미리 작성하는 것도 좋습니다.

③ **상태(선택 속성)** | 실행 관리를 위해 진행 상태를 표시합니다. 일 년 내내 진행되는 프로젝트는 '연간진행' 태그를, 지금 당장 할 일은 아니지만 나중에 진행하고 싶은 프로젝트는 '미래' 태그를 사용합니다.

④ **마감일(날짜 속성)** | 프로젝트 마감일을 지정합니다. 마감일이 없는 프로젝트라도 특정 시점에 점검할 수 있도록 날짜를 지정합니다. 연간으로 진행되는 프로젝트는 일 년 중 가장 마지막 날로 마감일을 지정합니다.

⑤ **Task(연결)(관계형 속성)** | 프로젝트의 하위 Task를 확인할 수 있습니다. Task 데이터베이스와 관계형으로 연결되어 있습니다.

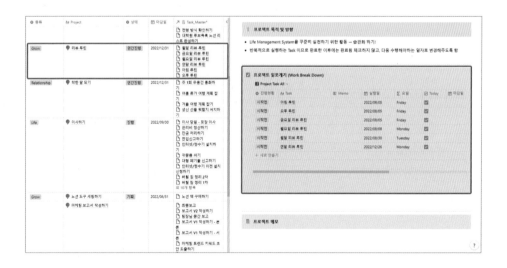

하위 Task를 추가할 때 바로 입력해도 무방하지만, 실행일 등 Task에 필요한 속성은 Task 데이터베이스로 이동하여 별도로 지정해야 합니다. 따라서 처음부터 Task 데이터베이스에서 Task를 입력하는 방법을 더 추천합니다. 하위 데이터베이스(Task 데이터베이스)에서 입력하고 상위 데이터베이스(Project 데이터베이스)로 연결하는 방식입니다. Task 데이터베이스를 살펴볼 때 언급하였듯 관계형 데이터베이스가 제대로 연결되어 있는지 확인해야 합니다.

⚙ 종류	Aa Project	⚙ 상태	📅 마감일	↗ 🗓 Task (연결)
Career	📍 이직 프로젝트	기획	2023/06/30	
Grow	📍 대학원진학	진행	2022/12/31	📄 전공 보유 대학원 리스트 업 하기 / 📄 전형 일정 체크하기

All / **By종류** / **By상태** / **+30 Days** / **연중프로젝트** / **진행중** / **미완료** / **완료** / **점검** +

> Task를 입력하면 추가됩니다 ✓ 🗓 Task_Master* 내 검색
> 결과 없음 ···
> + 🗓 Task_Master*의 새 Task를 입력하면 추가됩니다
> 📄 지원서 완성하기

▲ Project 데이터베이스에서 바로 Task를 입력하는 경우

⑥ **생성일/최종편집(생성일시/최종편집일시 속성)** | 프로젝트의 생성일과 편집일을 자동으로 표시해줍니다. 필요에 따라 해당 속성을 기준으로 프로젝트를 정렬합니다.

여기까지 살펴본 속성들은 Project 데이터베이스의 필수 속성입니다. 다음 속성들은 프로젝트를 시각화하여 관리하기 위해 사용합니다. 제공되는 템플릿에서는 자동으로 해당 속성들이 적용되므로 원치 않는다면 속성을 숨김 처리합니다.

⑦ **All Task/Done Task(롤업 속성)** | 해당 프로젝트에 배정된 Task의 수를 확인할 수 있습니다. '롤업'은 관계형으로 연결된 데이터베이스에서 특정 값을 가져와 계산하는 기능입니다. 롤업 기능에 대한 자세한 설명은 308쪽을 참고합니다.

- **All Task :** 해당 프로젝트에 배정된 전체 Task의 개수입니다.
- **Done Task :** 해당 프로젝트에서 완료한 Task의 개수입니다.

⑧ **남은 일자/Sign(수식 속성)** | 마감일을 기준으로 남은 일자를 계산합니다. 이모지를 활용해 마감일이 얼마나 다가왔는지 직관적으로 확인할 수 있습니다. 남은 일자는 dateBetween 함수를 사용하여 마감일과 오늘 일자를 활용하여 산출합니다.

▲ 남은 일자 속성에 사용된 수식

Sign 속성은 마감일이 7일 이내일 경우 불꽃 모양의 이모지가, 7일 이후인 경우 무지개 모양의 이모지를 표시합니다. 남은 일자 속성을 기준으로 if 조건문을 사용하여 각각 이모지를 산출합니다.

▲ Sign 속성에 사용된 수식

TIP 날짜 기준을 바꾸고 싶다면 수식의 숫자 '7'을 수정합니다. 이모지를 바꾸고 싶다면 원하는 이모지를 복사하여 수식 창에 붙여 넣습니다.

⑨ **진행률/진행률바(수식 속성)** | 프로젝트의 실행 현황을 시각적으로 확인할 수 있습니다. 진행률은 All Task와 Done Task의 수를 계산하여 산출합니다.

▲ 진행률 속성에 사용된 수식

진행률바는 concat 함수를 사용하여 진행률에 따라 하이픈에 ⑩을 표시합니다.

▲ 진행률바 속성에 사용된 수식

TIP 데이터베이스 수식에 관한 자세한 내용은 323쪽을 참고합니다.

TIP ⑦~⑨ 속성은 프로젝트를 효과적으로 관리하기 위한 시각화 도구입니다. 직접 입력하지 않지만 수식을 활용했으므로 조금 어렵게 느껴질 수도 있습니다. 데이터베이스 수식을 꼭 이해한 후 사용해야 할 필요는 없으니 필자가 제공하는 템플릿 형식 그대로 활용해도 됩니다.

Project-Master 보기 설정하기

Project 데이터베이스에서는 다른 데이터베이스보다 보기를 다양하게 활용하는 것이 중요하지 않습니다. 프로젝트 관리를 위해 만들어놓은 보기를 바탕으로 자신에게 적합한 보기를 만들어 사용합니다.

(1) By종류/By종류_상태 Group/By상태 보기

보드 보기로 프로젝트를 그룹화하여 확인할 수 있는 보기입니다.

By종류 보기

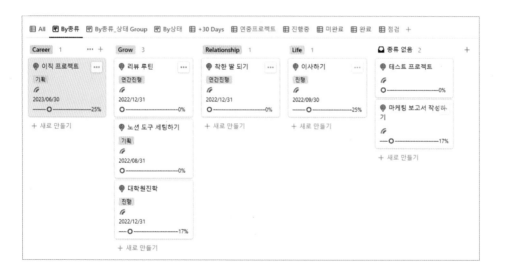

Career, Grow, Relationship, Life 등 주요 영역별로 프로젝트를 확인할 수 있습니다. 연간 및 월간 목표와 연계해서 확인할 때 유용합니다.

By종류_ 상태 Group 보기

By종류 보기에서 상태 속성을 기준으로 프로젝트를 하위 그룹화하여 보여줍니다.

`TIP` 보드 보기에서 하위 그룹화를 설정하는 방법은 274쪽을 참고합니다.

By상태 보기

프로젝트 상태를 기준으로 진행 상황을 파악할 수 있습니다. 프로젝트 일정을 조정할 때 편리한 보기입니다.

(2) +30 Days/진행중/연중프로젝트 보기

+30 Days 보기

▲ +30 Days 보기의 필터 규칙

Project 데이터베이스에서 가장 자주 사용하는 보기입니다. 마감일이 오늘로부터 한 달 이내인 프로젝트만 모아서 확인할 수 있습니다. 이 목록에 나타나는 프로젝트는 세부 Task를 살펴보며 집중적으로 관리합니다.

진행중 보기

현재 실행 중인 프로젝트를 확인하고 관리할 때 사용합니다. 진행중 보기는 현재 상태 속성이 '진행'으로 표시된 프로젝트만 모아서 보여줍니다. 필요에 따라 기획 태그도 추가하여 사용합니다.

▲ 진행중 보기의 필터

연중프로젝트 보기

연간 진행되는 프로젝트를 관리할 때 사용합니다. 상태 속성 태그가 '연간진행'으로 적용되어 있는 프로젝트만 표시합니다.

(3) 미완료/완료/점검 보기

미완료/완료 보기

▲ 미완료/완료 보기의 필터

상태 속성 태그를 '미완료' 또는 '완료'로 선택한 프로젝트만 모아서 표시합니다.

점검 보기

▲ 점검 보기의 필터 규칙

점검이 필요한 프로젝트만 추려서 확인할 때 사용합니다. 마감일이 비어 있거나 나중에 진행하기로 계획한 프로젝트를 확인할 수 있습니다.

프로젝트 관리 템플릿 살펴보기

Project 데이터베이스에서는 프로젝트를 잘 관리하기 위해 데이터베이스 템플릿 기능을 최대한 활용하고 있습니다. 해당 데이터베이스에는 '프로젝트 관리 템플릿'이 기본 템플릿으로 설정되어 있습니다. 프로젝트 관리에 필요한 기능은 모두 설정되어 있으므로 기본적인 노션 사용법만 알아도 충분히 사용할 수 있습니다. 템플릿이 어떻게 구성되어 있는지 살펴보고 싶다면 데이터베이스의 템플릿 메뉴에서 템플릿 제목 오른쪽 [···]를 클릭하고 [편집]을 클릭합니다. 다음과 같은 템플릿 편집 창이 나타납니다. 페이지 커버와 아이콘은 자신의 취향에 맞게 변경합니다.

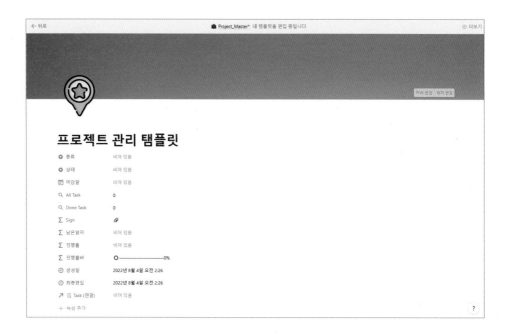

(1) 프로젝트 목적 및 방향

> ⠿ **프로젝트 목적 및 방향**

프로젝트의 목적과 방향을 적어두면 Task를 계획할 때마다 상기할 수 있어, 배가 산으로 가는 것을 막을 수 있습니다. 프로젝트를 새로 추가하는 시점에 기록해두면 좋습니다.

(2) 프로젝트 일 쪼개기(Work Break Down)

해당 템플릿의 세 항목 중 가장 중요한 부분입니다. 해당 프로젝트와 연결된 Task를 확인하고 입력할 수 있습니다.

TIP Task 데이터베이스를 링크된 데이터베이스로 가져와 해당 프로젝트에 연결된 Task만 확인할 수 있습니다. 링크된 데이터베이스에 대한 자세한 설명은 297쪽을 참고합니다.

여기서는 필터에서 '속성'을 'Project'로 선택하고 Project 이름에 '프로젝트 관리 템플릿'을 포함하는 데이터로 필터를 지정했습니다. 템플릿 이름으로 필터를 적용하면 프로젝트 페이지를 생성할 때마다 해당 프로젝트의 이름으로 된 필터가 자동으로 적용됩니다. 그래야 많은 Task 중 해당 프로젝트에 대한 내용만 필터하여 관리할 수 있기 때문입니다.

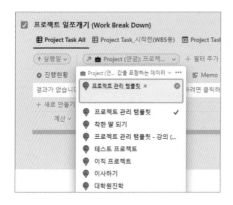

TIP 필터 기능에 대한 자세한 설명은 256쪽을 참고합니다.

(3) 프로젝트 메모

📄 **프로젝트 메모**

프로젝트와 관련된 메모를 작성합니다. 새로운 하위 페이지를 만들어서 작성할 수도 있습니다. 프로젝트와 관련된 다양한 자료와 아이디어들이 흩어지지 않게 이곳에 모아 관리합니다.

따라 하기 │ 프로젝트 생성하고 관리하기

프로젝트를 생성하여 직접 관리해보겠습니다.

프로젝트 관리 템플릿 적용하기

01 테스트 프로젝트를 생성하고 해당 페이지에서 여러 템플릿 중 [프로젝트 관리 템플릿]을 클릭합니다.

02 템플릿에 설정된 대로 커버, 아이콘, 기본 항목들이 페이지에 나타납니다.

03 프로젝트 일 쪼개기(Work Break Down) 데이터베이스에서 [필터]를 클릭해보면 내가 생성한 프로젝트명으로 자동 적용되어 있습니다. 별도의 설정없이 해당 프로젝트의 하위 Task를 편리하게 관리할 수 있습니다.

04 필터가 적용된 상태에서 데이터를 추가하면 자동으로 프로젝트와 연결된 Task를 생성할 수 있습니다. 일 쪼개기를 빠르게 실행할 수 있습니다.

Task에 미리 태그 걸어두기

05 필터를 '시작전' 태그로 적용하면 해당 태그가 미리 설정된 데이터를 추가할 수 있습니다.

 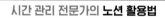 해당 조건을 가진 보기는 Project Task_시작전(WBS용) 보기입니다.

NOTE 시간 관리 전문가의 **노션 활용법**
Task 데이터베이스에서 미리 배정한 프로젝트에 템플릿 적용하기 🔍

처음에 프로젝트를 생성하고 Task를 배정할 수 있지만 Task를 작성하다가 특정 프로젝트에 묶어야 하는 경우도 많습니다. Task 데이터베이스에서 간단히 프로젝트를 만들어 배정하고 나중에 해당 프로젝트에서 템플릿을 선택하면 조건에 맞는 Task를 바로 확인할 수 있습니다.

다음 이미지처럼 '주 1회 무용건 통화하기'와 같은 Task를 착한 딸 되기 프로젝트로 설정해둔 뒤 해당 프로젝트 할 일을 본격적으로 관리할 시점에 프로젝트 페이지를 열어 '프로젝트 관리 템플릿'을 지정해줍니다. 그간 착한 딸 되기 프로젝트로 추가한 Task를 깔끔하게 모아서 관리할 수 있습니다.

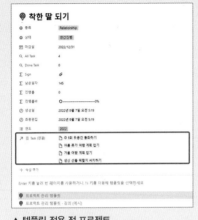

▲ 템플릿 적용 전 프로젝트

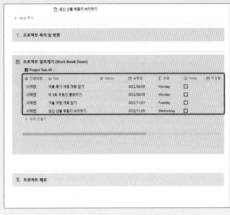

▲ 템플릿을 적용한 프로젝트

캘린더 보기로 실행일 배정하기

06 개별 프로젝트 관리를 위해서는 **❶**캘린더 보기가 편리합니다. 일을 먼저 쪼갠 후 실행일을 배정할 때 캘린더에서 일의 순서에 맞게 지정합니다. 데이터베이스 보기 목록에서 [Project Task Calendar]를 클릭합니다. 실행일이 없는 Task는 캘린더 **❷**우측 상단의 [날짜 없음(Task 개수)]을 클릭하면 확인할 수 있습니다.

07 실행일이 없는 각각의 Task를 클릭하면 일자가 자동으로 배정됩니다. 원하는 일자로 직접 조정합니다.

 NOTE 시간 관리 전문가의 **노션 활용법**

프로젝트 일 쪼개기 데이터베이스 캘린더 보기 알아보기 🔍

프로젝트 일 쪼개기 데이터베이스의 캘린더 보기는 총 세 개가 있습니다.

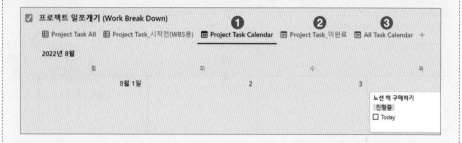

① **Project Task Calendar** | 해당 프로젝트의 전체 Task를 보여줍니다. 프로젝트 일정을 배정하거나 조정할 때 주로 사용합니다.

② **Project Task_미완료** | 해당 프로젝트의 미완료 Task만 보여줍니다. 완수하지 못한 Task만 빠르게 체크할 때 사용합니다.

③ **All Task Calendar** | 해당 프로젝트뿐만 아니라 전체 프로젝트의 Task를 보여줍니다. 해당 프로젝트 Task의 일정을 잡을 때 당일 배정된 다른 프로젝트의 Task 일정도 함께 고려할 수 있습니다.

일 쪼개기를 위한 링크된 데이터베이스 양식은 프로젝트 관리에 반드시 필요합니다. 노션 활용이 서툰 상태에서는 직접 이 내용을 세팅하기가 어려울 수 있습니다. 제공된 프로젝트 관리 템플릿을 복제하여 필요한 내용만 수정한 후 사용하길 추천합니다. 목적에 맞게 프로젝트 관리 템플릿을 수정하는 방법을 알아보겠습니다.

템플릿 복제하기

01 ❶데이터베이스 오른쪽 위의 [✔]를 클릭합니다. ❷템플릿 목록에서 [프로젝트 관리 템플릿] 오른쪽의 [⋯]를 클릭하고 ❸[복제]를 클릭합니다.

템플릿 수정하기

02 ❶프로젝트의 성격을 한눈에 파악할 수 있도록 아이콘을 변경합니다. ❷반복하여 사용할 태그는 미리 지정합니다. 예시로 상태 속성에서 '진행' 태그를 적용합니다.

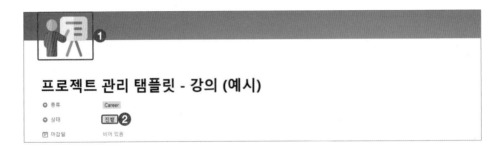

반복적으로 하는 일 미리 입력하기

03 프로젝트를 만들 때마다 반복하는 일은 일 쪼개기 데이터베이스 아래에 별도로 작성합니다. 그리고 실제 해당 일을 쪼개야 할 때 상단에 링크된 데이터베이스로 드래그하여 사용합니다. 할 일을 드래그해서 입력할 때는 행과 행 사이에 파란색 선이 뜰 때 마우스 버튼에서 손을 놓아야 합니다. 그래야 개별 할 일로 제대로 입력됩니다.

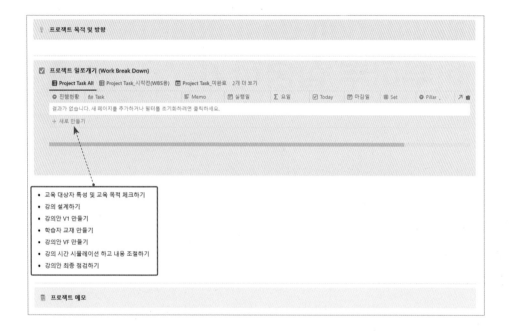

Navigation Dashboard로 하루하루 집중하기

Navigation Dashboard는 앞에서 설명한 세 개의 데이터베이스를 조합하여 총 정리한 대시보드입니다. 이 대시보드를 활용하면 원본 데이터베이스가 있는 페이지로 이동할 필요가 없습니다. 대부분의 하루, 할 일 관리는 모두 해당 대시보드 페이지에서 작업할 수 있습니다.

Navigation Dashboard 구성 및 사용 방법

대시보드에 너무 많은 정보가 노출되지 않도록 토글을 활용하여 각 데이터베이스를 관리합니다. 우리 뇌는 일의 목록을 보는 것만으로도 이미 에너지를 사용하기 시작합니다. 따라서 지금은 신경쓰지 않아도 되는 일에 에너지를 허비하지 않도록 필요한 정보만 관리합니다. 이는 미래에 해야 할 일에 대해 지나치게 걱정하는 것에서도 해방시켜줍니다. 상시로 사용할 데이터베이스는 제목에 별 이모지를 표시하였습니다. 토글의 색을 데이터베이스 종류에 따라 다르게 적용하여 직관적으로 어떤 데이터베이스인지 파악할 수 있습니다. Daily Log 데이터베이스는 노랑색, Project 데이터베

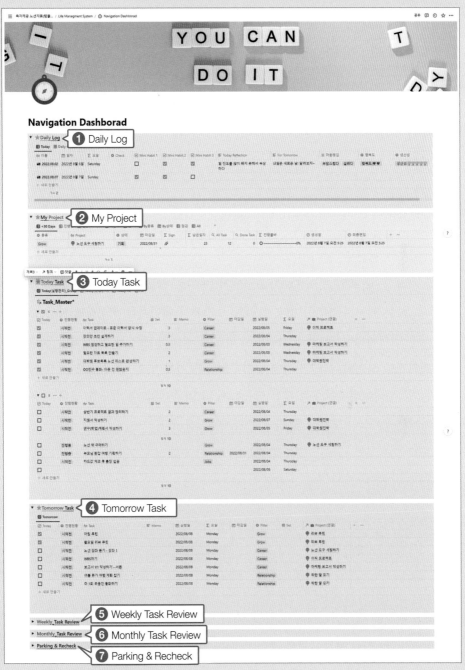

▲ 상시 사용하는 토글만 열어둔 페이지

이스와 하위 데이터베이스인 Task 데이터베이스는 초록색으로 지정했습니다.

대시보드에 여러 목록이 있어 부담감을 느낄 수도 있습니다. 하지만 실제로 할 일은 Task 만들기, 큰 덩어리의 일을 프로젝트로 만들어 관련 하위 Task를 생성하고 연결하기가 전부입니다. Task를 만들 때 실행일을 비롯한 필수적인 속성만 입력합니다. 그러면 다양한 조건의 보기를 설정하여 편리하게 할 일을 관리할 수 있습니다.

(1) Daily Log

일과를 시작할 때 제일 먼저 Daily Log에서 [+새로 만들기]를 클릭해 오늘 날짜를 제목으로 하는 페이지를 만듭니다. Today 보기에서 페이지를 생성하면 자동으로 오늘 일자가 입력됩니다. 해당 보기에서는 일주일 이내의 페이지 중 완료가 체크되지 않은 페이지도 보여줍니다. 저녁에는 하루를 되돌아보며 한 줄 정도로 성찰을 작성합니다. 원본 데이터베이스로 직접 이동하지 않고 관리할 수 있도록 자주 사용하는 원본 데이터베이스의 보기를 몇 가지 추가해두었습니다.

(2) My Project

![My Project 데이터베이스 화면]

신규 프로젝트를 생성하거나 마감일이 30일 이내인 프로젝트를 집중적으로 관리할 때 사용합니다. 신규 프로젝트를 추가할 때는 프로젝트, 상태, 종류, 마감일 속성을

필수로 입력합니다. 프로젝트는 당장 실행해야 하는 목록이 아니므로 대시보드에 너무 많은 할 일이 노출되지 않도록 합니다. 별 이모지가 달려 있는 토글 목록 중에서 프로젝트는 필요할 때만 열어 사용합니다.

프로젝트를 생성하면서 쪼갠 일을 하위 Task로 배정합니다. 초기에 구체적으로 일을 쪼개기가 어렵다면 가장 먼저 해야 할 Task부터 설정합니다. 그리고 세부 Task를 잘 쪼갤 수 있는 시점을 고려하여 'WBS하기(Work Breakdown Structure, 일 쪼개기)'라는 Task를 생성합니다. 해당 시점이 도래하면 적절하게 Task를 쪼개어 다시 배정합니다. 프로젝트에 템플릿을 적용하면 하위 Task를 편리하게 관리할 수 있습니다.

30일 이상 기한이 남은 프로젝트나 연중 진행되는 프로젝트를 볼 수 있는 보기도 있습니다. Project 데이터베이스 원본에 있는 보기 등도 있으므로 필요한 상황에 따라 복제하여 사용합니다.

TIP 데이터베이스 보기를 복제하는 방법은 290쪽을 참고합니다.

(3) Today Task

가장 집중적으로 사용하는 토글 목록입니다. 이 토글에서는 Today(실행관리) 보기를 주로 사용합니다. 진행현황이 '완료됨'으로 표시되면 목록에서 자동으로 사라지도록 필터가 설정되어 있습니다. 일주일 이내에 완료됨 표시가 되지 않은 일을 놓치지 않게 Today 목록 안에 남아 있도록 필터 처리해두었습니다.

꼭 해야 하는 일은 Today 속성에 체크하고 필요에 따라 Set 속성을 활용하여 분출계획을 세웁니다. 오늘 할 일이 아니더라도 새로운 Task가 생기면 해당 목록에서 작성한 후 적절한 일자로 변경하는 방법을 주로 씁니다. 일을 생성할 때 실행일을 정하기 어렵다면 주 단위로 적절한 시점을 판단하여 실행이 필요한 주의 월요일로 임의배정합니다.

Task 데이터베이스는 Task 이름, 진행현황, 실행일, 프로젝트(상위 프로젝트가 있을 경우) 속성을 기준으로 다양한 보기를 제공합니다. 따라서 Task를 생성할 때 해당 속성들은 필수적으로 입력합니다. 다만 Parking을 위해 실행일 속성은 의도적으로 비워둘 수 있습니다.

새로운 프로젝트도 간단히 Project(연결) 속성에서 프로젝트 이름만 입력하여 생성할 수 있습니다. 생성한 프로젝트는 관리가 필요한 시점에 프로젝트 페이지에서 필요한 속성을 입력하고 템플릿을 적용합니다.

(4) Tomorrow Task

다음날 할 일만 보여주는 보기입니다. 보통 일과를 마무리하며 내일 할 일은 무엇인지 확인하기 위해 사용합니다. 내일 일자가 자동으로 입력되므로 다음 날로 세팅할 일은 여기서 입력하면 편리합니다.

(5) Weekly Task Review

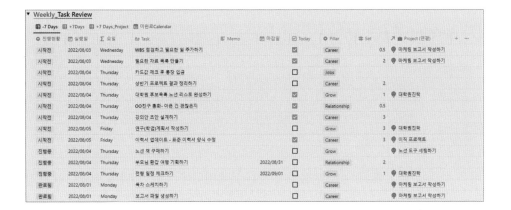

매주 금요일이나 월요일에 주 단위로 Task를 리뷰하고 관리할 때 사용합니다. 월간 목표를 체크하고 주 단위 Task를 계획하면서 관심 목록에서 벗어나지 않도록 관리할 수 있습니다. 자주 확인하는 Task가 있다면 정렬이나 속성 순서를 변경해도 좋습니다.

(6) Monthly Task Review

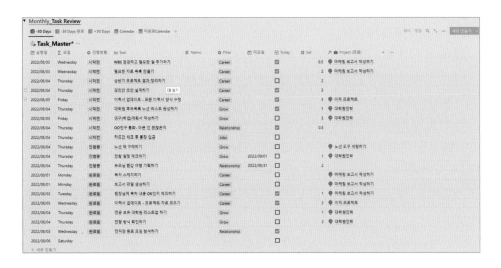

월말 또는 월초에 한 달 단위로 Task를 리뷰하고 관리할 때 사용합니다. 한 달 동안 완료한 일을 확인하고 Goal Dashboard에서 자신이 성취한 영역의 성찰 질문에 답해봅니다.

(7) Parking & Recheck

여유 시간이 생길 때 해야 할 일을 확인하는 목록입니다. 주로 월말에 실행일이 빠진 Task가 없었는지 체크할 때 사용합니다. 더 이상 필요하지 않다고 느끼는 일이라면 미련 없이 삭제합니다.

NOTE 시간 관리 전문가의 **노션 활용법**

연도가 바뀌면 Navigation Dashboard는 어떻게 사용하나요? 🔍

Navigation Dashboard에서 사용하는 보기는 상대 일자를 사용하고 있기 때문에 연도별로 새롭게 데이터를 만들 필요가 없습니다. 오랜 기간 데이터가 누적되어도 현재 기준에서 데이터를 보여줍니다.

올해 한 일만 보고 싶다면 실행일 속성을 기준으로 1월 1일부터 12월 31일까지의 데이터만 필터하면 됩니다. 여러 연도의 데이터를 누적해서 사용할 계획이라면 Project 데이터베이스에서 연도 태그를 필터로 적용합니다. 연도 태그는 프로젝트 속성에 이미 생성되어 있으나 숨김 처리되어 있으니 변경하여 사용합니다.

연도별로 데이터베이스를 분리하고 싶다면 Life Management System 전체를 복제한 후 데이터베이스 이름을 구분하여 사용합니다.

따라 하기 | 대시보드 템플릿 만들기

제공하는 대시보드와 비슷한 템플릿을 직접 만들어 사용하고 싶은 사람들을 위해 어떻게 대시보드를 만들었는지 간략히 알려드리겠습니다. 링크된 데이터베이스를 잘 활용하는 것이 핵심입니다. Navigation Dashboard의 Today 토글 안에 있는 링크된 데이터베이스를 예시로 만들어보겠습니다.

> **TIP** 이번 실습은 데이터베이스 개념을 잘 모르면 어려울 수 있습니다. 노션 데이터베이스를 처음 접한다면 CHAPTER 04를 먼저 일독한 후 따라 하기를 추천합니다.

토글 만들기

01 [/] 메뉴에서 [제목 토글3]을 클릭합니다.

02 토글 제목을 입력하고 배경색을 지정합니다. 배경색을 지정해야 토글의 블록 범위를 확인하기 편리합니다.

데이터베이스 가져오기

03 토글 안에 링크된 데이터베이스를 가져옵니다. [/] 메뉴에서 [링크된 데이터베이스 보기]를 클릭합니다.

04 기존 데이터베이스 선택 메뉴가 나타납니다. 가져오고자 하는 데이터베이스 이름인 [Task_Master]를 클릭합니다.

TIP 데이터베이스 이름이 비슷할 경우 헷갈릴 수 있으니 데이터베이스의 이름은 서로 구별되도록 만들어둡니다.

05 기존 데이터베이스의 보기 중에서 어떤 보기를 가져올 것인지 선택합니다. [Today(실행관리)]를 클릭합니다.

06 보기 설정 메뉴가 나타납니다. 필요에 따라 수정하여
사용할 수 있습니다. [레이아웃]을 클릭합니다.

07 ❶[레이아웃] 메뉴에서 [데이터베이스 제목 표시]를 비활성화합니다. ❷추가로 보
기를 가져오고 싶다면 [+]를 클릭하여 같은 작업을 반복합니다.

Navigation Dashboard를 사용하는 마음가짐

우리는 완벽한 자료를 작성하기 위해서가 아니라 원하는 인생을 살기 위하여 Life
Management System을 사용합니다. 대시보드를 들여다보고 할 일을 관리하려는
행동만으로도 자신의 인생에서 정말 중요한 것이 무엇인지, 오늘 하루를 어떻게 보
내야 할지 생각할 수 있습니다.

대시보드에 있는 수많은 Task를 어떻게 하면 다 해낼 수 있을까 초조해 하거나, 계획을 완료하지 못한 자신을 자책하지 않기를 바랍니다. 우리가 원하는 목표로 갈 수 있는 에너지를 허비하는 일이기 때문입니다. 일이 많을수록 정말 내게 중요한 일이 무엇인지 걸러내고 한두 가지 일이라도 제대로 실천해야 합니다. 사소한 일을 많이 쳐내는 것보다 중요한 일을 조금씩이라도 해나가는 것이 중요합니다. 비록 아직 대단한 것을 이루지 못했더라도 원하는 삶으로 잘 나아갈 수 있습니다. Navigation Dashboard를 실천하는 과정에서 저항이 생겨난다면 앞에서 설명한 행동 전략들을 적극 활용하여 계획을 실천하려는 자신을 지혜롭게 돕길 바랍니다. 해야 할 일을 할 때 최선을 다해야만 휴식할 때 온전히 편히 쉴 수 있을 것입니다. 각자의 삶이 자신만의 트랙으로 나아가는 과정 속에서 이 Navigation Dashboard가 좋은 길잡이가 되기를 바랍니다.

03

노션의 핵심 기능
빠르게 배우기

노션 기능 자체를 공부하는 것이 이 책의 전체 목표는 아닙니다. 하지만 내 삶을 관리하는 도구를 노션으로 활용하려면 먼저 노션과 친해져야 합니다. 노션 기능을 잘 익혀두면 제공하는 템플릿을 자유롭게 사용할 수 있을 뿐 아니라 삶에 필요한 생산성 도구를 원하는 대로 만들어낼 수 있습니다. 노션을 처음 접한다면 노션의 인터페이스가 낯설겠지만 편리하고 직관적인 노션 환경에 금방 적응할 수 있을 것입니다.

우리가 노션에 메모하는 이유

올인원 생산성 도구, 노션

코로나 팬데믹을 겪으며 업무에서는 물론 삶의 전반에 걸쳐 많은 변화가 생겨났습니다. 비대면 활동이 늘어나고 IT 기술에 대한 의존도가 높아지는 환경 속에서 자기 관리가 그 어느 때보다 주목받고 있습니다. 《트렌드코리아》(미래의 창, 2021)에서 발표한 2022년 10개의 키워드에도 '바른생활 루틴(Routinize Yourself)'이 포함됐습니다. 하루하루를 의미 있게 살아가기 위해 목표를 세우고 습관을 관리하는 사람들이 늘어나고 있는 것입니다.

자기 관리에 성공하려면 의지만큼이나 실천을 도와주는 도구가 중요합니다. 기업이 재무, 회계, 영업 등 경영 관리를 위해 경영정보시스템을 사용하는 것처럼 개인의 삶에도 관리를 위한 도구가 필요합니다.

이 책에서 소개하는 메모 앱 노션은 우리 삶을 관리하기 위한 최고의 도구입니다. 대부분의 생산성 도구는 단편적 기능만 가지고 있습니다. 예를 들어 습관을 관리하고 싶다면 해빗 트래커(Habit Tracker) 앱을, 할 일을 관리하고 싶다면 To Do List 앱을 사용하는 것입니다. 노션은 'The all-in-one workspace'라고 자신을 정의합니다. 메모와 위키, 프로젝트와 작업 관리, 협업 등 모든 것이 가능한 공간입니다.

▲ 출처 : 노션 홈페이지

노션에서는 사용자가 프로그래밍에 대한 특별한 지식이 없어도 자신에게 필요한 생산성 도구를 직접 만들어 사용할 수 있습니다. 다시 말해 노션의 기능만 잘 익히면 '다른 생산성 도구를 대체할 수 있는 시스템을 구축'할 수 있다는 의미입니다.

노션을 만나기 전과 후

필자는 삶을 효율적으로 관리하고 싶어서 새로운 생산성 도구가 나올 때마다 자기 관리에 사용하였습니다. 그런데 사용하는 생산성 도구가 많아질수록 오히려 집중력이 분산되어 생산성이 낮아지는 경험을 하기도 했습니다. 노션은 이러한 고민을 한 번에 해결해줬습니다. 노션을 만나기 전과 후로 저의 일상이 어떻게 변했는지를 살펴보면서 왜 노션을 사용해야 하는지 알아보겠습니다.

Before

아침에 일어나면 스마트폰으로 해빗 트래커(Habit Tracker)를 엽니다. 일을 시작하면 메모 기능에 특화된 에버노트나 원노트를 엽니다. 웹에서 유용한 자료를 찾아 보관하고 싶을 때는 크롬에서 제공하는 즐겨찾기 기능을 사용합니다. 모바일에서는 카카오톡에서 제공하는 나와의 채팅 기능을 활용합니다. 수집한 정보를 여러 군데에서 관리하다 보니 필요한 자료를 다시 찾아볼 때마다 어려움을 느낍니다. 그러나 노션을 만난 이후에는 이전에 했던 모든 일들을 노션 하나로 해결합니다.

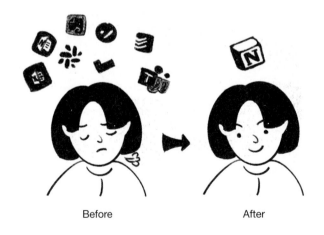

Before   After

After

하루 일과를 시작하기 전에 스마트폰으로 노션을 엽니다. 노션에서 직접 만든 해빗 트래커로 아침 습관을 체크합니다. 책상에 앉아 본격적으로 일을 시작하기 위하여 컴퓨터에서 노션을 엽니다. 업무에 꼭 필요한 요소로만 설계한 To Do List를 열어 오늘 할 일을 한눈에 살펴봅니다.

중요한 프로젝트를 시작할 때는 관련 정보를 쉽게 정리할 수 있도록 스크랩 페이지를 만듭니다. 할 일들을 To Do list와 캘린더에 연동하여 일정에 맞춰 관리합니다. 비대면으로 동료들과 협업하기 위해 노션을 활용하기도 합니다. 회사 홈페이지도 노션으로 만듭니다. 일상 속 소소한 메모부터 일기, 책, 칼럼 원고까지 노션을 사용하여 작성합니다.

▲ 노션 활용 예시 – 회사 협업 도구

Goal Management (관심관리)	Career (Work & Development)	Life
🏆 LED Dashboard - 2022년 (캐리)	⭕ [Carrie] Task Management - 2022	📚 캐리의 서재_2022
📖 To Be Map	👤 [Clip]노션자료 수집	⚖ Money Dashboard_2022
🚩 Key Result_2022	👤 [Clip] 링크모음(캐리)	💗 Habit & Journal_2022
🔧 목표관리 Dash Board	✏ 글쓰는 사람	👤 [Clip] 위시리스트
⊙ Year Log	⁉ 유튜브 질문 답변 모음	👤 [Clip] Movie List
🔍 하루 관리 루틴_2022	🔗 과정설계 (아이디어)	📖 220♥284 Happy Life
	🍽 노션 책 출간 프로젝트	🌍 여행하는 캐리
	👣 강의 의뢰 관련 임시 메모	🐷 캐리 피플
		🎭 캐리싸롱 모임
		🎤 해우소
		👤 내집장만 플랜

보관정보	Temporary	아카이빙_2021
▶ 개인 보관용 정보 모음	▶ 임시 보관 페이지	▶ 2021년 자료
템플릿		▶ 사용하지는 않지만 보관이 필요한 항목
▶ 내가 사용하는 템플릿 모음		

▲ 노션 활용 예시 – 일상 및 커리어 관련 도구

노션이 선물할 일상 속 변화

노션에 정착하면 찾아올 긍정적인 변화는 다음과 같습니다.

첫 번째, 모든 일을 한 곳에서 관리할 수 있습니다. 모든 자료와 기록을 노션에 모을 수 있어 효율적입니다.

두 번째, 필요한 기능만 담은 나만의 도구를 만들 수 있습니다. 프로그래머가 아니어도 맞춤형 해빗 트래커, To Do List를 만들 수 있습니다.

세 번째, 여러 가지 도구를 찾기 위해 더 이상 방황할 필요가 없습니다. 삶을 계획하고 관리한다는 근본적인 목적에 더욱 집중할 수 있습니다.

'형식이 내용을 지배한다'라는 말이 있습니다. 가고자 하는 방향에 맞추어 설계한 시스템은 내 인생을 이끌 수 있는 강력한 힘을 가지고 있습니다. 유기적으로 연결된 노션 페이지들이 하나의 시스템으로 자리 잡는다면 일과 삶을 안정적으로 운영할 수 있습니다. 지금부터 노션의 세계로 들어가보겠습니다.

노션 가입하기

노션을 본격적으로 사용하기 전에 먼저 회원가입을 진행하겠습니다.

따라 하기 │ 노션 가입하기

노션 메인 페이지에 접속하기

01 ❶검색 창에 **https://www.notion.so/ko-kr**를 입력하거나 검색 포털에서 **노션**을 검색하여 노션 메인 페이지에 접속합니다. ❷[무료로 Notion 사용하기]를 클릭합니다.

▲ 노션 메인 페이지(https://www.notion.so/ko-kr)

계정으로 사용할 이메일 주소 정하기

02 구글이나 애플 계정을 이용하여 간편하게 가입할
수 있습니다. 이메일 주소를 직접 입력하여 가입할 수
도 있습니다. ❶[이메일]에 계정으로 사용할 이메일 주
소를 입력하고 ❷[이메일로 계속하기]를 클릭합니다.

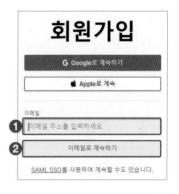

회원가입 코드 넣기

03 ❶내가 입력한 이메일 주소로 발송된 회원가입 코드를 확인합니다. ❷회원가입 코
드를 복사하여 [회원가입 코드]에 붙여 넣습니다. ❸[새 계정 생성]을 클릭합니다.

프로필 설정하기

04 프로필을 설정할 수 있는 화면이 나타납니다. ❶[어떤 이름을 사용하시겠어요?]에 원하는 이름을 입력하고 ❷[비밀번호 설정]에 비밀번호를 입력합니다. ❸[사진 추가]를 클릭하여 프로필 사진도 추가할 수 있습니다. ❹[계속]을 클릭합니다.

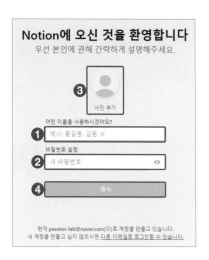

TIP 입력한 내용은 설정 메뉴에서 언제든지 변경할 수 있습니다.

용도 설정하기

05 노션의 용도를 선택하는 화면이 나타납니다. 노션의 용도는 크게 팀용과 개인용 두 가지로 나뉩니다. 이에 따라 요금제도 달라집니다. ❶자신의 목적에 맞는 용도를 클릭한 후 ❷[계속]을 클릭합니다.

TIP 가입 이후에도 용도는 쉽게 변경할 수 있습니다. 무료로 사용할 수 있는 개인용으로 가입한 후 필요에 따라 팀용으로 업그레이드하는 것을 추천합니다.

TIP 노션의 회원 가입 화면은 지속적으로 바뀌고 있습니다. 노션 메인 페이지에서 [Notion 무료 다운로드]를 클릭해 노션을 설치하고 회원 가입 절차를 밟아도 됩니다. 회원 가입 후에도 요금제를 변경할 수 있으므로 [팀과 사용(유료)]이 아니라 [개인 사용(무료)]으로 선택하여 진행합니다.

06 사용자 정보 수집을 위한 화면이 나타납니다. ❶각 질문에 답변을 선택하면 노션에서 사용자 맞춤 정보를 제공합니다. ❷답변을 선택한 후 [계속하기]를 클릭하거나 ❸[건너뛰기]를 클릭합니다.

07 노션 계정과 워크스페이스(작업 공간)가 생성되었습니다. 노션을 처음 시작하는 사람에게 템플릿을 제공하기 위한 메시지 창이 나타납니다. [확인]을 클릭하면 템플릿을 직접 살펴볼 수 있습니다.

노션의 기본 화면 구성 살펴보기

기본 화면 구성을 살펴보겠습니다. 각 영역의 구성 요소를 제대로 파악해두면 노션에 빠르게 적용할 수 있습니다. 화면 왼쪽의 회색은 사이드 바 영역, 오른쪽의 흰색은 페이지 영역입니다.

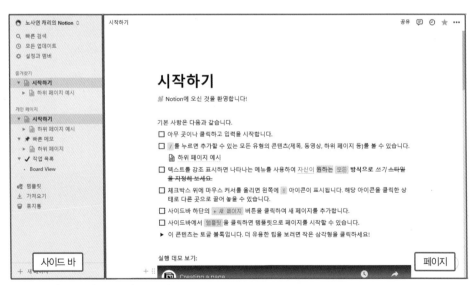

▲ 사이드 바(회색 영역)와 페이지(흰색 영역)

사이드 바

노사연 캐리의 Notion 워크스페이스 사이드 바를 기준으로 살펴보겠습니다. 사이드 바는 크게 3단으로 구분합니다.

(1) 상단

계정과 워크스페이스를 관리하는 메뉴가 있습니다.

• 워크스페이스 이름

지금 내가 접속해 있는 워크스페이스 이름을 보여 줍니다. 회원 가입 후 별도로 이름을 변경하지 않으면 자신의 '프로필 이름의 Notion'으로 설정됩니다. 워크스페이스 이름을 클릭하면 다른 워크스페이스로 이동하거나 새 워크스페이스를 생성할 수 있는 메뉴가 나타납니다.

• 검색

노션 페이지를 검색할 수 있습니다. 검색 창을 열면 가장 최근에 사용했던 페이지 리스트를 순서대로 확인할 수 있습니다. 클릭하면 이전에 사용한 페이지로 빠르게 이동할 수 있습니다.

• 업데이트

나에게 멘션이 오거나 댓글이 달린 알림을 확인할 수 있습니다.

• 설정과 멤버

계정과 워크스페이스 세부 설정을 관리할 수 있습니다.

- **새 페이지**

페이지 목록의 가장 상단에 새로운 페이지를 생성할 수 있습니다.

(2) 가운데 단

페이지가 모여 있는 곳입니다. 페이지 간에 상하관계가 존재하는 경우 ▼를 클릭하여 하위 페이지를 확인할 수 있습니다. 즐겨찾기, 공유된 페이지, 개인 페이지, 팀스페이스 네 가지 영역으로 이루어져 있습니다.

- **즐겨찾기/공유된 페이지**

즐겨찾기하거나 공유한 개인 페이지를 확인할 수 있습니다. 해당 영역은 즐겨찾기한 페이지가 한 개 이상 있거나 다른 사용자를 초대한 공유 페이지가 있어야만 생성됩니다.

- **개인 페이지**

내가 만든 페이지는 모두 개인 페이지 영역에 있습니다.

- **팀스페이스**

팀 요금제를 사용하는 경우 팀이 함께 볼 수 있는 페이지가 모여 있습니다. 노션을 개인용으로만 사용하고 팀스페이스를 쓰지 않는 경우에는 노출되지 않습니다(노사연 캐리의 Notion이 개인용이라 팀스페이스 메뉴가 나타나지 않습니다).

(3) 하단

- **팀스페이스 생성**

개인용으로 사용하고 있는 워크스페이스에서 팀스페이스를 생성할 수 있는 메뉴입니다. 팀스페이스는 함께 쓰는 팀 멤버의 인원수대로 요금이 부과되므로 꼭 필요한 경우에만 생성합니다.

• 템플릿

노션 템플릿을 활용할 때 사용합니다.

• 가져오기

노션 페이지 외의 다른 서비스에서 자료를 가져올 때 사용합니다.

• 휴지통

삭제한 페이지가 모여 있습니다. 삭제한 페이지는 다시 복원할 수 있습니다.

계정 및 워크스페이스 설정하기

사이드 바 상단에는 계정과 나의 워크스페이스를 설정하는 메뉴가 있습니다. 자주 사용하는 메뉴 위주로 살펴보겠습니다.

설정과 멤버

사이드 바에서 [설정과 멤버]를 클릭합니다. 설정 창이 나타납니다.

설정 창의 메뉴는 크게 상단과 하단으로 나뉩니다. 상단 메뉴에서는 내 계정에 전체적으로 적용되는 사항을 설정합니다. 하단 메뉴에서는 해당 워크스페이스에 적용되는 세부 사항을 설정할 수 있습니다.

노션은 하나의 계정 안에 여러 개의 워크스페이스를 만들 수 있고 각 워크스페이스마다 요금제를 다르게 설정할 수 있습니다. 워크스페이스의 개념은 다음 SECTION에서 노션의 구조와 함께 자세히 살펴보겠습니다.

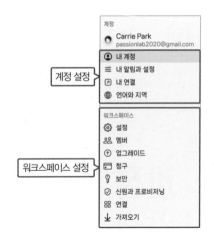

계정 설정

① **내 계정** | 계정 프로필(사진, 이름)을 설정하고 비밀번호를 변경할 수 있습니다. 모든 기기에서 한번에 로그아웃하거나 내 계정 자체를 삭제할 수 있습니다.

② **내 알림과 설정** | 노션 알림을 설정할 수 있습니다. 알림 기능은 노션으로 다른 사람과 협업할 때 유용합니다. 화면 테마를 라이트 모드 혹은 다크 모드로 설정할 수 있습니다.

③ **내 연결** | 다른 앱에서 콘텐츠를 가져오기 위해 여러 앱을 연결하고 관리할 수 있습니다. 노션과 구글 드라이브를 연결하면 구글 드라이브에 업로드한 자료를 노션 페이지에서 바로 찾아 업로드할 수 있습니다.

④ **언어와 지역** | 사용할 언어를 고를 수 있습니다. 영어, 한국어, 일본어를 지원합니다. 노션 페이지에서 사용하는 캘린더 관련 설정도 할 수 있습니다.

- **웹 브라우저&PC 전용 앱**

노션은 웹 페이지로 구성되어 있습니다. 따라서 별도의 프로그램을 설치하지 않고 크롬 (Chrome)을 포함한 대부분의 웹 브라우저에서 사용할 수 있습니다.

물론 PC에서 사용할 수 있는 노션 앱도 있지만 필자의 경우에는 웹 브라우저를 선호합니다. 여러 탭에 노션 페이지를 동시에 열어둘 수 있고 특정 페이지를 웹 브라우저상에 즐겨찾기할 수 있기 때문입니다. 크롬 확장 프로그램을 활용해 노션 웹 클리퍼(Notion Web Clipper)와 같은 부가 기능을 사용할 수 있습니다.

- **모바일 앱**

노션을 언제 어디서나 사용하기 위해서 모바일 앱 사용은 필수입니다. 안드로이드와 iOS 모두 각 스토어에서 노션 앱을 다운로드하여 사용합니다. 모바일 앱을 사용하면 위젯 기능을 활용해 더욱 편리하게 사용할 수 있습니다.

(2) 워크스페이스 설정

워크스페이스 메뉴에서 꼭 알아두어야 할 설정, 멤버, 업그레이드 항목을 알아봅니다.

① **설정** ┃ 워크스페이스의 이름과 아이콘을 설정하고 나만의 도메인을 지정할 수 있습니다. 'deeptactlearning'으로 도메인을 입력하면 나의 웹 페이지 주소는 'www.notion.so/deeptactlearning-'과 같이 시작합니다. 도메인은 다른 사람이 사용하지 않는 고유한 주소여야 합니다. 삭제를 원하는 워크스페이스라면 해당 설정 창 가장 하단의 [위험 구역]-[워크스페이스 삭제]를 클릭합니다. [콘텐츠 내보내기]는 노션에서 작성한 내용을 백업하는 용도로 주로 사용합니다. HTML이나 Markdown&SV 형식으로 내보낼 수 있습니다. 기업 요금제를 사용하는 경우 PDF로 내보낼 수도 있습니다.

워크스페이스
❶ ⚙ 설정
❷ 👥 멤버
❸ ⬆ 업그레이드
🗐 청구
⚲ 보안
☑ 신원과 프로비저닝
⚏ 연결

② **멤버** | 워크스페이스에서 함께 작업하는 멤버를 관리할 수 있습니다. 특정 페이지가 아니라 워크스페이스 자체에 멤버를 초대하여 팀 워크스페이스로 사용할 때는 유료 요금제를 사용해야 합니다. 초대된 인원 수대로 요금이 부과되는 방식입니다. 초대한 멤버들의 그룹을 지정할 수 있습니다.

TIP 팀 요금제를 사용하지 않더라도 특정 페이지에서 다른 사용자를 초대하여 공동으로 작업할 수 있습니다. 초대된 사람은 게스트 목록에 나타납니다.

③ **업그레이드** | 다양한 요금제를 선택할 수 있습니다. 노션은 기본적으로 무료로 사용할 수 있습니다. 무료 요금제에서도 노션 페이지를 만들고 작성하는 데에는 큰 제한이 없습니다. 하지만 페이지에 5MB 이하의 파일만 올릴 수 있고 게스트를 10명 이내로만 초대할 수 있습니다. 플러스 요금제로 업그레이드하면 파일 업로드 용량은 무제한이며 페이지에 게스트를 100명까지 초대할 수 있습니다. 또한 페이지별로 30일간의 업데이트 이력을 관리, 복원할 수 있고 검색 엔진 인덱싱 기능도 지원합니다.

TIP 노션이 업데이트되며 워크스페이스 메뉴 중 [가져오기]가 추가되었습니다. 노션이 지원하는 에버노트, 트렐로, 드롭박스 등의 데이터, 문서를 가져올 수 있습니다. 하지만 사용자의 환경에 따라 매끄럽게 구동되지 않는 경우가 많아 주요 항목에 포함하지 않았습니다.

시간 관리 전문가의 **노션 활용법**

어떤 요금제를 선택해야 할까?

용량이 큰 파일을 자주 업로드하거나 노션을 홈페이지 또는 블로그로 운영할 목적이라면 플러스 요금제를 선택하는 것이 좋습니다. 다만 무료 요금제만으로도 수많은 노션 기능을 사용할 수 있으므로 당장 플러스 요금제가 필요하지 않다면 무료로 먼저 써보는 것을 추천합니다.

팀스페이스를 사용하는 경우 선택한 유료 요금을 해당 워크스페이스의 멤버 수만큼 곱하여 지불해야 합니다. 따라서 기업에서 협업 도구로 노션을 사용하고 싶다면 먼저 플러스 요금제를 사용해 특정 페이지에 게스트로 초대하는 방식을 사용해봅니다. 사용하다가 부족한 기능이 있을 때 팀스페이스로 전환하는 것이 경제적입니다.

TIP 학생, 교사, 교육업 종사자의 요금제

이메일 주소에 'ac.kr', '.edu'와 같이 교육기관 도메인을 사용하는 경우 플러스 요금제를 무료로 제공합니다.

생산성 도구를 처음 사용할 때는 구조를 먼저 이해하는 것이 좋습니다. 노션의 구조를 살펴보겠습니다.

노션의 구조

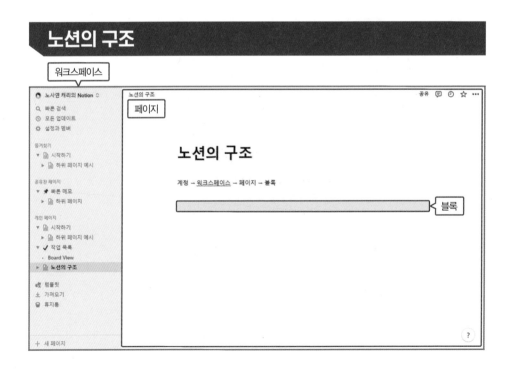

(1) 워크스페이스

계정을 생성하면 한 개의 워크스페이스가 자동으로 생성됩니다. 워크스페이스에는 페이지를 무한히 만들 수 있습니다. 노션 워크스페이스는 블로그와 같이 많은 페이지가 모여 있는 공간이라고 이해하면 쉽습니다. 다만 블로그와 달리 노션은 한 개의 계정 안에도 셀 수 없이 수많은 워크스페이스를 만들 수 있고, 요금제도 각각 지정할 수 있습니다.

(2) 페이지

각 페이지 안에는 하위 페이지를 만들 수 있고 페이지 간 상하관계도 설정할 수 있습니다.

(3) 블록

한 개의 페이지는 '블록'이라는 단위로 구성됩니다. 노션에서 블록은 아주 중요한 개념입니다. 160쪽 이미지에서 파란색으로 선택된 네모 박스가 노션에서 말하는 블록입니다. 페이지는 이런 블록이 여러 개 모여 구성됩니다. 한 개의 페이지에는 블록을 무한히 만들 수 있습니다.

노션의 기본 단위인 블록

노션에서 페이지는 마치 레고 블록처럼 블록이 켜켜이 쌓여 있는 공간입니다. 텍스트를 입력하거나 이미지를 추가하는 작업도 페이지 안에 블록을 하나하나 쌓는 일입니다. 조립한 레고 블록의 모양이 각기 다른 것처럼 노션에서도 서로 다른 형태의 블록을 만들어 활용합니다. 레고 블록의 블록 모양이 각기 다른 것처럼 노션에서도 각기 다른 형태의 블록 중 사용자가 원하는 형태의 블록을 선택해서 넣는 개념입니다.

페이지의 빈 공간에서 마우스 포인터가 깜빡입니다. 사용자가 블록의 종류를 선택하지 않으면 블록은 자동으로 텍스트 블록으로 지정되고 바로 텍스트를 입력할 수 있습니다.

'명령어 사용 시 "/"를 입력하세요'라는 안내 문구에 따라 /를 입력하면 블록의 종류를 고를 수 있는 창이 나타납니다. '/'는 블록 관련 메뉴를 불러오는 명령어입니다.

스크롤하여 내려보면 상당히 많은 종류의 블록이 있습니다. 노션은 워드 편집기와는 달리 입력할 정보에 따라 블록의 형태를 선택한 후 내용을 입력하는 구조입니다. 물론 내용을 입력한 이후에

도 해당 블록을 다른 종류로 자유롭게 변경할 수 있습니다.

텍스트를 입력하는 경우를 제외하고는 '/'를 입력하여 블록 메뉴를 열고 내가 원하는 블록 종류를 선택합니다. 물론 단축키를 통해 여러 블록을 편리하게 입력할 수도 있습니다.

블록의 종류

블록의 종류는 매우 많지만 전부 알 필요는 없습니다. 자주 사용하는 대표 블록 위주로 알아보겠습니다. 블록은 크게 다섯 가지로 나뉩니다. 소개된 블록 외의 다른 블록에도 관심이 있다면 [/] 메뉴에 나오는 모든 블록을 하나씩 사용해보면서 차근차근 확인하는 것을 추천합니다.

블록 종류	설명
기본 블록	노션 페이지의 가장 기본이 되는 블록입니다. 페이지 작성을 위한 다양한 기본 블록이 있습니다. 단축키를 추가로 익혀 기본 블록을 사용하면 빠른 입력과 편집이 가능합니다.
미디어	이미지, 영상, 파일과 같은 미디어 자료를 삽입하는 블록입니다. [/] 메뉴를 사용하지 않고도 페이지에 자신이 넣고 싶은 파일을 복사/붙여넣기하거나 드래그&드롭으로 간단하게 삽입할 수 있습니다.
임베드	외부 도구를 노션 페이지에 삽입할 수 있는 블록입니다. '끼워 넣는다'라는 임베드의 의미처럼 다른 외부 서비스를 노션 페이지에 추가하여 이용할 수 있습니다. 예를 들어 유튜브 영상을 노션 페이지에 임베드하면 해당 영상을 페이지에서 바로 재생할 수 있고, 구글 지도나 PDF 역시 임베드하여 바로 페이지에서 확인할 수 있습니다. 임베드 블록 종류에 자신이 사용하는 외부 서비스가 없더라도 웹에 공유 가능한 링크가 있다면 노션 페이지에 링크를 붙여 넣어봅니다. 노션에서 해당 서비스의 임베드를 지원하는지를 체크할 수 있습니다.
데이터베이스	노션 페이지를 좀 더 체계적으로 관리할 수 있도록 도와주는 블록입니다. 노션을 통해 내가 원하는 시스템을 만들기 위해서는 데이터베이스 블록을 적극적으로 사용해야 합니다. [/] 메뉴에서 쉽게 배울 수 있는 블록과 달리 데이터베이스 블록을 제대로 활용하기 위해서는 별도의 학습이 필요하므로 CHAPTER 04에서 자세히 살펴봅니다.
고급 블록	독특한 기능의 노션 블록이 모여 있습니다. 고급 블록 중에서 자주 쓰는 블록으로는 목차를 자동으로 생성해주는 목차 블록, 반복 사용하는 블록을 한번에 생성하는 템플릿 블록 등이 있습니다.

기본 블록 입력하기

블록 입력 방법

블록을 입력하려면 '/'를 입력한 후 원하는 블록을 선택합니다. 자주 쓰는 기본 블록은 단축키가 설정되어 있어 다양한 내용을 빠르게 입력할 수 있습니다. 블록을 입력하는 단축키는 Ctrl + Shift 를 기본 조합으로 사용합니다.

[/] 메뉴의 가장 첫 번째 블록은 텍스트 블록입니다. 일반 텍스트를 입력할 수 있습니다. 다른 블록이 지정된 상태가 아니면 글자를 입력했을 때 기본적으로 텍스트 블록이 입력됩니다. 입력 단축키는 Shift + 0 입니다.

TIP Mac 환경의 단축키는 부록으로 제공하는 노션 단축키를 참고합니다.

따라 하기 | 기본 블록 연습하기

페이지 만들기

01 현재 페이지에서 하위 페이지를 생성해보겠습니다. ❶빈 공간을 클릭하고 /를 입력합니다. ❷[페이지]를 클릭합니다.

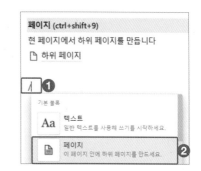

TIP 페이지의 입력 단축키

Ctrl + Shift + 9

02 새로운 페이지가 기존 페이지 하위에 생성됩니다. 생성된 페이지의 상하관계는 페이지 화면 위쪽에서 확인할 수 있습니다.

> **NOTE** 시간 관리 전문가의 **노션 활용법**
>
> 새 페이지를 만드는 여러 가지 방법

새로운 페이지를 만들 수 있는 방법은 다양합니다. 상황에 따라 편리한 방식을 선택해서 사용합니다.

① 페이지 내부 공간에서 [/] 메뉴를 통해 해당 페이지의 하위 페이지를 만듭니다.

② 사이드 바의 개인 페이지 영역에서 가장 오른쪽 위의 [+]를 클릭하여 목록 가장 상단에 새 페이지를 만듭니다.

③ 사이드 바 특정 페이지 옆에 있는 [+]를 클릭하여 해당 페이지의 하위 페이지를 만듭니다.

④ 사이드 바 상단 영역의 [새 페이지]를 클릭하면 페이지 목록 가장 위에 새 페이지를 생성합니다.

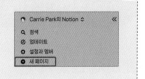

제목 입력하기

03 [/] 메뉴에서 여러 크기의 제목 블록을 선택할 수 있습니다. 노션에서는 제목 사이즈를 별도로 지정하는 대신, 사이즈가 다른 세 종류의 제목 블록을 지원합니다. 제목1은 가장 상위 레벨의 제목 블록이며 텍스트 사이즈도 가장 큽니다. 제목2, 제목3 순으로 사이즈가 작아집니다.

TIP 사이즈별 제목 블록 입력 단축키
제목 1 : Ctrl + Shift + 1
제목 2 : Ctrl + Shift + 2
제목 3 : Ctrl + Shift + 3

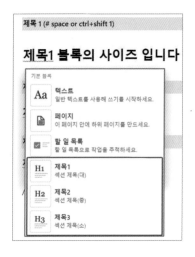

할 일 목록 입력하기

04 [/] 메뉴에서 [할 일 목록]을 클릭합니다. 체크 박스를 활용할 수 있는 목록이 만들어집니다.

TIP 할 일 목록 블록 입력 단축키
[], [] + Spacebar 또는 Ctrl + Shift + 4

05 체크 박스를 클릭하거나 원하는 체크 박스 블록에서 Ctrl + Enter 를 누르면 체크 박스를 손쉽게 설정/해제할 수 있습니다.

글머리 기호 목록/번호 매기기 목록 입력하기

06 ❶ –을 입력하고 Spacebar 를 누르면 글머리 기호 목록이 입력됩니다. **❷**1.을 입력한 후 Spacebar 를 누르면 번호 매기기 목록이 생성됩니다. 하위 목록을 입력하고 싶을 때는 Tab 을 눌러 들여쓰기합니다. 반대로 내어쓰고 싶을 때는 Shift + Tab 을 누릅니다.

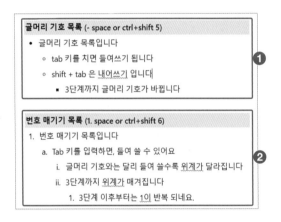

TIP 글머리 기호와 번호 매기기 목록은 세 번째 하위 목록까지 서로 다른 기호가 입력됩니다. 이후 단계부터는 다시 첫 단계의 기호가 반복됩니다.

TIP 글머리 기호 목록 입력 단축키

– + Spacebar 또는 Ctrl + Shift + 5

번호 매기기 목록 입력 단축키

1 + . + Spacebar 또는 Ctrl + Shift + 6

인용/콜아웃 입력하기

07 ❶"를 입력하고 `Spacebar`를 누르면 인용 블록이 입력됩니다. 인용 블록은 왼쪽에 바가 표시됩니다. ❷**/콜아웃**을 입력하고 `Enter`를 누르면 콜아웃 블록이 입력됩니다. 콜아웃 블록은 배경 색과 이모지가 삽입되어 블록을 더욱 눈에 띄게 만듭니다. 인용 블록과 콜아웃 블록은 보통 글귀를 인용하거나 강조할 때 사용합니다.

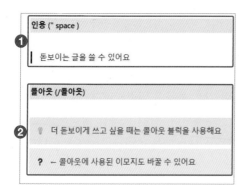

> **TIP** 콜아웃 블록을 선택하면 자동으로 이모지가 삽입됩니다. 삽입된 이모지를 클릭하면 다른 이모지로 변경할 수 있고 블록을 선택하여 배경 색을 변경할 수도 있습니다. 190쪽에서 자세히 설명하겠습니다.

> **TIP** **인용 입력 단축키**
>
> `"`+`Spacebar`

> **TIP** '/'를 입력한 후 '콜'을 입력하면 빠르게 메뉴를 찾을 수 있습니다.

토글 입력하기

08 [/] 메뉴에서 [토글 목록]을 선택하거나 페이지에서 **〉**를 입력한 후 `Spacebar`를 누릅니다. 삼각형 모양의 화살표와 함께 빈 블록이 나타납니다. **▼**의 바로 옆 영역은 토글의 제목 영역이고 해당 삼각형을 클릭하면 토글 내용 영역을 열거나 닫을 수 있습니다. 토글 내용 영역에는 텍스트뿐 아니라 미디어, 임베드 등 각종 형태의 블록을 모두 넣을 수 있습니다. 토글 블록을 사용하면 내용이 많더라도 필요에 따라 숨김 처리를 할 수 있어 깔끔하게 내용을 정리할 수 있습니다.

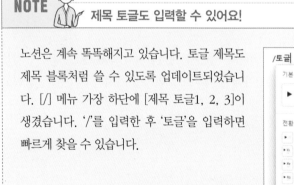

토글 (> space or ctrl+shift 7)

▶ 토글 제목 공간

▼ 토글 제목 공간
　토글을 열면 안에 내용을 넣을 수 있어요
　많은 내용을 넣어 놓고 필요할 때만 열어서 볼 수 있어서
　노션의 아주 유용한 블록이예요

▼ 토글 열고 닫기
　ctrl+enter - 해당 토글 여닫기
　ctrl+alt+t - 전체 토글 여닫기

TIP 토글 방식을 처음 접하는 사용자에게는 토글 블록이 낯설 수 있습니다. 토글 블록이 사용된 페이지를 외부로 공유하는 경우에는 '토글을 열면 내용이 보인다'는 설명을 덧붙이는 것을 추천합니다.

TIP 토글 블록의 입력 단축키

〉+ Spacebar

NOTE 시간 관리 전문가의 **노션 활용법**

제목 토글도 입력할 수 있어요! 🔍

노션은 계속 똑똑해지고 있습니다. 토글 제목도 제목 블록처럼 쓸 수 있도록 업데이트되었습니다. [/] 메뉴 가장 하단에 [제목 토글1, 2, 3]이 생겼습니다. '/'를 입력한 후 '토글'을 입력하면 빠르게 찾을 수 있습니다.

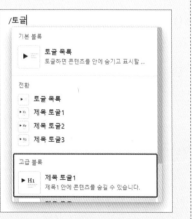

표 입력하기

09 표를 만들 수 있는 블록입니다. [/] 메뉴에서 기본 블록의 [표]를 선택합니다.

TIP [데이터베이스] 카테고리에서 [표]를 선택하지 않도록 주의합니다.

입력한 표에 행/열 추가하기

10 표 오른쪽에 마우스 포인터를 올려두면 [+]가 나타납니다. [+]를 클릭하여 열을 추가합니다. 행을 추가하고 싶다면 표 아래에 마우스 포인터를 가져간 후 [+]를 클릭합니다.

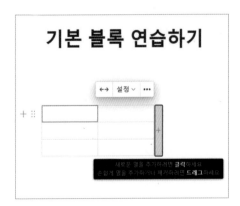

표 편집하기

11 ❶ 표에서 칸을 클릭하면 표 편집 메뉴가 나타납니다. ❷ [↔]를 클릭하면 페이지 너비에 맞추어 표 사이즈를 한번에 변경합니다.

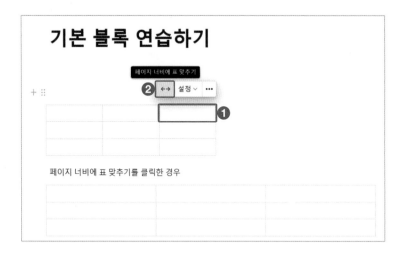

TIP [설정]을 클릭하면 행의 제목 칸과 열의 제목 칸에 음영을 적용할 수 있습니다. [⫶]를 클릭하고 [데이터베이스로 전환]을 클릭하면 생성한 표 블록을 데이터베이스로 전환할 수 있습니다.

행/열 삽입 및 삭제하기

12 표에서 위쪽 테두리 혹은 왼쪽 테두리에 마우스 포인터를 가져가면 핸들(⫶⫶⫶)이 나타납니다. 핸들을 클릭하면 행/열을 삽입, 삭제, 복제할 수 있는 메뉴가 나타납니다. 행/열 안의 데이터만 삭제하거나 색을 지정할 수도 있습니다.

TIP 표에서는 행/열 단위로만 색을 지정할 수 있습니다.

미디어 블록 입력하기

노션에서는 다양한 미디어를 페이지에 삽입할 수 있습니다.

따라 하기 │ 미디어 블록 연습하기

[/] 메뉴에서 미디어 블록 입력하기

01 [/] 메뉴에서 미디어 카테고리로 내려가면 이미지, 북마크, 동영상, 오디오, 파일 등의 미디어 블록을 선택할 수 있습니다. [이미지]를 클릭합니다.

02 이미지 추가 창이 나타납니다. 내 PC에 있는 파일을 직접 업로드하거나 웹 링크로 이미지를 가져올 수 있습니다. 무료 이미지 사이트인 Unsplash에서 이미지를 검색해서 추가할 수도 있습니다. ❶[Unsplash] 탭을 클릭하고 ❷원하는 이미지를 검색한 후 삽입해봅니다.

미디어 편리하게 삽입하기

03 이미지 파일이 PC에 저장되어 있다면 [/] 메뉴를 이용하지 않아도 됩니다. 원하는 파일을 복사하여 노션 페이지에 붙여 넣거나 드래그&드롭하여 삽입할 수 있습니다.

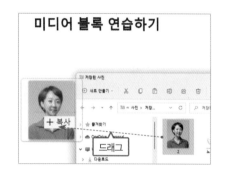

04 영상이나 오디오 파일도 동일하게 복사/붙여넣기하거나 드래그&드롭하여 바로 삽입할 수 있습니다. 동영상이나 음원 파일을 입력하는 경우 노션 페이지에서 바로 재생 가능한 형태로 삽입됩니다.

무료로 사용할 수 있는 개인 요금제를 사용한다면 5MB 이하의 파일만 업로드가 가능합니다. 한 개의 파일 용량이 5MB만 넘지 않는다면 파일의 개수는 제한이 없습니다. 페이지에 용량이 큰 동영상이나 이미지 파일을 삽입하는 경우 아래와 같은 알림이 나타납니다.

용량이 5MB가 넘는 파일을 자주 업로드해야 한다면 플러스 요금제로 업그레이드하는 것을 추천합니다. 연간 결제 기준 한 달에 8달러 비용으로 모든 용량의 파일을 업로드할 수 있습니다. 다른 클라우드 기반의 서비스와 가격을 비교해도 플러스 요금제는 합리적인 가격이라고 할 수 있습니다. 필자도 재생 길이가 두세 시간이 넘는 강의 영상을 노션 페이지에 업로드하여 손쉽게 다른 사람들과 공유하며 사용하고 있습니다.

임베드 블록 입력하기

임베드 블록은 노션의 매력적인 기능 중 하나입니다. 임베드(Embed)는 영어로 '끼워넣다'라는 의미입니다. 다른 사이트나 앱의 서비스를 노션 페이지 안에 말 그대로 끼워넣는다고 생각하면 쉽습니다. [/] 메뉴에서 '임베드' 카테고리로 가면 임베드를 지원하는 다양한 서비스를 확인할 수 있습니다.

따라 하기 | 임베드 블록 연습하기

임베드 블록은 [/] 메뉴에서 원하는 임베드 서비스를 선택하는 방식보다 링크를 가져와서 사용하는 방식이 훨씬 편리합니다. 유튜브 영상을 임베드 블록으로 입력해보겠습니다.

유튜브 영상 임베드하기

01 ❶임베드하려는 영상의 링크를 복사해서 노션 페이지에 붙여 넣습니다. ❷링크 메뉴가 나타나면 [임베드 생성]을 클릭합니다.

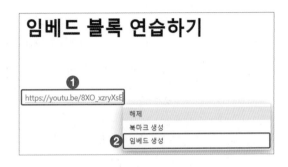

02 유튜브 영상이 임베드됩니다. 페이지에서 영상을 바로 재생할 수 있고 유튜브 플레이어의 여러 기능도 사용할 수 있습니다.

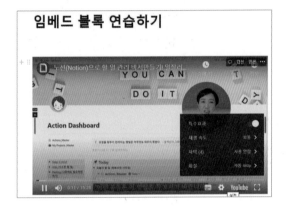

TIP 임베드된 유튜브 영상은 영상 파일을 업로드한 것이 아니므로 파일 용량에 제한이 없습니다.

NOTE 시간 관리 전문가의 **노션 활용법**
링크 붙여넣기의 다른 옵션 알아보기 🔍

❶링크 메뉴에서 [해제]를 클릭하면 링크가 텍스트로 복사됩니다. ❷[북마크 생성]을 클릭하면 ❸해당 링크의 정보를 일부 보여주는 북마크가 생성됩니다. 북마크 내 정보는 해당 웹 사이트에서 미리 설정해놓은 내용을 보여줍니다. 두 메뉴 모두 링크나 북마크를 클릭하면 해당 링크로 이동합니다.

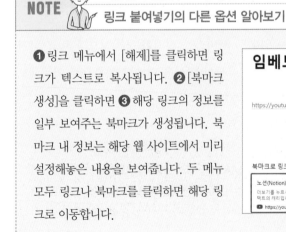

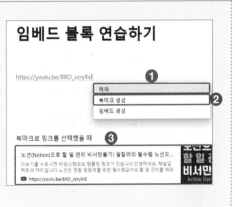

구글 설문 임베드하기

03 구글 지도, 구글 설문 등 구글이 제공하는 다양한 서비스는 노션과 호환성이 좋습니다 구글 설문 링크를 임베드하면 노션 페이지 안에서 설문에 응답할 수 있습니다.

TIP 구글 설문은 [/] 메뉴에 나오지 않지만 페이지에 설문 링크를 임베드로 입력하면 자동으로 구동됩니다. 설문 내용을 노션 페이지에서 입력하고 제출하는 것까지 가능합니다.

구글 드라이브 자료 임베드하기

04 구글 드라이브를 임베드하면 노션 페이지에서 바로 구글 드라이브 파일을 검색해서 입력할 수 있습니다. ❶ **/구글**을 입력하고 ❷ [Google Drive]를 클릭합니다.

05 [Google 계정 연결]을 클릭하여 내 구글 계정을 연결합니다.

TIP 노션에 구글 계정을 한 번 연결해두면 이후에는 자동으로 연결됩니다. 한 개 이상의 구글 계정을 사용하는 경우에는 여러 계정을 연결할 수도 있습니다.

06 계정을 연결하면 구글 드라이브 검색 창이 나타나고 구글 드라이브 자료를 검색해서 입력할 수 있습니다.

임베드 기능을 통해 노션 외의 유용한 서비스를 가져와 사용할 수 있습니다. [/] 메뉴에서 내가 자주 쓰는 서비스가 임베드 옵션에 없을 수 있습니다. 일단 임베드 링크를 노션 페이지에 붙여보며 임베드가 연결되는지 확인해보는 것을 추천합니다.

블록
편집하기

앞에서는 새로운 블록을 입력하는 방법을 알아보았습니다. 지금부터는 입력한 블록을 빠르게 편집해보겠습니다.

따라 하기 | 블록 편집하기

보통 워드 편집기에서 작업할 때처럼 노션에서도 원하는 영역을 클릭하여 편집을 진행합니다. 노션의 블록 단위를 통해 더욱 효율적으로 작업할 수 있습니다.

블록 복사/복제하기

01 ❶변경하고 싶은 블록 앞에 마우스 포인터를 위치시켜 핸들(⊞)을 클릭합니다. ❷블록 편집 메뉴가 나타납니다.

블록 전환하기

02 선택한 블록을 다른 블록으로 전환해보겠습니다. ❶블록 편집 메뉴에서 [전환]을 클릭합니다. ❷변경 가능한 블록 종류가 나타납니다.

TIP 블록 편집 메뉴를 이용하지 않더라도 블록 종류를 변경하고 싶은 블록의 끝 부분에서 '/전환'을 입력하면 블록 종류를 전환할 수 있습니다.

03 입력한 블록을 다른 페이지의 하위 페이지로 전환할 수 있습니다. ❶블록 편집 메뉴에서 [하위 페이지로 전환]을 클릭하고 ❷상위로 설정할 페이지를 클릭합니다.

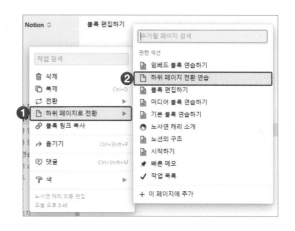

04 ❶앞서 전환한 노션 공부 요점 정리 블록이 선택한 페이지의 하위 페이지로 생성되었습니다. ❷상위 페이지에는 해당 페이지의 바로가기 링크가 생성됩니다.

페이지에서 블록 옮기기

05 블록의 핸들(⣿)을 드래그하여 원하는 위치로 이동할 수 있습니다. 블록을 드래그하면 옮겨질 위치를 표시하는 파란색 선이 나타납니다. 파란색 선의 위치를 확인하면서 블록을 옮깁니다.

TIP 옮기고 싶은 블록을 Esc로 선택한 후 Ctrl+Shift+↑/↓를 눌러 한 블록씩 이동시킬 수 있습니다.

블록을 다른 페이지로 옮기기

06 ❶블록의 핸들(▦)을 클릭한
후 ❷[옮기기]를 클릭합니다.

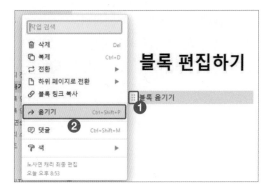

TIP 단축키 Ctrl + Shift + P를 눌러도 됩니다.

07 페이지 목록이 나타나면 클릭하여 선택하거나 원
하는 페이지를 검색합니다.

TIP 블록을 옮기는 기능 역시 단축키를 사용하면 편리합니다. 블록을 선택한
후 Ctrl + X로 잘라내어 옮기려는 페이지에서 Ctrl + V로 붙여 넣습니다.

페이지 꾸미기

다이어리나 노트를 꾸미듯이 노션 페이지를 꾸밀 수 있는 방법을 살펴보겠습니다.

따라 하기 │ 페이지 제목에 아이콘 추가하기

아이콘 넣기

01 페이지에는 제목과 함께 아이콘을 추가할 수 있습니다. ❶페이지 제목 영역에 마우스 포인터를 위치시킨 후 ❷[아이콘 추가]를 클릭합니다.

02 노션이 제공하는 이모지 중에서 랜덤으로 하나가 입력됩니다. ❶변경하고 싶다면 입력된 이모지를 클릭합니다. ❷아이콘 추가 창이 나타나면 원하는 이모지나 아이콘을 선택합니다. 이모지 추가 창의 [제거]를 클릭하여 이모지를 제거할 수도 있습니다.

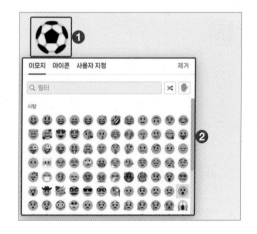

03 아이콘 추가 창에서 이미지 파일을 업로드하거나 링크를 입력하여 직접 이모티콘을 업로드할 수 있습니다. ❶아이콘 추가 창에서 [사용자 지정] 탭을 클릭하고 ❷원하는 파일을 업로드하거나 이미지 링크를 붙여 넣은 후 ❸[제출]을 클릭합니다.

04 아이콘이 변경되면 위크스페이스 위쪽의 네비게이션 바와 사이드 바의 페이지 목록에도 아이콘이 표시됩니다. 아이콘을 별도로 지정하지 않은 경우에는 문서 모양의 기본 아이콘이 표시됩니다.

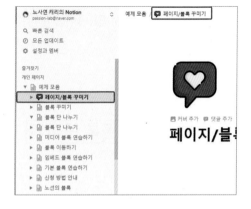

05 아이콘 추가 창에서 [아이콘] 탭을
클릭하면 심플한 아이콘을 선택할 수 있
습니다. 아이콘은 색을 별도로 지정할
수 있습니다.

 NOTE 시간 관리 전문가의 **노션 활용법**

아이콘을 가져올 수 있는 사이트 알아보기

노션에서 제공하는 아이콘으로 부족하다면 다양한 아이콘을 가져와 사용할 수 있는 사이
트를 활용해봅니다.

• Notion.vip(https://www.notion.vip/icons)
노션 페이지를 깔끔하게 꾸밀 수 있는 단색의
아이콘이 가득합니다. 원하는 아이콘을 골라
[copy]를 클릭하면 아이콘 링크가 복사됩니다.
노션의 아이콘 추가 창의 [사용자 지정] 탭에서
링크를 붙여 넣어 삽입합니다.

• Noticon(https://noticon.tammolo.com)
자신의 아이콘을 공유할 수 있는 사이트입니다.
재미있는 아이콘이 많이 있습니다. 단, 저작권이
확보되지 않은 아이콘일 수 있으니 개인적인 용
도로만 사용하기를 추천합니다.

• Flaticon(https://www.flaticon.com)

노션뿐만 아니라 다양한 곳에 활용할 수 있는 아이콘이 많은 대형 플랫폼입니다. 노션 페이지를 상업적으로 사용하는 경우 무제한 요금제로 아이콘을 다운로드해 사용하면 유용합니다. 유료 요금제가 아니어도 저작권을 확인하고 무료로 이용할 수 있으니 다양한 이모티콘이 필요하다면 방문하기를 추천합니다.

따라 하기 | 페이지 커버 추가하기

노션에서는 페이지 위쪽에 커버 이미지를 추가할 수 있습니다.

커버 추가하기

01 ❶페이지 제목 영역에 마우스 포인터를 가져간 후 ❷[커버 추가]를 클릭합니다.

커버 변경하기

02 커버 이미지가 임의의 색으로 추가됩니다. 커버 영역 오른쪽 아래에 마우스 포인터를 가져가면 커버를 바꾸거나 위치를 조정할 수 있는 메뉴가 나타납니다. [커버 변경]을 클릭합니다.

03 커버 추가 창이 나타납니다. 노션이 기본으로 제공하는 커버는 [갤러리] 탭에서 선택할 수 있습니다. [업로드] 탭에서 내 PC의 이미지를 업로드하거나 [링크] 탭에서 이미지 링크를 활용하여 커버를 추가할 수도 있습니다. [Unsplash] 탭에서는 Unsplash 사이트에서 제공하는 무료 이미지를 검색하여 추가할 수 있습니다. 오른쪽 위의 [제거]를 클릭하면 커버를 삭제할 수 있습니다.

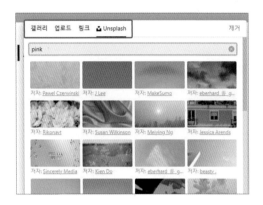

이미지 노출 위치 변경하기

04 커버 영역은 사이즈가 한정되어 있어 이미지 노출 위치를 조정해야 합니다. ❶ 커버 메뉴에서 [위치 변경]을 클릭합니다. ❷ 커버에 보여주고 싶은 부분이 노출되도록 이미지를 드래그한 후 ❸ [위치 저장]을 클릭합니다.

TIP 커버는 페이지 내에 별도의 이미지가 없다면 상단 배너로 나타납니다. 해당 페이지를 다른 사람에게 링크로 공유한 경우 미리 보기 이미지로 표시됩니다.

NOTE | **시간 관리 전문가의 노션 활용법**

나만의 페이지 커버 만들기 🔍

나만의 개성 있는 커버를 만들어 페이지의 정체성을 드러낼 수 있습니다. 특별한 디자인 스킬을 사용하지 않고도 간단히 만들 수 있는 방법을 소개합니다.

• 파워포인트

커버 이미지와 비슷한 비율로 도형을 그립니다. 그 안에 텍스트를 입력하고 관련된 이미지를 추가하여 꾸며봅니다. 이미지 사이즈는 정확하게 맞추지 않아도 괜찮습니다. 모바일에서 커버가 잘 보이려면 가급적 주요 요소를 가운데에 배치하고 위아래 여백을 남겨야 합니다. 완성된 이미지의 구성 요소를 모두 선택하여 마우스 오른쪽 버튼을 클릭한 후 [그림으로 저장]을 클릭하면 나만의 커버가 이미지 파일로 저장됩니다.

• 미리캔버스

미리캔버스(http://miricanvas.com)에서 제공하는 샘플을 수정하여 나만의 커버를 만들 수 있습니다. 미리캔버스 템플릿 중 '웹 배너 가로형'의 샘플을 수정하여 제작합니다. 제작한 이미지를 다운로드한 후 노션 페이지에서 커버 추가 메뉴의 [업로드] 탭에서 추가합니다. 추가한 후에 커버 메뉴에서 [위치 변경]을 클릭하여 위치를 조정합니다.

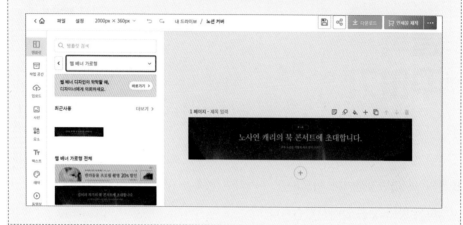

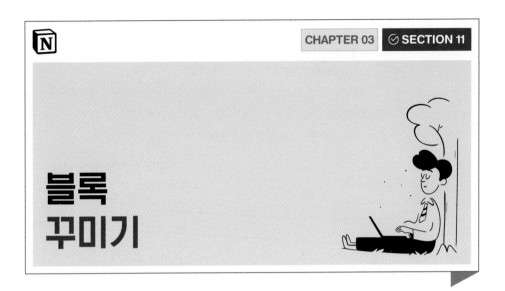

블록 꾸미기

블록의 색을 변경하거나 이모지를 추가하여 블록을 꾸미고, 특정 텍스트의 서식만 지정하는 방법 등을 알아보겠습니다.

따라 하기 │ 블록 꾸미기

이모지 넣기

01 블록 내에 이모지를 입력하여 페이지를 꾸며보겠습니다. **①/이모지**를 입력합니다. **②** 이모지 추가 창이 나타납니다.

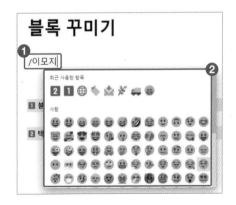

02 이모지 이름을 알고 있다면 ':하트', ':손뼉'과 같이 **:이모지 이름**을 입력하여 바로 추가할 수 있습니다. 숫자 관련 이모지도 같은 방법으로 **:숫자**를 입력하여 추가할 수 있습니다.

블록 서식 지정하기

03 블록의 핸들(▦)을 클릭하거나 [Esc]로 원하는 블록을 선택하고 [Ctrl]+[/]를 누르면 블록 편집 메뉴가 나타납니다. ❶블록 편집 메뉴에서 [색]을 클릭한 후 ❷텍스트 색 또는 배경 색을 지정합니다.

> **NOTE** 🧑 **시간 관리 전문가의 노션 활용법**
>
> 여러 블록의 서식을 한번에 변경하고 싶어요! 🔍
>
> 색을 지정한 후 텍스트를 입력하는 경우 [Enter]로 블록을 분리하면 더 이상 색 서식이 동일하게 적용되지 않습니다. 드래그 또는 [Esc]+[Shift]+[↑]/[↓]를 눌러 여러 블록을 선택한 후에 [Ctrl]+[/]를 눌러 색을 지정합니다. 메뉴에는 별도로 표시되지 않지만 블록을 선택한 상태로 진하게([Ctrl]+[B]), 기울임([Ctrl]+[I]) 효과도 단축키로 적용할 수 있습니다.

특정 텍스트 서식 지정하기

04 ❶편집하고자 하는 텍스트만 드래그해서 선택합니다. ❷텍스트 서식 메뉴가 나타나면 텍스트 색, 굵게, 기울임꼴로 표시, 밑줄, 취소선 등을 적용할 수 있습니다.

05 텍스트 서식 메뉴에서는 코드로 표시, 수학 공식으로 만들기 등도 가능합니다. 코드나 수학 공식뿐만 아니라 텍스트를 강조할 때도 사용합니다. ❶강조하고 싶은 텍스트를 드래그하고 ❷[코드로 표시]를 클릭합니다.

 블록에 배경 색을 지정하고 텍스트에 색을 지정하는 방법

배경 색을 지정하고 텍스트에도 색을 넣고 싶다면 블록을 선택하여 배경 색을 먼저 지정합니다. 그다음 텍스트가 있는 부분만 선택하여 색을 지정합니다.

NOTE 시간 관리 전문가의 **노션 활용법**
노션에는 서식 복사가 없나요?

노션에서는 서식을 복사하는 기능이 없습니다. 대신 직전에 지정한 배경 색 혹은 텍스트 색은 다른 블록을 선택한 후 단축키 Ctrl+Shift+H를 눌러 동일하게 적용할 수 있습니다. 복잡한 서식을 반복하여 적용하고 싶다면 서식을 적용한 블록 자체를 복제(Ctrl+D)한 후 텍스트만 바꿔서 쓰는 방식을 추천합니다.

블록 단 나누기

기본 단 나누기

기본적으로 한 개의 블록은 페이지 화면에서 가로 한 줄을 차지합니다. 한 줄에 여러 개의 블록을 배치하고 싶다면 한 개의 블록을 다른 블록 옆으로 이동하여 단을 나눌 수 있습니다. 옮기려는 블록의 핸들(▦)을 원하는 위치로 드래그합니다.

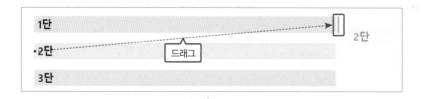

원하는 위치에 파란색 선이 생길 때 마우스 버튼에서 손을 떼어 블록을 드롭하면 단이 생성됩니다.

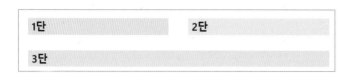

같은 방법으로 세 개의 단을 만들었습니다. 단 사이의 공간에 마우스 포인터를 가져가면 세로 회색 선이 나타납니다. 회색 선을 좌우로 드래그하면 각 단의 폭을 조절할 수 있습니다. 나눠진 단에서 [Enter]를 누르면 [Enter]를 입력한 횟수만큼 같은 크기의 블록이 아래에 생성됩니다.

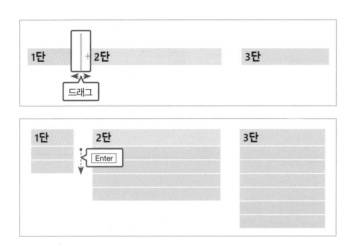

따라 하기 | 여러 방법으로 단 나누기

텍스트 블록뿐 아니라 이미지 등 다른 블록도 같은 방법으로 단을 나눌 수 있습니다.

이미지 옆으로 텍스트 블록 넣기

01 이미지 블록 옆에 텍스트 블록을 옮겨 두 단으로 만들어보겠습니다. 독서 목록 블록을 이미지 블록 오른쪽으로 드래그한 후 파란색 선이 나타나면 드롭합니다.

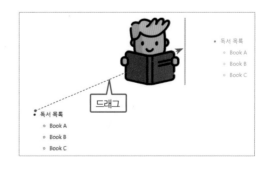

02 단이 만들어지면 단 사이의 회색 선을 좌우로 드래그하여 블록의 폭과 위치를 조정합니다.

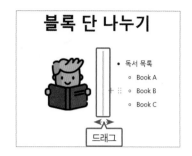

블록 한 번에 분할하기

03 선택한 블록을 열로 전환하는 기능을 이용하여 단을 편리하게 생성할 수 있습니다. ❶단을 나누고 싶은 블록을 모두 선택한 후 단축키 Ctrl+/를 눌러 블록 편집 메뉴를 엽니다. ❷[전환]을 클릭하고 ❸[열]을 클릭합니다.

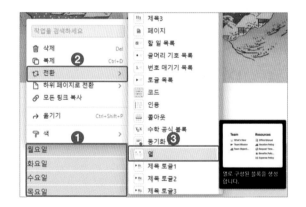

> **TIP** Esc로 블록을 선택한 후 단축키 Shift+↑/↓를 눌러 여러 블록을 선택합니다.

04 선택한 블록이 한 번에 열로 전환됩니다.

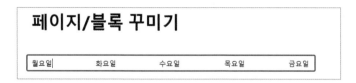

열 먼저 생성하기

05 열을 먼저 생성하여 단을 만들 수도 있습니다.
❶/열을 입력하면 [/] 메뉴에 열 블록이 나타납니
다. ❷[2개의 열]부터 [5개의 열] 중 하나를 고르면
해당 숫자만큼 바로 빈 열이 생성됩니다.

Alt 활용하여 열 추가하기

06 Alt 를 활용해서 블록 오른쪽에 열을 편리하게 추가할 수 있습니다. 블록에 마우스
포인터를 가져가면 블록 가장 앞쪽에 [⊞]가 나타납니다. ❶ Alt 를 누른 상태에서 [⊞]
를 클릭합니다. ❷오른쪽에 새 열이 만들어집니다. 어떤 블록을 입력할지 선택할 수 있
는 [/] 메뉴도 함께 나타납니다.

TIP Mac 환경에서는 Alt 대신 Option 을 활용합니다.

페이지 관리하기

사이드 바로 페이지 관리하기

워크스페이스 안에서 만든 모든 페이지는 사이드 바에서 직접 관리할 수 있습니다.

페이지 추가하기

사이드 바의 [개인 페이지] 카테고리 오른쪽의 [➕]를 클릭하여 만든 페이지는 목록 가장 상단에 추가됩니다.

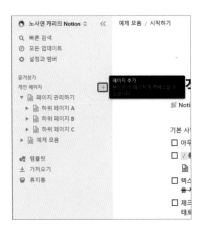

페이지 편집하기

사이드 바에서 개인 페이지 제목 오른쪽의 [▦]를 클릭하면 페이지 편집 메뉴가 나타납니다. 페이지 삭제, 복제, 이름 바꾸기, 다른 페이지/워크스페이스로 옮기기 등의 기능을 사용할 수 있습니다.

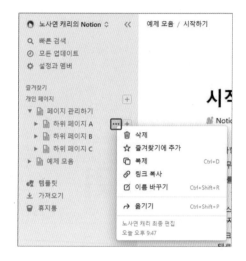

페이지 옮기기

한 페이지를 특정 페이지로 이동하려면 페이지 편집 메뉴에서 [옮기기]를 클릭합니다. 또는 사이드 바에서 페이지를 옮기고 싶은 위치에 드래그합니다.

페이지를 드래그해서 이동할 때는 특정 페이지의 내부로 옮기는 경우와 페이지 순서만 바꾸는 경우를 잘 구별해야 합니다. 드래그한 페이지를 페이지와 페이지 사이에 선이 생길 때 드롭하면 해당 위치로 옮겨집니다.

▲ 페이지와 페이지 사이의 선에 옮기는 경우(순서만 바뀜)

페이지 전체가 파란 음영으로 처리될 때 드래그한 페이지를 드롭하면 해당 페이지 내부의 하위 페이지로 옮겨집니다.

▲ 페이지 전체가 파란 음영으로 처리될 때 옮기는 경우(페이지 내부로 이동)

[하위 페이지 B]를 드래그하여 [하위 페이지 A] 위에 포개 놓으니 [하위 페이지 B]가 [하위 페이지 A]의 하위 페이지로 이동하였습니다.

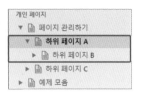

사이드 바와 페이지 화면 간에도 페이지를 이동할 수 있습니다. [하위 페이지 A] 내부로 옮겼던 [하위 페이지 B]를 다시 [하위 페이지 A]와 같은 위치가 되도록 이동하겠습니다. 사이드 바에서 [하위 페이지 B]가 보이도록 [▼페이지 관리하기] 토글을 클릭하여 펼칩니다. 하위에 있던 [하위 페이지 B]를 드래그해서 페이지에 있는 [하위 페이지 A]와 [하위 페이지 C] 사이에 놓습니다. 방금 전까지 [하위 페이지 A] 내부에 있던 있던 [하위 페이지 B]가 [하위 페이지 A], [하위 페이지 C]와 같은 위치로 옮겨집니다.

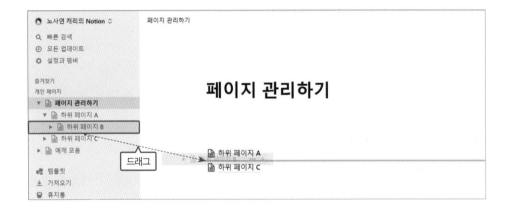

페이지 설정 메뉴 알아보기

개별 페이지의 오른쪽 위에 다섯 가지 메뉴가 있습니다. 공유 기능은 207쪽에서 자세히 알아보고 여기서는 댓글, 업데이트 등 다른 메뉴를 먼저 살펴보도록 하겠습니다.

댓글

말풍선 모양(💬)의 댓글 아이콘을 클릭하면 페이지 화면 오른쪽에 댓글 사이드 바가 나타납니다. 페이지에 달린 댓글을 모아 볼 수 있습니다. 협업을 위한 페이지라면 댓글을 활용하여 동료와 피드백을 주고받을 수 있습니다.

텍스트뿐만 아니라 이미지로도 댓글로 남길 수 있으며 사이드 바 오른쪽 위의 [⋯]를 클릭하여 일정 리마인드, 특정인 호출, 특정 페이지 링크 걸기 등의 기능을 활용할 수 있습니다. 논의가 끝난 댓글은 댓글 오른쪽의 [해결]을 클릭하여 완료 처리할 수 있습니다. 미해결 댓글과 해결된 댓글로 분리해서 확인할 수 있어 편리합니다.

> **TIP** 페이지 댓글은 페이지 제목에 마우스 포인터를 가져가면 나타나는 커버 메뉴에서 [댓글 추가]를 클릭하여 추가할 수 있습니다.

업데이트

시계 모양(⊙)의 업데이트 아이콘을 클릭하면 업데이트 사이드 바가 나타납니다. 해당 페이지의 수정 이력이 최신순으로 표시됩니다. 각 업데이트 항목 오른쪽의 시계 모양(⊙) 아이콘을 클릭하면 버전 복원 창이 열립니다.

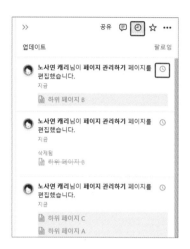

버전 복원 창에는 수정한 시간별로 업데이트 버전을 표시합니다. 각 시간을 클릭하면 해당 시간에 저장된 페이지 모습을 확인할 수 있습니다. [버전 복원]을 클릭하면 해당 시간의 페이지로 복원됩니다.

TIP 요금제에 따라 버전이 저장되는 기간이 다릅니다. 무료 요금제에서는 7일, 플러스 요금제에서는 한 달까지 버전 히스토리를 보관합니다.

즐겨찾기

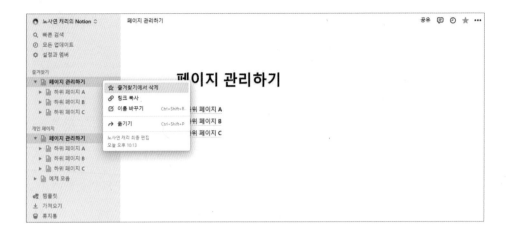

별 모양(☆)의 즐겨찾기 아이콘을 클릭하면 아이콘 모양이 노란색 별(★)로 바뀌면서 현재 페이지를 즐겨찾기에 추가합니다. 왼쪽 사이드 바의 즐겨찾기 카테고리에도 해당 페이지가 추가됩니다. 노란색 별을 다시 클릭하면 노란색이 사라지며 즐겨찾기가 해제됩니다. 사이드 바의 즐겨찾기 카테고리에서 [⋯]를 클릭하여 즐겨찾기에서 삭제, 링크 복사, 이름 바꾸기 등의 기능을 활용할 수 있습니다.

즐겨찾기 카테고리에 여러 개의 페이지가 즐겨찾기된 경우 위아래로 페이지를 드래그하여 순서를 바꿀 수 있습니다.

TIP 즐겨찾기 카테고리에 있는 페이지 목록에서는 즐겨찾기를 해제할 수는 있어도 페이지 자체를 삭제하거나 복사할 수 없습니다. 즐겨찾기로 지정한 페이지가 하나도 없을 경우에는 사이드 바에 즐겨찾기 카테고리가 표시되지 않습니다.

페이지 메뉴

[⬚]를 클릭하면 페이지 메뉴가 나타납니다. 자주 사용하는 메뉴 위주로 살펴보겠습니다.

① **스타일** | 세 가지 종류의 폰트가 있습니다. 한국어의 경우 큰 차이가 없어 보통 기본으로 사용합니다.

② **작은 텍스트** | 페이지 제목과 내용 텍스트를 보다 작은 사이즈로 보여줍니다.

③ **전체 너비** | 페이지 폭이 넓어집니다. 데이터베이스처럼 내용을 넓게 보는 것이 편리할 때 활성화합니다.

④ **페이지 잠금** | 페이지 내용을 수정할 수 없도록 잠글 수 있습니다.

⑤ **가져오기** | 노션에 외부 서비스의 자료를 가져올 수 있습니다.

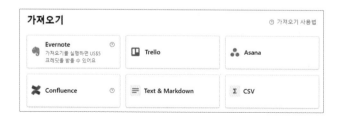

⑥ **내보내기** | 해당 페이지를 PDF, HTML, Markdown&CSV 형식 파일로 내보낼 수 있습니다.

프로필 페이지 만들기

프로필 페이지는 자신을 알리고 네트워킹에 활용하기 좋은 수단입니다. 여태까지 배운 노션 기능만 활용해도 충분히 쉽게 만들 수 있습니다. 함께 도전해보겠습니다.

기본 기능으로 프로필 페이지 만들기

다음은 노션으로 만든 필자의 프로필 페이지입니다. 앞에서 살펴본 노션 기본 기능만 활용하여 만들었습니다. 프로필 템플릿은 [독자 제공 노션 자료] 페이지에서 [Profile-박현정]을 클릭하여 확인할 수 있습니다. 노션 자료를 공유받는 방법은 013쪽을 참고합니다.

①

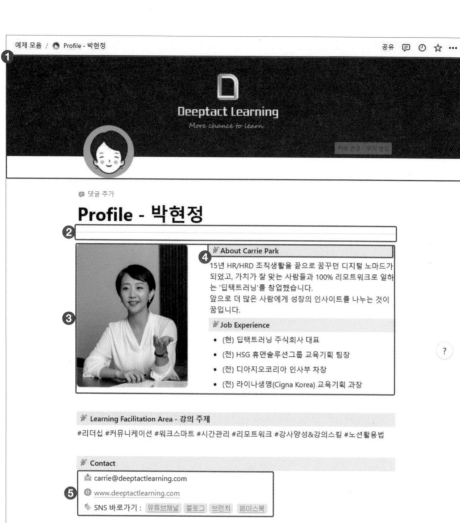

💬 댓글 추가

Profile - 박현정

②

④ 🌿 **About Carrie Park**

15년 HR/HRD 조직생활을 끝으로 꿈꾸던 디지털 노마드가 되었고, 가치가 잘 맞는 사람들과 100% 리모트워크로 일하는 '딥택트러닝'를 창업했습니다.
앞으로 더 많은 사람에게 성장의 인사이트를 나누는 것이 꿈입니다.

🌿 **Job Experience**

- (현) 딥택트러닝 주식회사 대표
- (전) HSG 휴먼솔루션그룹 교육기획 팀장
- (전) 디아지오코리아 인사부 차장
- (전) 라이나생명(Cigna Korea) 교육기획 과장

③

🌿 **Learning Facilitation Area - 강의 주제**

#리더십 #커뮤니케이션 #워크스마트 #시간관리 #리모트워크 #강사양성&강의스킬 #노션활용법

🌿 **Contact**

📧 carrie@deeptactlearning.com
🌐 www.deeptactlearning.com
🔗 SNS 바로가기 : 유튜브채널 블로그 브런치 페이스북

⑤

🌿 **Deeptact Learning Academy**

딥택트러닝 아카데미
딥택트러닝은 보다 많은 조직과 개인이 효과적인 학습과 성장의 기회를 가질 수 있도록 돕습니다!
https://liveklass.com/ch/deeptact

⑥

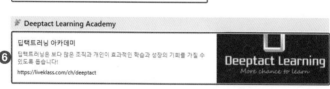

🌿 **Youtube Channel - Popular Notion Video**

⑦

명령어 사용 시 "/"를 입력하세요

CHAPTER 03

노션의 핵심 기능 빠르게 배우기

① 페이지 커버와 아이콘은 모두 파워포인트로 만들었습니다. 아이콘은 큰 원 안에 캐릭터 이미지를 넣은 후 이미지로 저장하여 만듭니다.

② [/] 메뉴에 있는 구분선 기능을 활용하여 페이지를 깔끔하게 나누었습니다. 하이픈 세 개(---)를 입력하면 구분선을 빠르게 입력할 수 있습니다.

③ 단을 나누어 이미지를 왼쪽에 배치합니다. 블록 너비를 조절하여 이미지 사이즈를 조절합니다. 오른쪽 단에서는 Enter 를 입력하여 이미지와 비슷한 높이로 단을 추가 생성합니다. 필요한 텍스트 블록의 수를 감안하여 이미지 사이즈와 단의 개수를 조절합니다.

④ 오른쪽 단에서 제목 역할을 하는 블록은 텍스트 블록에 배경 색을 지정하고 이모지를 추가하였습니다. 이 양식은 여러 번 사용되므로 해당 블록을 복제(Ctrl + D)하여 텍스트만 변경하면 빠르게 입력할 수 있습니다.

⑤ 홈페이지 주소는 텍스트로 입력하고 선택한 후 홈페이지 링크(Ctrl + K)를 넣습니다. SNS 바로가기도 마찬가지로 '유튜브채널'을 먼저 입력한 후 선택해서 채널 링크를 넣습니다. 같은 영역에 [코드로 보기] 서식을 적용하여 강조합니다.

⑥ 복사한 링크는 [북마크 생성] 메뉴를 선택합니다. 링크된 페이지의 일부가 북마크 형태로 삽입됩니다.

⑦ 유튜브 영상을 임베드 생성 기능을 활용하여 추가합니다. 두 개의 영상을 임베드한 후에 두 개의 단을 만들어 나란하게 배치했습니다. 영상은 노션 페이지에서 바로 재생할 수 있고 두 영상을 동시에 재생할 수도 있습니다.

프로필 페이지가 완성됐습니다. 프로필 페이지를 만들었다면 다른 사람에게 공유해야 합니다. 다음 SECTION에서 페이지를 공유하는 방법에 대해서 알아보겠습니다.

CHAPTER 03 ✓ **SECTION 15**

페이지 공유/복제하기

노션 페이지는 일반 웹 페이지처럼 링크 하나로 다른 사람과 공유할 수 있습니다. 또한 특정 페이지에 누군가를 게스트로 초대해서 함께 작업할 수도 있습니다.

페이지 공유하기

노션 페이지를 공유하는 방법은 아주 간단합니다. ❶페이지 오른쪽 위의 메뉴에서 [공유]를 클릭하면 페이지 공유 메뉴가 나타납니다. ❷[웹에서 공유]를 클릭하여 활성화합니다. ❸바로 아래에 링크가 나타나면 [복사]를 클릭하여 웹 링크를 복사합니다.

TIP 공유 링크는 노션 페이지를 편집하는 웹 브라우저 주소와 다른 링크이므로 혼동하지 않도록 주의합니다. 주소 창의 링크를 복사하는 것이 아니라 [웹에서 공유] 버튼을 활성화하여 생성한 링크를 복사해서 공유해야 합니다.

TIP 노션 공유 메뉴는 무료 요금제와 플러스 이상 유료 요금제가 다르게 노출됩니다. 현재 사용하는 요금제에 따라 화면이 다르게 보이므로 학습에 참고합니다.

링크 공유 전 체크하기

링크를 받은 상대방에게 페이지 권한을 어느 정도까지 허용할지 설정합니다. 페이지 공유 메뉴에서 [링크 옵션 보기]를 클릭하면 네 개의 옵션이 나타납니다. 모두 비활성화되었다면 페이지를 공유받은 사람은 열람만 가능합니다.

① **편집 허용** | 링크를 받은 사람이 페이지 내용을 수정할 수 있습니다. 상대방이 노션을 사용하는 경우 웹 페이지에서 쉽게 편집할 수 있습니다. 편집을 허용하면 댓글 기능도 동시에 활성화됩니다. 링크에 접속한 후 페이지 화면 오른쪽 위의 메뉴에서 [페이지 편집]을 클릭하면 편집을 시작할 수 있습니다.

② **댓글 허용** | 링크를 받은 사람이 댓글을 달 수 있습니다. [편집 허용]이 동시에 활성화되어 있지 않다면 [댓글 허용]이 활성화되어도 페이지 내용은 수정할 수 없습니다.

③ **템플릿 복제 허용** | 다른 사람이 해당 페이지를 복제해서 자신의 워크스페이스로 가져갈 수 있습니다. [편집 허용]이 동시에 활성화되어 있지 않다면 복제하여 생성한 템플릿만 편집할 수 있습니다.

④ **검색 엔진 인덱싱** | 내가 작성한 페이지가 검색 엔진에서 검색되도록 허용합니다. 노션 페이지를 홈페이지나 블로그 용도로 사용하는 경우 활성화합니다. 검색 엔진 인덱싱은 유료 요금제에서만 사용할 수 있습니다.

NOTE 시간 관리 전문가의 **노션 활용법**

유료 요금제에서 공유 메뉴 활용하기 🔍

유료 요금제에서는 공유 메뉴가 [공유]와 [게시] 두 가지 탭으로 나뉘어져 있습니다. [공유] 탭에서는 게스트를 초대하는 기능을 사용할 수 있습니다. [게시] 탭에서는 웹 게시 여부와 권한을 설정해 링크를 복사하여 내보낼 수 있습니다.

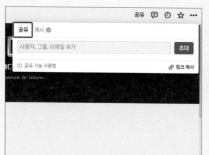

노션은 요금제에 따라 공유 메뉴가 다르게 노출되므로 유의하여 학습합니다.

따라 하기 | 다른 사람의 노션 페이지 복제하기

노션에서는 다른 사용자들이 만든 템플릿을 쉽게 공유받을 수 있습니다. 노션 고수의 템플릿을 복제하여 어떻게 구성됐는지 살펴보는 방법은 노션을 학습하는 가장 빠른 지름길입니다. 공유 받은 페이지를 복제하는 방법에 대해 알아보겠습니다.

01 공유받은 노션 페이지를 엽니다. 링크를 공유한 사람이 [템플릿 복제 허용]을 활성화했다면 공유받은 페이지의 오른쪽 위에 복제 메뉴가 나타납니다. [복제]를 클릭합니다.

02 노션 로그인 페이지가 나타납니다. 해당 브라우저에서 로그인한 적이 있다면 바로 복제됩니다.

노션 Good Start (입문 강좌) 블록을 노사연 캐리의 Notion 워크스페이스에 복제 중입니다.

03 노션 계정에 복수의 워크스페이스가 있는 경우 어떤 워크스 페이스로 복제할 것인지 선택합니다.

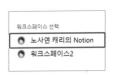

04 내 워크스페이스의 개인 페이지 카테고리에서 복제한 페이지가 잘 추가됐는지 확인합니다.

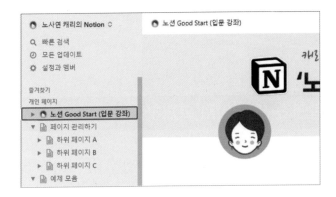

따라 하기 │ 페이지 초대하여 공동 작업하기

페이지에서 다른 사람과 지속적으로 함께 작업하는 경우에는 공동 작업할 페이지에 상대방을 게스트로 초대하면 편리합니다. 내 페이지에 상대방을 초대하면 상대방 워크스페이스의 페이지 목록에 내가 초대한 워크스페이스가 추가됩니다. 게스트는 초대받은 워크스페이스에 빠르게 방문하여 작업하는 데 효율적입니다.

게스트로 초대하기

01 페이지 오른쪽 위 메뉴에서 [공유]를 클릭합니다. 페이지 공유 메뉴가 나타납니다.

TIP 노션 공유 메뉴는 무료 요금제와 플러스 이상 유료 요금제가 다르게 노출됩니다. 현재 사용하는 요금제에 따라 화면이 다르게 보이므로 학습에 참고합니다.

02 ❶입력 창에 상대방의 노션 계정을 입력합니다. ❷노션 계정을 정확하게 입력했다면 상대방의 프로필 정보가 나타납니다. 프로필을 클릭합니다.

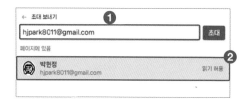

03 게스트를 선택하면 '워크스페이스 추가' 메시지가 나타납니다. 이는 팀 워크스페이스로 전환을 유도하는 메뉴로, 인당 과금되는 요금제를 선택해야 자유롭게 블록을 입력할 수 있습니다. 게스트만 초대하여 공동 작업을 하는 수준이라면 [건너뛰기]를 클릭합니다. 초대 보내기 입력 창에서 [초대]를 클릭하면 게스트 초대가 마무리됩니다.

TIP **공유한 페이지에 하위 페이지가 있을 때 주의할 점**
특정 페이지에 게스트를 초대하면 하위 페이지는 상위 페이지의 권한 설정을 따르게 됩니다. 공유한 페이지의 하위 페이지로 이동해서 공유 설정을 확인하면 상위 페이지와 설정이 같음을 확인할 수 있습니다. 필요한 경우에는 페이지마다 권한을 다르게 설정합니다.

게스트를 초대할 때 상대방의 권한을 설정할 수 있습니다. 게스트 권한은 설정한 이후에도 페이지 공유 메뉴에서 언제든지 변경할 수 있습니다. 게스트 권한을 [전체 허용]으로 설정할 경우 페이지를 복제해서 자신의 워크스페이스로 가져가거나 다른 사람을 초대할 수 있는 권한까지 허용되므로 주의합니다. 공동 작업만 허용하고 싶다면 [편집 허용]까지만 설정하는 것이 적절합니다. 다만 [편집 허용] 설정은 유료 요금제에서만 지원합니다. [제거]를 클릭하면 초대 자체를 취소합니다.

특정 페이지에 게스트를 초대하면 상대방 워크스페이스 목록에 내가 초대한 워크스페이스가 나타납니다. 워크스페이스 이름을 클릭하면 초대한 사람의 워크스페이스가 보이고 알림이 표시됩니다. 클릭하여 들어가면 상대방이 공유한 만큼의 페이지가 보입니다. 게스트 권한이 [편집 허용] 이상으로 부여되었다면 초대받은 페이지를 편집할 수 있을 뿐 아니라 하위 페이지를 생성할 수도 있습니다.

데이터베이스 활용하여
노션 마스터하기

데이터베이스 기능은 노션을 자유자재로 활용하기 위해서 꼭 필요합니다. 처음부터 혼자 익히기는 어렵지만 함께 차근차근 학습한다면 쉽게 배울 수 있습니다. 이번 CHAPTER에서는 데이터베이스의 개념부터 활용법까지 살펴보겠습니다. 데이터베이스를 통해 노션의 새로운 세계를 경험할 수 있으므로, 학습에 투자한 시간이 전혀 아깝지 않을 것입니다.

페이지를 관리하는 데이터베이스

노션은 페이지를 무한히 만들 수 있는 공간을 제공합니다. 한 개의 주제로 여러 개의 페이지를 만들어야 하는 경우에는 데이터베이스를 활용하면 체계적으로 정리할 수 있습니다. 데이터베이스를 어렵게 생각할 수도 있지만, 페이지를 원하는 기준에 따라 잘 정리할 수 있게 도와주는 서랍과 같은 개념으로 이해하면 쉽습니다.

▲ 페이지를 체계적으로 정리해서 넣어두는 캐비닛 서랍과 유사한 데이터베이스

데이터베이스를 왜 만들어야 하는지 간단한 예시를 통해 알아보겠습니다. 다음은 To do list를 관리하는 페이지입니다.

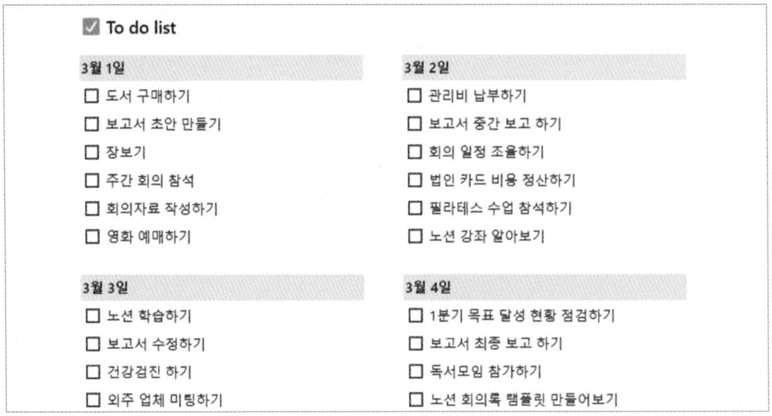

▲ 기본 블록을 활용하여 작성한 할 일 목록

기본 블록만을 활용한 To do list는 할 일이 쌓일수록 점점 목록이 길어져 일을 하나 하나 찾아보기 힘들어집니다. 할 일을 주제별 또는 날짜별로 확인하지 못하고 처리 되지 않은 일들을 따로 점검하지도 못합니다. 하나의 일마다 각각의 페이지로 만들 어 데이터베이스에서 관리한다면 할 일을 원하는 대로 관리할 수 있습니다. 아래는 To do list를 데이터베이스로 구성한 예시입니다.

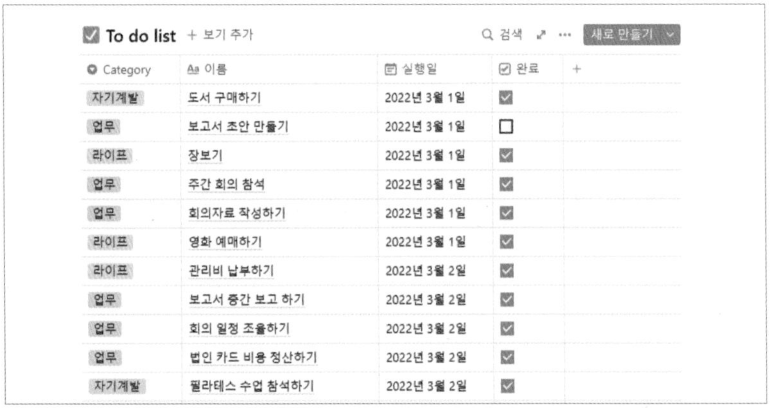

▲ 데이터베이스로 관리하는 할 일 목록

카테고리별로 페이지, 즉 데이터를 그룹화하고 날짜 속성에 실행일을 편리하게 입력할 수 있습니다. 체크 박스 속성을 활용하여 완료하지 못한 일만 모아 볼 수도 있습니다. 또한 실행일이 가까운 순서대로 할 일을 정렬할 수 있습니다. 데이터베이스를 활용하면 이처럼 데이터(페이지)를 다양한 방식으로 확인하고 관리할 수 있습니다.

▲ 카테고리별 할 일 보기

▲ 미완료 할 일만 보기

데이터베이스를 만들어서 페이지를 관리하면 다음과 같은 세 가지 장점이 있습니다.

1 서류에 라벨을 붙여 관리하는 것처럼 데이터베이스의 속성 기능을 통해 페이지를 구분하고 원하는 방식대로 정렬 및 필터할 수 있습니다.

2 한 개의 데이터베이스를 다양한 방식(레이아웃)으로 볼 수 있습니다. 노션은 표 보기, 리스트 보기, 갤러리 보기 등을 지원합니다.

3 연결형 데이터베이스, 수식과 같이 고급 기능을 활용하면 내가 필요로 하는 정교한 시스템을 만들 수 있습니다.

데이터베이스 만들기

데이터베이스를 만들면 페이지를 체계적으로 관리할 수 있습니다. 이제부터 데이터 베이스를 함께 만들어보겠습니다.

데이터베이스 생성하기

데이터베이스도 노션에 있는 다양한 블록 중에 하나이므로 [/] 메뉴에서 간단하게 생성할 수 있습니다. ❶ 페이지 빈 공간에서 [/] 메뉴를 엽니다. **/데**를 입력하면 빠르 게 찾을 수 있습니다. ❷ 여기에서는 데이터베이스 블록의 [데이터베이스-인라인]을 클릭합니다.

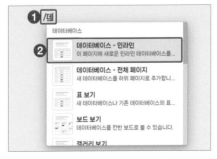

TIP [/] 메뉴를 입력할 때 '데이터'를 입력하면 데이터베이스 메뉴를 빨리 찾을 수 있습니다. 여기서도 '데'만 입력했더니 데이 터베이스 블록 메뉴가 나타납니다.

NOTE 시간 관리 전문가의 **노션 활용법**
데이터베이스 인라인 vs 전체 페이지 🔍

데이터베이스는 인라인과 전체 페이지, 두 가지 종류가 있습니다. 페이지에 데이터베이스 외에 다른 블록도 함께 삽입하고 싶다면 인라인을 선택합니다. 즉, 인라인 방식의 데이터베이스는 데이터베이스를 페이지 내 하나의 블록 요소로 삽입하는 것입니다. 반대로 데이터베이스로만 페이지를 구성하고 싶다면 전체 페이지를 선택합니다.

인라인과 전체 페이지는 추후에 변경할 수 있지만, 특별한 경우가 아니라면 인라인으로 먼저 시작하는 것이 좋습니다. 필자도 주로 인라인을 선택합니다.

데이터베이스 형태 중에 '표 보기'가 기본으로 지정된 새 데이터베이스가 생성됩니다.

⊞ 표		
제목 없음		
Aa 이름	☰ 태그	+ ···
+ 새로 만들기		

NOTE 시간 관리 전문가의 **노션 활용법**
데이터베이스의 다양한 보기 🔍

데이터베이스는 여섯 개의 레이아웃 보기(표, 보드, 갤러리, 리스트, 캘린더, 타임라인)가 있습니다. 여섯 가지 보기 중 어떤 레이아웃을 선택해도 언제든 다른 레이아웃 보기로 전환할 수 있습니다. 각 보기의 특징과 차이점은 267쪽에서 살펴보겠습니다.

데이터베이스의 구조

데이터베이스의 생김새를 살펴보겠습니다. 데이터베이스는 페이지를 넣고 관리하는 서랍과 유사합니다. 생성된 데이터베이스의 각 행은 하나의 페이지입니다.

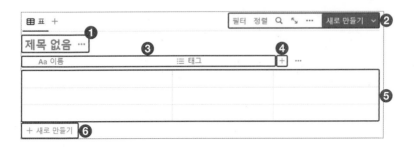

① '제목 없음'이 표시되는 곳에 데이터베이스의 이름을 입력합니다. 일반적으로 이 데이터베이스를 구성할 페이지의 주제를 표기합니다.

② 다양한 데이터베이스 메뉴를 확인할 수 있습니다.

③ 데이터베이스가 관리하는 속성을 보여줍니다. 속성은 페이지를 분류하고 관리할 수 있는 라벨과 같습니다.

> **TIP** 표 데이터베이스에서 속성은 한 개의 열에 해당합니다. 처음 데이터베이스를 생성하면 '태그'라고 이름 붙여진 속성이 자동으로 생성됩니다.

④ 데이터베이스 속성이 나열된 행의 가장 오른쪽에 있는 [+]를 클릭하면 새로운 속성을 추가할 수 있습니다.

⑤ 데이터베이스를 생성하면 자동으로 세 개의 행이 만들어집니다. 각 행은 하나의 페이지이므로 제목이 없는 페이지 세 개를 가진 데이터베이스라고 볼 수 있습니다.

⑥ 데이터베이스에서 페이지를 추가하고 싶다면 표 왼쪽 하단의 [새로 만들기]를 클릭합니다. 하나의 행, 즉 하나의 페이지가 생성됩니다.

> **TIP** 데이터베이스 페이지 설정
> 데이터베이스의 속성은 가로로 나열됩니다. 데이터베이스 페이지 설정을 전체 너비로 지정하면 내용을 확인하기에 편리합니다. 데이터베이스가 가로로 과도하게 길어졌다면 [Shift]를 누른 채 마우스 휠을 스크롤하여 좌우로 이동하며 볼 수 있습니다.

데이터베이스 설계하기

데이터베이스에서 관리할 속성을 만들어보겠습니다. 이 단계를 데이터베이스 설계 라고 합니다. 데이터베이스 내의 페이지를 어떻게 관리할 것인지에 따라 적절한 데 이터베이스 속성을 만들어넣습니다. 어떤 속성을 활용하여 설계할 수 있는지 알아보 겠습니다.

데이터베이스의 속성

데이터베이스를 잘 활용하려면 속성을 알맞게 추가해야 합니다. 데이터베이스 속성 은 기본 속성과 고급 속성으로 나뉩니다.

(1) 기본 속성

데이터베이스의 기본 속성은 매우 다양합니다. 그러나 하나의 데이터베이스에 너 무 많은 속성을 달아놓는 것은 오히려 비효율적입니다. 내가 만들고 싶은 주제의 페이지들을 체계적으로 관리하기 위해 필요한 속성만 선택적으로 만들어 사용합니다. 데이터베이스 내부 페이지의 제목인 제목 속성은 자동으로 생성됩니다. 제목 속성의 이름은 수정할 수 있으나 삭제하거나 추가로 다른 제목 속성을 만들 수는 없습니다. 기본 속성의 종류를 살펴보겠습니다.

▲ 데이터베이스 제목 속성

① **텍스트** | 원하는 텍스트를 자유롭게 입력할 수 있습니다.

② **숫자** | 숫자를 입력하고 연산할 수 있습니다. 텍스트 속성으로도 숫자를 입력할 수는 있으나 연산은 할 수 없습니다. 퍼센트(%)나 화폐처럼 숫자의 서식(속성)을 선택할 수 있고 Bar와 Ring 타입으로 숫자를 시각화할 수도 있습니다.

③ **선택/다중 선택** | 선택과 다중 선택은 객관식 선택지처럼 여러 태그를 만들어 골라 넣을 수 있습니다. 태그를 붙이는 기능이라고 생각하면 쉽습니다. 선택은 태그 중 한 개만 선택할 수 있고 다중 선택은 여러 태그를 복수로 선택할 수 있습니다.

④ **상태** | 진행 상태를 표기하는 태그(Not started/In progress/Done)를 지정할 수 있습니다. 데이터를 생성하면 어떤 태그를 자동으로 입력할지 설정할 수 있습니다.

태그 이름을 변경할 수 있으므로 '시작전/진행중/완료됨'과 같이 바꿔도 좋습니다. 태그에 따라 그룹을 만들 수 있어 진행 상태별로 통계를 만들 때 유용합니다.

⑤ **날짜** | 캘린더를 통해 날짜와 시간을 입력할 수 있습니다.

⑥ **사람** | 노션 유저를 선택하여 입력할 수 있습니다. 해당 페이지에 초대된 게스트가 있을 때 주로 사용하며, 입력하면 해당 노션 유저에게 알람이 갑니다.

⑦ **파일과 미디어** | 첨부 파일을 삽입할 수 있습니다.

⑧ **체크박스** | 체크 박스를 활용할 수 있습니다.

⑨ **URL/이메일/전화번호** | 웹 페이지 URL/이메일 주소/전화번호를 입력할 수 있습니다. 각각 페이지 이동, 이메일 작성, 전화 연결 기능을 사용할 수 있습니다. 텍스트 속성으로 입력할 수도 있지만 해당하는 속성으로 입력해야만 모바일 모드 상태일 때 터치 후 전화 발신 등 특성에 맞는 기능을 연결해서 활용할 수 있습니다.

(2) 고급 속성

데이터베이스에는 일곱 가지 고급 속성이 있고 수식, 관계형, 롤업 속성은 데이터베이스 고급 활용법이라고 할 수 있습니다. 이 속성들은 CHAPTER 04 후반부에서 자세히 학습하겠습니다. 아래 네 가지 속성은 값이 자동으로 입력되어 데이터의 생성 및 편집과 관련된 정보를 편리하게 관리할 수 있습니다.

① **생성 일시/최종 편집 일시** | 데이터베이스에서 페이지를 생성하면 자동으로 일시가 입력됩니다. 각각 해당 페이지를 생성한 일시와 마지막으로 편집한 일시를 표시합니다.

② **생성자/최종 편집자** | 페이지를 생성한 사람, 마지막으로 수정한 사람을 표시합니다. 공동으로 작업하는 데이터베이스에서 사용할 때 유용합니다.

데이터베이스를 만들어보며 다양한 기능과 속성을 살펴보겠습니다. 독서 기록을 관리하기 위한 속성을 설정해보겠습니다.

실습용 데이터베이스 만들기

01 데이터베이스 이름으로 **책 리스트**를 입력합니다.

제목 속성 변경하기

02 자동으로 생성된 제목 속성은 '이름'으로 입력되어 있습니다. ❶ 제목 속성을 변경하고 싶다면 [이름]을 클릭하고 ❷**도서명**을 입력합니다.

속성 삭제하기

03 속성 이름을 클릭하면 속성 설정 메뉴가 나타납니다. 속성 유형을 변경할 수 있고 삭제하거나 복제할 수도 있습니다. 태그 속성을 삭제해보겠습니다. ❶[태그]를 클릭하고 ❷[속성 삭제]를 클릭합니다. ❸삭제 메시지가 나타나면 [삭제]를 클릭합니다.

텍스트 속성 추가하기

04 ❶새로운 속성을 추가하기 위해서 데이터베이스 오른쪽의 [+]를 클릭합니다. ❷ 오른쪽에 새 속성 창이 나타나면 [텍스트]를 클릭합니다. ❸속성 편집 창에서 속성 이름에 **저자**를 입력합니다.

선택 속성 추가하기

05 태그를 활용하여 독서 진행 상태를 입력해보겠습니다. **04** 단계처럼 데이터베이스 오른쪽의 [➕]를 클릭합니다. 새 속성 창에서 [선택]을 클릭합니다.

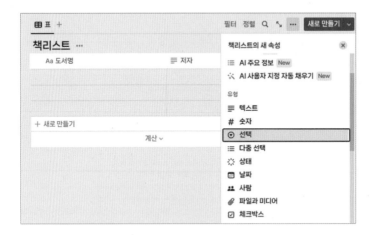

06 추가한 선택 속성 열의 빈 칸을 클릭하면 태그 생성 창이 나타납니다. ❶**읽기 전**을 입력하고 ❷[생성]을 클릭합니다.

07 태그 한 개가 생성되면서 해당 칸의 태그로 지정됩니다. 태그를 하나 더 추가해보겠습니다. ❶다시 태그가 입력된 칸을 클릭하여 태그 생성 창을 엽니다. ❷**읽는 중**을 입력하고 ❸[생성]을 클릭합니다.

08 이어서 완독함 태그까지 추가해봅니다.

 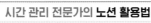
속성 태그를 편집할 때는 [**+**]를 클릭하여 속성을 추가한 후 태그를 편집할 수도 있지만, 속성 편집 창에서 태그를 만들어넣고 편집할 수도 있습니다. 속성 메뉴에서 [속성 편집]을 클릭합니다. 속성 편집 창이 나타나면 [+ 옵션 추가]를 클릭해 태그를 추가해 만듭니다. 속성 유형을 변경하거나 속성 이름을 변경하는 것도 [속성 편집] 메뉴를 활용하면 좋으니, 잘 기억해두길 바랍니다.

태그를 생성하면 배경 색이 무작위로 지정됩니다. 태그의 색이나 이름, 순서를 수정하는 방법을 알아보겠습니다.

01 태그 생성 창에서 수정하고 싶은 태그 오른쪽의 [⋯]를 클릭합니다.

02 ❶태그 이름을 변경하고 삭제할 수 있습니다. ❷10가지 색 중에서 원하는 색을 선택합니다.

03 태그 목록에서 태그 핸들[⊞]을 드래그하여 순서를 변경할 수 있습니다. 이 순서를 기준으로 오름차순, 내림차순 정렬을 할 수 있습니다.

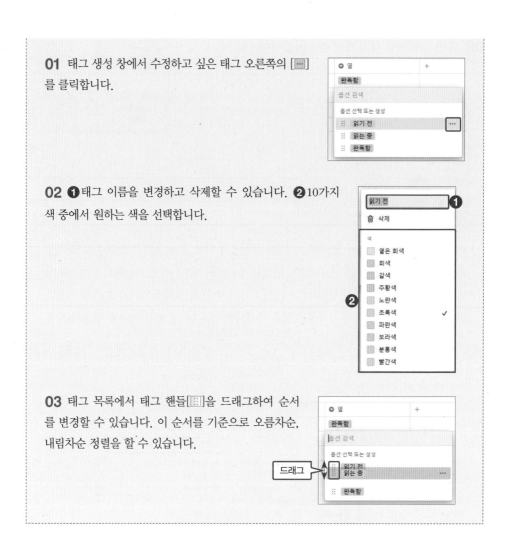

09 용도에 맞게 속성 이름도 변경합니다. ❶데이터베이스에서 [속성]을 클릭하고 ❷ 속성 이름에 **읽기 현황**을 입력합니다.

TIP 메뉴 맨 아래에 있는 [열 줄바꿈]을 활성화하면 해당 속성 칸의 내용이 길 경우 줄바꿈이 됩니다.

날짜 속성 추가하기

01 데이터베이스 오른쪽의 [+]를 클릭하여 데이터베이스에 날짜 속성을 추가합니다. 속성 유형을 직관적으로 보여주는 달력 아이콘과 함께 날짜 속성이 생성됩니다. ❶[속성]을 클릭하고 ❷속성 메뉴에서 **완독일**을 입력합니다. ❸날짜 속성 열에서 빈 칸을 클릭합니다.

02 날짜 속성 설정 창이 나타납니다. ❶간편하게 달력에서 날짜를 선택하여 입력할 수 있습니다. ❷해당 창 상단에 텍스트로 작성된 날짜를 직접 타이핑하여 입력할 수도 있습니다.

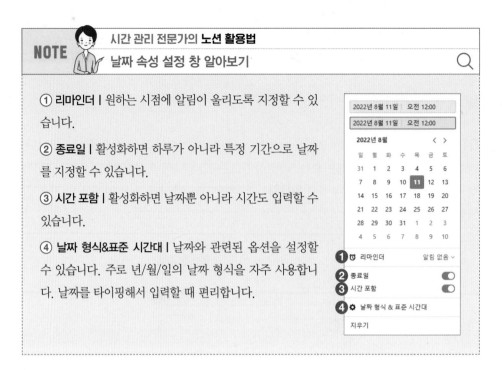

① **리마인더** | 원하는 시점에 알림이 울리도록 지정할 수 있습니다.

② **종료일** | 활성화하면 하루가 아니라 특정 기간으로 날짜를 지정할 수 있습니다.

③ **시간 포함** | 활성화하면 날짜뿐 아니라 시간도 입력할 수 있습니다.

④ **날짜 형식&표준 시간대** | 날짜와 관련된 옵션을 설정할 수 있습니다. 주로 년/월/일의 날짜 형식을 자주 사용합니다. 날짜를 타이핑해서 입력할 때 편리합니다.

URL 속성 추가하기

03 이번에는 책 정보를 확인할 수 있는 웹 사이트 주소를 추가해보겠습니다. ❶ URL 속성을 추가하고 속성 이름을 **책정보**로 변경합니다. ❷ 책정보 열에 속한 칸에 각각 도서 사이트 주소를 입력합니다. 입력된 링크를 클릭하면 해당 주소로 바로 이동합니다.

04 긴 URL 전체를 표시할 필요는 없습니다. ❶ [책정보]를 클릭하고 ❷ [열 줄바꿈]을 클릭하여 비활성화 합니다. 해당 기능을 비활성화하면 사용자가 지정한 속성의 너비만큼만 URL이 노출됩니다.

체크박스 속성 추가하기

05 마지막으로 체크박스 속성을 추가해보겠습니다. ❶ 체크박스 속성을 추가한 후 클릭합니다. ❷ 속성 이름으로 **추천여부**를 입력합니다.

데이터베이스에 데이터 입력하기

데이터베이스를 제대로 만들어서 사용하려면 아래와 같은 세 단계가 필요합니다.

1 데이터 관리 목적에 부합하는 속성을 설정합니다.

2 실제 사용할 데이터를 여러 개 생성해봅니다.

3 추가적으로 수정할 속성은 없는지 체크하고 반영합니다.

앞에서 데이터 관리에 필요한 속성을 전부 설정했으니 1단계는 완료했습니다. 하나의 주제를 담당하는 데이터 서랍 하나가 생긴 것입니다. 다음 단계로 샘플 데이터를 입력해보겠습니다.

데이터베이스에서 페이지 열기

속성만 설정된 데이터베이스의 각 행은 비어 있는 것처럼 보이나 사실 제목이 설정되지 않은 빈 페이지입니다. ❶ 제목 속성의 빈칸에 마우스 포인터를 위치시킵니다. ❷ 오른쪽에 [열기]가 나타나면 클릭합니다.

화면 오른쪽에 페이지 창이 열립니다. 데이터베이스 속성을 설정하면서 입력한 속성 값이 자동으로 입력되어 있습니다.

TIP 전체 화면으로 페이지를 보고 싶다면 좌측 상단의 [레이아웃] 메뉴를 클릭하고 [전체 페이지 보기]를 클릭합니다.

샘플 데이터 입력하기

페이지 창에 샘플 데이터를 입력해봅니다.

① '제목 없음'이 표시된 영역에 책의 제목을 입력합니다. 데이터베이스 내의 페이지 또한 일반 페이지와 마찬가지로 제목에 아이콘과 커버를 추가할 수 있습니다.

② 각 속성을 클릭하면 해당 속성의 내용을 입력하거나 수정할 수 있습니다. 페이지 내용을 고려하여 속성의 순서를 정렬합니다.

③ 속성 아래 영역은 일반 페이지와 마찬가지로 페이지 내용을 입력하는 공간입니다.

데이터베이스 속성 정리하기

샘플 데이터를 활용하여 데이터베이스 속성을 수정하고 정리합니다.

열 너비 조정하기

속성과 속성 사이에 마우스 포인터를 위치시키면 각 열의 너비를 조절할 수 있습니다. 체크박스 속성을 제외하고 각 열은 정해진 너비까지만 줄일 수 있습니다. 속성과 속성 사이를 더블클릭하면 열의 너비를 콘텐츠의 범위만큼 한번에 조정합니다.

속성 순서 변경하기

속성 이름을 클릭하고 좌우로 드래그하면 순서를 변경할 수 있습니다. 데이터베이스에서 어떤 속성부터 값을 입력할지 고려하여 순서를 조정합니다.

원하는 순서와 너비로 수정한 데이터베이스의 모습입니다.

데이터베이스에서 [모든 열 줄바꿈]을 활성화하면 행의 높이를 늘여서 내용을 모두 보여주고 비활성화하면 열의 너비만큼만 내용을 보여줍니다.

❶ 데이터베이스 오른쪽의 [⋯]를 클릭합니다. ❷ 보기 설정 메뉴에서 [레이아웃]을 클릭합니다. ❸ [모든 열 줄바꿈]을 활성화합니다.

모든 열 줄바꿈 기능은 표 데이터베이스에만 해당하는 기능입니다. 데이터베이스 전체에 일괄 적용할 수도 있지만 각 속성마다 줄바꿈할 수도 있습니다.

데이터
관리하기

데이터베이스를 더욱 편리하게 사용하기 위해 데이터를 효율적으로 관리하는 방법을 알아보겠습니다.

데이터베이스 속성 값 입력하기

표 데이터베이스에서는 페이지를 열지 않더라도 칸에서 값을 바로 입력할 수 있습니다. 한 개의 칸을 클릭한 후 Enter를 누르면 해당 칸이 선택됩니다. 키보드 방향키로 자유롭게 칸을 이동할 수 있으며 원하는 칸에서 Enter를 다시 누르면 값을 입력할 수 있는 상태가 됩니다.

데이터베이스에 데이터 빠르게 입력하기

데이터베이스에 새로운 데이터(페이지)를 추가하기 위해서는 [+새로 만들기]를 클릭해야 합니다. 또는 페이지를 추가하고 싶은 위치에서 Shift + Enter 를 누릅니다. 새로 만들어진 페이지는 하나의 행으로 나타납니다.

원하는 값을 복사하여 Shift 를 누른 채 여러 칸을 선택한 후 붙여넣기합니다.

데이터베이스에서 페이지 선택 및 관리하기

데이터베이스에서 하나의 값이 아니라 페이지 전체를 복제 또는 삭제하고 싶다면 칸
이 선택된 상태에서 Esc 를 눌러 해당 행을 선택합니다.

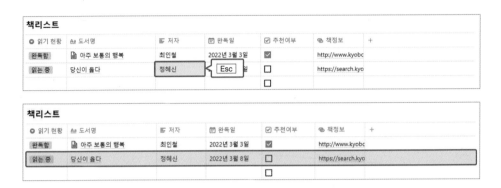

Ctrl + D 를 눌러 복제하거나 Delete 를 눌러 삭제할 수 있습니다.

블록을 다중 선택하였던 것처럼 Shift 를 누른 채 방향키를 이용해 여러 페이지를 한번
에 선택할 수 있습니다. Delete 를 누르면 선택된 여러 페이지가 한번에 삭제됩니다.

TIP 단축키로 활용할 수 있는 기능은 각 행의 핸들(⠿) 메뉴에서도 실행할 수 있습니다. 핸들 메뉴에서 해당 데이터(페이지)를 새 탭에서 열거나 다른 곳으로 옮길 수도 있습니다.

NOTE

시간 관리 전문가의 노션 활용법

여러 데이터를 한번에 관리하기

한 개의 데이터가 있는 행 앞에 마우스 포인터를 가져가면 체크 박스가 나타납니다. 클릭하면 데이터를 편집할 수 있는 메뉴가 나타납니다. 선택한 데이터를 삭제하거나 복제하는 기본 기능 외에도 특정 속성 값을 일괄 변경하는 기능이 있습니다. 여러 데이터를 일괄 수정할 때 활용해보세요.

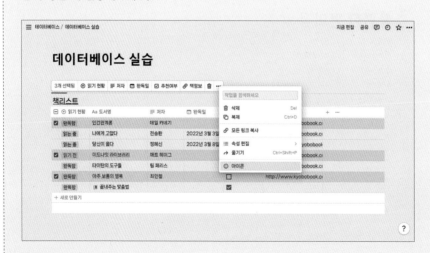

해당 페이지에 입력된 내용이 있다면 아이콘이 표시됩니다. 아래처럼 본문 내용이 입력된 페이지는 문서 모양의 기본 아이콘이 나타납니다. 나머지 페이지는 속성 값만 입력되어 있고 본문은 비어 있기 때문에 기본 아이콘이 나타나지 않습니다.

페이지 내용이 없어도 사용자가 임의로 아이콘을 지정했다면 아이콘이 표기됩니다.

데이터를 입력하는 다양한 방법

특정 데이터(페이지)를 데이터베이스 안으로 옮기거나 반대로 데이터베이스의 데이터를 데이터베이스 외부로 이동할 수도 있습니다.

데이터베이스에 데이터 넣고 빼기

개별 페이지로 만들어둔 데이터를 책리스트 데이터베이스 내부로 이동해보겠습니다. 옮기고 싶은 페이지를 원하는 위치 근처로 드래그합니다. 행 사이에 파란색 선이 나타나면 드롭합니다. 다른 페이지와 같은 레벨의 페이지로 이동하였습니다.

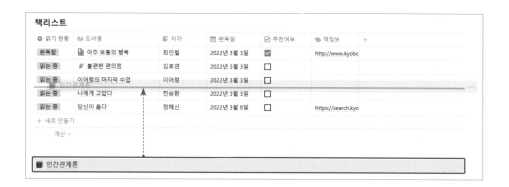

페이지의 아이콘까지 잘 반영되어 데이터베이스 안으로 이동되었습니다.

물론 페이지 본문에 입력한 내용도 함께 이동합니다. 대신 개별 페이지에는 해당 데이터베이스에 설정된 속성 값이 존재하지 않으므로 제목 속성 외의 다른 속성 값은 비워져 있습니다.

데이터베이스의 특정 페이지가 선택된 상태에서 페이지를 옮기면 선택된 페이지의 하위로 페이지가 이동합니다.

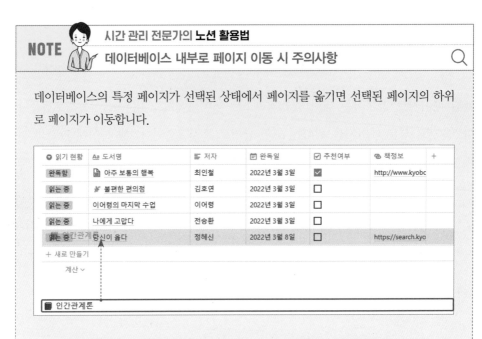

데이터베이스의 내부 페이지도 데이터베이스 외부로 꺼내거나 다른 데이터베이스로 옮길 수 있습니다. 이동하고 싶은 페이지의 핸들(⠿)을 드래그하여 원하는 위치로 드래그합니다.

외부로 옮겨진 페이지는 제목 속성 외의 다른 속성 값은 표시되지 않습니다. 해당 페이지를 원래의 데이터베이스 내부로 다시 이동하면 기존에 가지고 있던 속성을 기억했다가 다시 표시됩니다.

데이터베이스 간 데이터 이동하기

하나의 데이터베이스에서 다른 데이터베이스로 데이터를 이동해보겠습니다. 새롭게 만들어진 책리스트2 데이터베이스는 제목 속성 외 어떠한 속성도 설정되어 있지 않습니다.

책리스트1에서 책리스트2로 페이지를 드래그하여 이동합니다. 여러 페이지를 다중 선택해 한꺼번에 옮길 수도 있습니다. 여러 페이지도 행 사이의 파란색 선에 맞추어 드래그합니다.

책리스트 1

❖ 읽기 현황	⬚ 도서명	⬚ 저자	🗓 완독일	☑ 추천여부	◎ 책정보	+
완독함	📄 아주 보통의 행복	최인철	2022년 3월 3일	☑	http://www.kyobc	
읽는 중	이어령의 마지막 수업	이어령	2022년 3월 3일	☐		
읽는 중	📝 불편한 편의점	김호연	2022년 3월 3일	☐		
	▦ 인간관계론			☐		
읽는 중	나에게 고맙다	전승환	2022년 3월 3일	☐		
읽는 중	당신이 옳다	정혜신	2022년 3월 8일	☐	https://search.kyo	

+ 새로 만들기

계산 ∨

책리스트 2

⬚ 완독함	📄 아주 보통의 드래그 (놓기)	최인철	+	2022년 3월 3일	☑	http://www.kyobc
읽는 중	이어령의 마지막 수업	이어령		2022년 3월 3일	☐	
읽는 중	📝 불편한 편의점	김호연		2022년 3월 3일	☐	

페이지를 이동하면 기존 데이터베이스에서 가지고 있던 속성이 새로운 데이터베이스에 자동으로 생성됩니다.

책리스트 1

⚙ 읽기 현황	Aa 도서명	☰ 저자	📅 완독일	☑ 추천여부	☁ 책정보	+
	▪ 인간관계론			☐		
읽는 중	나에게 고맙다	전승환	2022년 3월 3일	☐		
읽는 중	당신이 옳다	정혜신	2022년 3월 8일	☐	https://search.kyo	

\+ 새로 만들기

계산 ∨

책리스트 2

Aa 이름	☰ 태그	📅 완독일	⚙ 읽기 현황	☰ 저자	☁ 책정보	☑ 추천여부	+
📄 아주 보통의 행복		2022년 3월 3일	완독함	최인철	http://www.kyobobook.co.kr/ product/detailViewKor.laf? ejkGb=KOR&mallGb=KOR&b arcode=9788954684200&ord erClick=LAG&Kc=#N	☑	
이어령의 마지막 수업		2022년 3월 3일	읽는 중	이어령		☐	
☃ 불편한 편의점		2022년 3월 3일	읽는 중	김호연		☐	

페이지를 이동하는 것만으로도 속성이 자동으로 설정됩니다. 비슷한 데이터베이스를 활용하여 새로운 데이터베이스를 만들 때 응용하면 편리합니다.

데이터베이스 템플릿 활용하기

데이터베이스를 만들어 페이지를 관리하면 자주 사용하는 서식을 템플릿으로 만들어 반복하여 사용할 수 있습니다. 예를 들어 책리스트 데이터베이스에서 페이지마다 도서 리뷰를 쓰고 싶다면 매번 양식을 직접 입력하는 대신 도서 리뷰 템플릿을 만들어 사용하면 편리합니다. 책리스트 데이터베이스에 적용할 템플릿을 만들어보겠습니다.

따라 하기 | 데이터베이스 템플릿 만들기

01 ❶ 데이터베이스 오른쪽 [새로 만들기]의 [⌄]를 클릭하면 템플릿 창이 나타납니다. ❷ [+ 새 템플릿]을 클릭합니다.

TIP 파란색으로 표시된 [새로 만들기]는 데이터베이스 템플릿 생성이 아니라, 해당 데이터베이스에 신규 데이터를 생성하는 버튼입니다. 데이터베이스 하단의 [+ 새로 만들기]와 같은 기능인 것입니다. 데이터베이스 내에 적용하는 템플릿 메뉴를 사용하기 위해서는 [새로 만들기] 옆에 있는 [⌄]를 클릭해야 하니 혼동하지 않도록 합니다.

02 ❶ 템플릿 제목에 **북리뷰용**을 입력합니다. ❷ 편리하게 편집하기 위해 [페이지로 열기]를 클릭하여 전체 화면으로 전환합니다.

03 ❶ 템플릿에 지정하고 싶은 아이콘과 커버를 추가하고 ❷ 해당 템플릿을 적용했을 때 자동으로 입력하고 싶은 속성을 입력합니다.

TIP 북리뷰용 페이지는 책을 읽기 시작한 후 생성하므로 '읽는 중' 태그를 설정하였습니다. 추천하고 싶은 책만 리뷰를 작성한다면 추천여부 속성에 미리 체크합니다.

04 ❶본문 영역에는 리뷰를 작성하기 위하여 공통적으로 필요한 질문 등을 입력합니다. ❷필요한 양식을 다 추가했다면 [뒤로]를 클릭하여 다시 데이터베이스로 돌아갑니다.

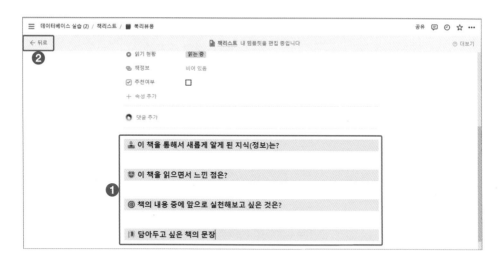

TIP 노션 페이지는 수정한 후 별도로 저장할 필요가 없습니다. 원하는 템플릿 양식이 완성되었으면 데이터베이스로 돌아갑니다.

05 리뷰를 작성하고 싶은 도서명에 마우스 포인터를 가져가 [열기]를 클릭하면 페이지가 열립니다. 본문 영역에서 앞서 생성한 템플릿 옵션이 보입니다. [북리뷰용]을 클릭합니다.

TIP 데이터베이스 설정에 따라 페이지가 오른쪽에서 열리거나 팝업으로 열릴 수 있습니다.

06 템플릿에 미리 지정했던 아이콘, 커버, 속성, 질문 등을 확인할 수 있습니다.

따라 하기 | 만든 템플릿 복제하기

01 기존 템플릿과 비슷한 템플릿을 만들고 싶다면 템플릿 복제 기능을 통해 빠르게 생성할 수 있습니다. ❶데이터베이스 오른쪽 [새로 만들기]의 [▾]를 클릭합니다. ❷템플릿 메뉴가 나타나면 복제하고 싶은 템플릿의 [⋯]를 클릭합니다. ❸템플릿 세부 메뉴에서 [복제]를 클릭합니다.

TIP 템플릿 메뉴에서 템플릿을 편집 또는 삭제할 수도 있습니다.

02 복제된 템플릿이 열립니다. 북리뷰용 템플릿에서 일부 내용만 수정해서 추천 도서용 북리뷰 템플릿을 생성해보겠습니다. ❶ 템플릿 제목을 **북리뷰용 – 추천 도서용**으로 수정하고 ❷ 추천여부 속성에 체크합니다.

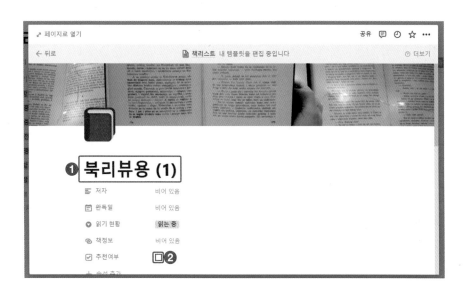

새로운 페이지를 추가해서 추천 도서용 템플릿을 적용해보겠습니다. 페이지 본문 영역의 템플릿 목록에서 [북리뷰용 – 추천 도서용]을 클릭하면 변형된 템플릿을 사용할 수 있습니다.

따라 하기 | 기본 템플릿 지정하기

01 데이터베이스의 모든 페이지마다 반복적으로 템플릿을 지정하는 대신 데이터베이스의 기본 템플릿을 지정할 수 있습니다. ❶ 데이터베이스 오른쪽 [새로 만들기]의 [⌄]를 클릭합니다. ❷ 기본 템플릿으로 지정하고 싶은 템플릿의 [⋯]를 클릭한 후 ❸[기본으로 설정]을 클릭합니다.

02 기본 템플릿 옵션 창이 나타납니다. 상황에 맞게 옵션을 선택합니다. 별도로 템플릿을 지정하지 않아도 새 페이지가 생성되면 바로 기본 템플릿이 적용됩니다.

TIP 기본 템플릿이 적용되지 않도록 변경하고 싶다면 템플릿 메뉴에서 [빈 페이지]를 클릭하여 기본으로 설정합니다.

CHAPTER 04 ⊘ SECTION 06

데이터베이스 필터/정렬 사용하기

데이터베이스에서 정렬과 필터는 매우 중요합니다. 원하는 속성을 기준으로 데이터를 정렬하고 필터할 수 있다면 노션의 데이터베이스를 훨씬 더 효율적으로 사용할 수 있습니다.

필터와 정렬 메뉴 알아보기

① 데이터베이스에 마우스 포인터를 가져가면 오른쪽 위에 [필터], [정렬] 메뉴가 표

시됩니다. 아무런 조건이 지정되어 있지 않으면 회색으로 표시되고 조건을 부여하면 파란색으로 표시됩니다.

② 데이터베이스 좌측 상단에서 필터 또는 정렬 조건을 확인할 수 있습니다. 각 조건을 클릭하면 삭제하거나 편집할 수 있습니다.

③ 조건을 부여하고 싶은 속성의 제목을 클릭하면 속성 메뉴에서 정렬(오름차순/내림차순)이나 필터를 선택하여 해당 속성에 바로 적용할 수 있습니다.

④ 데이터베이스의 [⋯] 메뉴를 통해 [필터], [정렬]을 설정할 수 있습니다. 여러 조건을 한번에 보거나 고급 필터를 사용하는 등 정렬과 필터를 세부적으로 설정할 수 있습니다.

따라 하기 | 정렬 기능 익히기

책리스트 데이터베이스에서 도서명을 가나다순으로 정렬해보겠습니다.

도서명으로 정렬하기

01 ❶ 데이터베이스의 [⋯]를 클릭하고 ❷ 보기 설정 메뉴에서 [정렬]을 클릭합니다.

02 정렬 기준으로 선택할 수 있는 속성 목록이 나타납니다. [도서명]을 클릭합니다.

TIP 속성의 개수가 많을 경우에는 하단의 [N개 더 보기]를 클릭하여 펼쳐줍니다.

03 데이터베이스가 도서명 속성을 기준으로 정렬됐습니다. ❶ 가나다순으로 정렬하고 싶다면 [오름차순], 반대를 원하면 [내림차순]으로 지정해줍니다. ❷ 정렬식을 제거하고 싶다면 오른쪽 [☒]를 클릭합니다.

⊙ 읽기 현황	Aa 도서명	📑 저자	📅 완독일	☑ 추천여부	👁 책정보
완독함	끝내주는 맞춤법			☑	
읽는 중	나에게 고맙다	전승환	2022년 3월 3일	☐	http://www.kyobo
읽는 중	당신이 옳다	정혜신	2022년 3월 8일	☑	https://search.kyob
읽기 전	미드나잇 라이브러리	매트 헤이그		☐	http://www.kyobo
읽는 중	습관의 재발견	스티븐 기즈		☑	http://www.kyobo
완독함	아주 보통의 행복	최인철		☐	http://www.kyobo
완독함	인간관계론	데일 카네기		☑	http://www.kyobo
완독함	타이탄의 도구들	팀 페리스		☐	http://www.kyobo

TIP [정렬 제거]를 클릭하면 모든 정렬을 삭제합니다.

추천여부 정렬 추가하기

04 추천여부를 기준으로 정렬한 후 도서명을 가나다순으로 정렬하도록 설정하겠습니다. [정렬 추가]를 클릭합니다.

05 속성 목록이 나타나면 [추천여부]를 클릭합니다.

06 정렬식이 추가되었습니다. 정렬식은 위의 기준부터 우선 적용됩니다. 추천여부 정렬식을 도서명 정렬식 위쪽으로 옮기겠습니다. 정렬식 앞의 핸들(⠿)을 드래그하여 순서를 변경합니다.

07 정렬식 순서가 변경됩니다. 체크 박스 속성 값을 오름차순으로 정렬하면 체크되지 않은 박스가 위쪽에 위치합니다. 내림차순으로 지정해줍니다.

선택 속성을 기준으로 정렬하기

08 추천여부 대신 읽기 현황을 기준으로 정렬해보겠습니다. ❶ 정렬식에서 추천여부 속성을 클릭합니다. ❷ [읽기 현황]을 클릭합니다.

09 읽기 현황을 오름차순으로 정렬합니다. 책이 여러 개의 속성을 기준으로 정렬되었습니다.

> **NOTE** 시간 관리 전문가의 **노션 활용법**
>
> 태그 속성의 정렬 순서
>
> 태그 속성의 정렬 순서는 가나다순이 아니라 태그 생성 순서를 따릅니다. 순서를 조정하고 싶다면 태그 선택 메뉴에서 핸들(⠿)을 드래그하여 변경합니다.

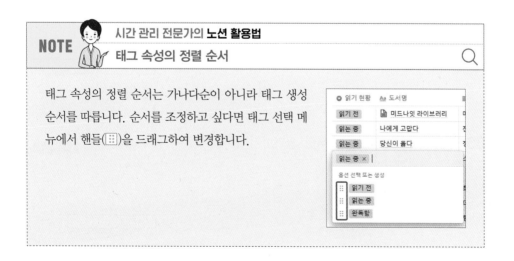

데이터베이스에서 관리하는 페이지가 많아지면 필터를 활용하여 특정 데이터만 찾아보는 것이 효율적입니다. 필터 기능은 정렬 기능과 사용 방식이 비슷합니다. 데이터베이스에서 추천 도서만 필터해보겠습니다.

추천여부 속성으로 필터하기

01 ❶데이터베이스의 [⋯]를 클릭하고 ❷[필터]를 클릭합니다.

02 필터로 선택할 수 있는 속성 목록이 나타납니다. [추천여부]를 클릭합니다.

03 추천도서로 체크된 데이터만 필터하기 위해 [체크 표시됨]을 클릭합니다.

04 추천여부에 체크 표시된 데이터만 필터했습니다. 필터 조건은 데이터베이스의 좌측 상단이나 화면 오른쪽에 표시됩니다.

필터가 적용된 상태에서 데이터 생성하기

05 추천여부에 체크된 페이지만 보여주도록 필터를 적용한 상태에서 데이터베이스에 새로운 페이지를 만들어보겠습니다. ❶[새로 만들기]를 클릭합니다. ❷생성된 페이지의 추천여부 속성이 이미 체크되어 있습니다.

NOTE 시간 관리 전문가의 **노션 활용법**

왜 필터가 적용된 상태에서 페이지를 만드나요?

필터가 적용된 상태에서 새로운 페이지를 생성하면 이미 적용된 필터 기준에 만족하는 데이터가 만들어집니다. 즉 원하는 속성 값을 자동으로 입력할 수 있습니다. 필터는 원하는 속성별로 데이터를 모아 보기 위해 사용하지만 특정 값이 자동으로 입력되도록 할 때도 유용하게 활용합니다.

필터 추가하기

06 추천 도서 중에서 다 읽은 책만 확인하기 위하여 필터를 추가해보겠습니다. ❶[+ 필터 추가]를 클릭합니다. ❷[읽기 현황]을 클릭합니다.

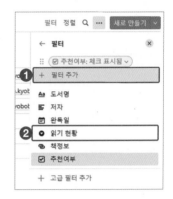

07 태그를 사용하는 속성을 필터로 선택하면 태그 선택 메뉴가 나타납니다. 여기서는 다 읽은 책을 표시하기 위해 [완독함]을 클릭합니다.

TIP 태그는 복수로 지정할 수 있습니다. 예를 들어 아직 다 읽지 못한 책만 필터하고 싶다면 [읽는 중]과 [읽기 전]을 선택합니다.

필터 지우기

08 추천여부 필터의 옵션을 지워보겠습니다. ❶[추천여부: 체크 표시됨]을 클릭합니다. ❷[지우기]를 클릭합니다.

09 해당 필터의 옵션이 삭제되고 속성 이름은 남아 있습니다.

10 ❶필터를 완전히 삭제하려면 필터 조건 메뉴 오른쪽의 [▥]를 클릭합니다. ❷[필터 제거]를 클릭합니다. 필터가 삭제됩니다.

TIP 고급 필터 기능은 261쪽에서 자세히 살펴보겠습니다. 여기서는 메뉴의 위치 정도만 기억해둡니다.

필터의 세부 조건 설정하기

11 특정 태그 값과 동일하지 않은 데이터나 태그 값이 비어 있는 데이터만 필터해보겠습니다. ❶태그를 [읽기 중], [읽기 전]으로 선택합니다. ❷태그 선택 메뉴에서 [값과 동일한 데이터]를 클릭합니다. ❸세부 옵션 메뉴에서 [값과 동일하지 않은 데이터]를 클릭합니다. 태그가 비어 있거나 '완독함'으로 선택된 데이터만 나타납니다.

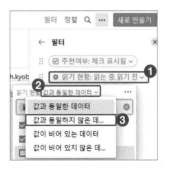

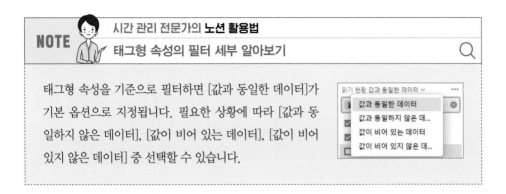

NOTE 시간 관리 전문가의 **노션 활용법**

태그형 속성의 필터 세부 알아보기

태그형 속성을 기준으로 필터하면 [값과 동일한 데이터]가 기본 옵션으로 지정됩니다. 필요한 상황에 따라 [값과 동일하지 않은 데이터], [값이 비어 있는 데이터], [값이 비어 있지 않은 데이터] 중 선택할 수 있습니다.

날짜 속성 필터 추가하기

12 이번에는 날짜 속성 필터를 추가하여 완독한 책인데, 완독일을 기입하지 않은 데이터를 필터해보겠습니다. 즉 읽기 현황이 '완독함'이면서 완독일이 비어 있는 데이터를 필터합니다. 필터 추가 메뉴에서 [완독일]을 클릭합니다.

13 날짜 속성 필터를 지정하는 달력 메뉴가 나타납니다. 메뉴 위쪽의 [날짜와 동일한 데이터]를 클릭합니다.

14 세부 옵션 메뉴가 나타나면 [값이 비어 있는 데이터]를 클릭합니다.

15 '읽기 현황'이 '완독함'이면서 '완독일'이 비어 있는 페이지를 필터했습니다.

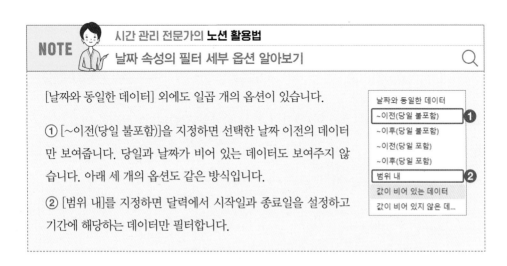

NOTE

시간 관리 전문가의 **노션 활용법**

날짜 속성의 필터 세부 옵션 알아보기 🔍

[날짜와 동일한 데이터] 외에도 일곱 개의 옵션이 있습니다.

① [~이전(당일 불포함)]을 지정하면 선택한 날짜 이전의 데이터 만 보여줍니다. 당일과 날짜가 비어 있는 데이터도 보여주지 않 습니다. 아래 세 개의 옵션도 같은 방식입니다.

② [범위 내]를 지정하면 달력에서 시작일과 종료일을 설정하고 기간에 해당하는 데이터만 필터합니다.

고급 필터 활용하기

앞에서 실습한 필터 기능과 필터 세부 옵션을 고급 필터에서 적용할 수 있습니다. 한 눈에 여러 조건을 확인할 수도 있어 여러 개의 속성에 필터를 적용할 때는 고급 필터 를 활용하면 유용합니다.

고급 필터의 생김새 알아보기

고급 필터를 사용하는 방법은 크게 두 가지입니다. 처음부터 고급 필터로 추가하는 방식과 일반 필터를 고급 필터로 변경하는 방식입니다. 먼저 첫 번째 방법을 통해 고급 필터의 생김새를 알아보겠습니다.

필터 추가 메뉴에서 [+ 고급 필터 추가]를 클릭합니다.

고급 필터 창이 나타납니다. 한 행이 조건식 하나와 같습니다. 필요한 만큼 조건식을 생성하고 관계(and /or)를 지정합니다.

고급 필터 설정 방법 알아보기

읽기 현황이 '완독함'이면서 추천여부가 체크된 페이지만 필터해보겠습니다. ❶ [+ 필터 규칙 추가]를 클릭하여 두 개의 조건식을 만들고 ❷ [및]으로 관계를 설정해줍니다.

[및]은 두 조건식을 모두 충족시킨 데이터만 필터한다는 의미입니다. [또는]은 두 조건식 중 하나만 만족시켜도 해당 데이터를 표시합니다.

[또는]을 쓰는 예시를 설명해보겠습니다. 완독한 도서를 모아 확인하기 위하여 두 가지 방법으로 필터할 수 있습니다. 읽기 현황이 '완독함'인 데이터 또는 완독일에 값이 입력된 데이터를 필터합니다. 다음과 같이 필터를 지정할 수 있습니다.

상대 일자 지정하기

고급 필터에서 날짜 속성을 지정하면 고급 필터 창에서 날짜를 지정할 수 있습니다. ❶ [사용자 지정 날짜]를 선택하고 ❷ [날짜 선택]을 클릭하여 달력에서 날짜를 지정합니다. ❸ 마지막으로 [날짜와 동일한 데이터]를 클릭하면 선택한 일자 기준으로 어떤 데이터를 필터할지 선택할 수 있습니다.

[사용자 지정 날짜]를 클릭하면 상대 일자를 지정할 수 있는 메뉴가 나타납니다. 오늘 일자를 기준으로 내일, 어제 등 해당 조건을 만족하는 일자를 계산해서 필터해줍니다.

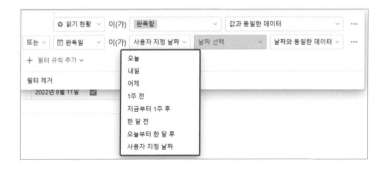

상대 일자를 지정하는 방법을 예를 들어 살펴보겠습니다. 오늘 날짜가 8월의 31일이고 한 달간 읽은 책 리스트를 확인하고 싶은 상황이라고 가정합니다. [사용자 지정 날짜]를 사용하여 필터를 적용한다면 아래와 같이 지정할 수 있습니다.

조건을 변경하지 않는 경우 9월 중순이 되면 이 필터 조건은 한 달이 아니라 한 달 반 안에 완독한 책을 필터합니다. 날짜가 바뀌어도 언제나 한 달 동안 읽은 책만 필터하고 싶다면 아래와 같이 상대 일자 조건을 변경합니다.

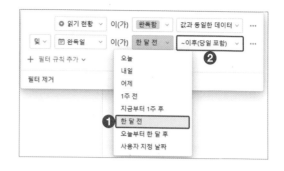

❶ 사용자 지정 날짜가 아닌 [한 달 전]을 클릭합니다. ❷ [~이후(당일포함)] 조건도 함께 지정합니다. 이제 날짜가 계속 바뀌어도 현재 날짜에서 한 달 전 데이터만 찾아줍니다.

필터 조건 그룹화하기

비슷한 조건식을 여러 개 만들어야 할 경우 조건식을 복제하거나 그룹화할 수 있습니다. ❶ 조건식 오른쪽의 [⋯]를 클릭하면 ❷ 조

건식 설정 메뉴가 나타납니다. [그룹으로 전환]을 클릭합니다. 고급 필터 창 안에 작은 박스가 표시됩니다.

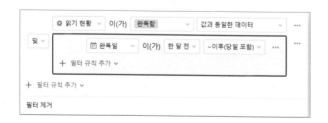

필터는 논리 구조를 잘 짜는 것이 가장 중요합니다. 필터 그룹을 살펴보겠습니다.

아래는 할 일(Task)을 관리하기 위해 만든 필터 그룹입니다. 데이터베이스의 많은 일 중 빠른 시일 내에 해야 하는 일만 확인하기 위해 만들었습니다.

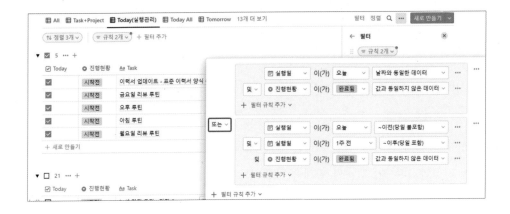

필터 그룹 두 개가 [또는] 조건으로 연결되어 있습니다. 위의 조건 그룹은 실행일이 오늘로 지정된 일 중에서 완료되지 않은 일을 보여주기 위한 조건입니다. 1주일 내에 완료하지 못한 일도 함께 보기 위해 아래의 조건 그룹을 추가하였습니다. 상대 일 자를 이용해서 오늘로부터 일주일 전 사이의 할 일 중에 완료가 되지 않은 일을 필터합니다.

NOTE 시간 관리 전문가의 **노션 활용법**
두 개의 그룹 필터를 한 개로 만들면 안되나요?

앞의 필터 그룹 두 개로 필터하는 데이터는 실행일을 1주 전부터 오늘까지로 설정하고 완료되지 않은 할 일만 필터한 결과와 같습니다. 하지만 필터를 그룹으로 나눠서 추가하면 새 데이터를 입력할 때 편리합니다. 만약 오늘 할 일을 입력할 때 실행일을 1주 전부터 오늘까지로 설정해둔 필터만 있으면 자동으로 원하는 날짜를 입력해서 데이터를 추가할 수 없습니다. 오늘 날짜 그룹과 1주일 기간의 그룹을 나눠서 필터 조건을 만들면 데이터를 생성할 때 오늘 날짜를 자동으로 붙여줍니다.

데이터베이스의 다양한 보기

노션 데이터베이스에서는 다양한 보기를 생성해서 같은 데이터베이스를 여러 방식으로 볼 수 있습니다. 데이터베이스 보기에는 크게 여섯 가지의 레이아웃이 있고, 이외에도 다양한 조건을 설정하여 보기를 생성할 수도 있습니다.

▲ 같은 데이터베이스를 다른 보기로 보는 예시 : 표 보기(위)와 갤러리 보기(아래)

데이터베이스 보기를 통해 데이터의 성격과 목적에 맞게 데이터베이스를 활용할 수 있습니다. 데이터베이스 보기 기능에서 설정하는 요소는 다음과 같습니다. 보기를 생성하고 설정 요소를 조합한 값을 지정해두면 계속해서 그 조건을 기억한 보기를 사용할 수 있어 매우 유용합니다.

설정 요소	설명
레이아웃	데이터베이스의 형태를 여섯 가지 중에서 선택할 수 있습니다. 선택한 레이아웃에 따라 설정 메뉴가 조금씩 달라집니다.
속성	어떤 속성을 표시하거나 숨기거나, 또는 배치 순서를 정리할 수 있습니다. 표 보기에서는 속성의 너비도 설정합니다.
정렬/필터	적용된 정렬/필터의 조건을 기억합니다.
그룹화	데이터를 묶어서 볼 수 있습니다. 필터나 정렬처럼 속성을 기준으로 설정합니다.

직원리스트 템플릿의 데이터베이스를 예로 들어 레이아웃부터 살펴보겠습니다. ❶ 데이터베이스 오른쪽 [⋯]를 클릭하고 ❷ [레이아웃]을 클릭합니다.

여섯 가지 레이아웃 중 현재 선택된 레이아웃이 파란색으로 표시됩니다. 다른 레이아웃을 클릭하면 데이터베이스의 형태가 바뀝니다. 각 레이아웃의 인터페이스와 메뉴, 특성을 살펴보겠습니다.

표 보기

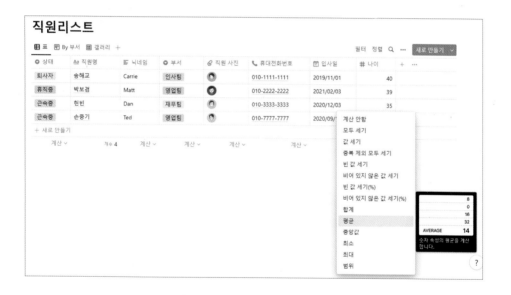

별도의 레이아웃을 지정하지 않고 [데이터베이스-인라인], 또는 [전체 페이지] 메뉴로 데이터베이스를 생성하면 기본적으로 표 보기가 설정됩니다. 표 보기는 데이터베이스의 속성을 한눈에 확인할 수 있고 많은 양의 데이터를 관리하기 편해 가장 많이 사용합니다. 또한 계산 기능을 사용할 수 있어 간략한 통계 값을 보기에도 편리합니다.

표 보기에는 두 가지 설정 메뉴가 있습니다.

① **모든 열 줄바꿈** | 속성 단위로 개별 줄바꿈하지 않고 모든 속성의 값을 줄바꿈합니다. 줄바꿈 기능은 표 보기에서만 사용할 수 있습니다.

② **페이지 보기 선택** | 페이지를 열었을 때 어떤 방식으로 볼 것인지 설정합니다. 세 가지 옵션 중 오른쪽에서 페이지 세부 내용을 볼 수 있는 [사이드 보기]를 가장 많이 사용합니다.

갤러리 보기

갤러리 보기는 한 개의 페이지를 하나의 카드로 표시합니다. 이미지를 중심으로 데이터를 보여줄 때 주로 사용합니다. 갤러리 보기와 같이 카드 형태의 보기를 사용하는 레이아웃에는 각 카드에 대한 설정 메뉴가 나타납니다.

① **카드 미리보기** | 카드 미리 보기 화면에서 어떤 내용을 보여줄지 선택합니다.

• **카드 사용 안함** : 카드를 사용하지 않습니다.

- **페이지 커버** : 페이지 커버로 선택한 이미지를 보여
  줍니다.
- **페이지 콘텐츠** : 페이지 내용을 노출합니다. 이미지
  가 있는 경우 가장 상단의 이미지를, 이미지가 없
  는 경우 상단 콘텐츠의 일부 내용을 보여줍니다.
- **파일** : 파일 속성의 이미지를 표시합니다. 샘플 데이
  터베이스에는 '직원 사진' 파일 속성을 만들어서 이미
  지를 넣어두었습니다.

② **카드 크기** | 카드 사이즈를 조정할 수 있습니다.

③ **이미지 맞추기** | 사진 이미지를 원본대로 보여줄지 또는 카드 크기에 맞출지 선택
할 수 있습니다.

보드 보기

보드 보기에서는 카드를 그룹으로 묶어서 보여줍니다. 직원리스트 템플릿의 데이터베
이스는 부서를 기준으로 묶어 보드 보기를 만들었습니다. 부서 태그마다 해당되는 데
이터(카드)를 그룹화하여 정렬합니다. 그룹화는 보통 태그 값이 붙어 있는 속성을 기준
으로 사용합니다.

데이터베이스에서 처음 보드 보기를 생성하면 데이터가 자동으로 그룹화됩니다. 보기 설정 메뉴에서 그룹화 메뉴가 부서 속성으로 지정되어 있는 것을 확인할 수 있습니다. 그룹화 기준을 변경하려면 먼저 [그룹화]를 클릭합니다.

TIP 보기 설정 메뉴는 데이터베이스 오른쪽 [☰]를 클릭하면 나타납니다.

그룹화 기준을 부서 속성에서 상태 속성으로 바꿔보겠습니다. [그룹화 기준]을 클릭합니다.

TIP 그룹화 메뉴에서는 빈 그룹을 숨기거나 각 그룹의 색을 지정할 수 있습니다. 표시되는 그룹의 순서는 태그 앞의 핸들(☰)을 드래그하여 조정할 수 있습니다.

데이터베이스의 속성 목록이 나타납니다. [상태]를 클릭합니다.

상태 속성 기준으로 카드를 보여줍니다.

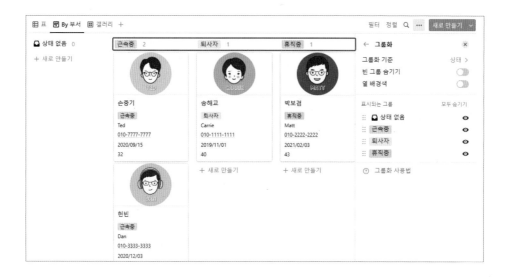

보드 보기를 활용하면 그룹화 기준이 되는 속성의 값을 편리하게 변경할 수 있습니다. 근속 중이던 사원이 휴직하는 경우 카드를 [휴직중] 태그로 드래그하여 부서 속성 값을 변경합니다.

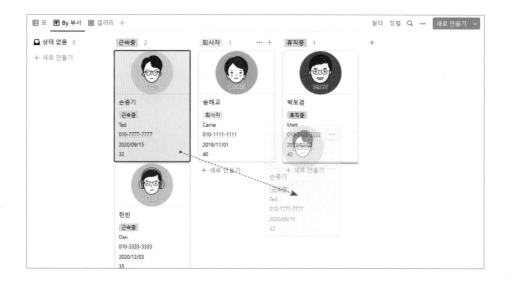

원하는 그룹 태그 밑에서 [+ 새로 만들기]를 클릭하면 해당 속성 값이 설정된 상태
로 데이터를 생성할 수 있습니다.

이번에는 하위 그룹을 설정해보겠습니다. 보기 설정 메
뉴에서 [하위 그룹화]를 클릭합니다.

❶ '나이'를 하위 그룹화의 기준으로 설정합니다. 그룹화
할 숫자 범위를 설정할 수 있습니다. ❷ 숫자 그룹 범위
를 설정하기 위해 [숫자별]을 클릭합니다.

나이에 맞게 범위를 변경합니다. '30대', '40대'와 같이
10살 단위로 숫자를 입력합니다.

❶ 상태 속성 아래에 나이 속성 기준으로 하위 그룹이 생성됩니다. '30부터 40까지'
그룹은 30에서 39까지의 나이 속성을 가진 카드를 보여줍니다. ❷ 하위 그룹화를 삭
제하고 싶다면 하위 그룹화 메뉴에서 [그룹화 제거]를 클릭합니다.

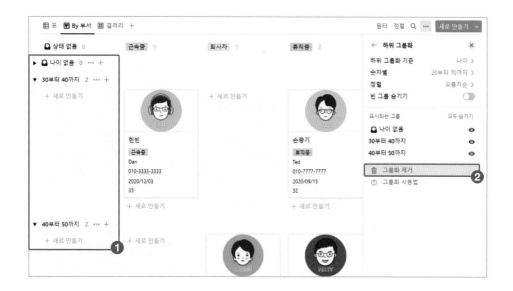

캘린더 보기

캘린더 보기를 사용하고 싶다면 데이터베이스 속성 중에 반드시 날짜 속성이 포함되
어 있어야 합니다. 회의록 템플릿 데이터베이스를 예시로 캘린더 보기를 만들어보겠
습니다.

레이아웃 메뉴에서 [캘린더]를 선택하면 데이터가 박스 형태로 표시된 캘린더가 나타납니다.

데이터베이스에 날짜 속성이 두 개 이상이라면 어떤 날짜 속성을 기준으로 캘린더에 표시할지 결정해야 합니다. 회의록 데이터베이스의 날짜 속성에는 회의일자 속성 외에도 작성일시 속성이 있습니다. 고려해야 하는 날짜 속성에는 생성 일시, 최종 편집 일시와 같이 자동으로 날짜를 지정해주는 속성도 포함됩니다.

날짜 기준을 설정하는 방법을 알아보겠습니다. 레이아 웃 메뉴에서 [캘린더 표시 기준 보기]가 회의일자 속성 으로 설정되어 있는 것을 확인할 수 있습니다. ❶ [캘 린더 표시 기준 보기]를 클릭합니다. ❷ 캘린더 기준으 로 지정할 수 있는 속성 목록에서 원하는 속성을 클릭 합니다.

특정 데이터의 날짜 속성 값을 변경하고 싶다면 박스를 원하는 날짜로 드래그하여 옮 겨줍니다.

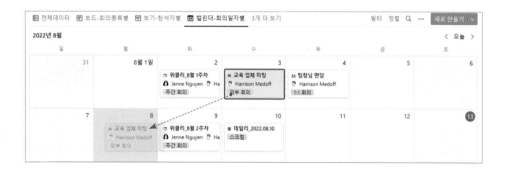

특정 날짜에 데이터를 추가하고 싶다면 해당 날짜에 마우스 포인터를 위치시키고 [➕]를 클릭합니다.

데이터베이스에서 날짜 속성 값이 비어 있는 페이지가 있다면 캘린더 오른쪽 위에 '날짜 없음(N)'이 표시됩니다. 괄호 안의 숫자는 데이터 개수입니다. ❶ [날짜 없음(1)]을 클릭하면 페이지 목록이 나타납니다. ❷ 목록의 페이지를 클릭합니다. ❸ 페이지가 캘린더에 오늘 날짜로 입력됩니다. 드래그하여 필요한 날짜로 이동합니다.

타임라인 보기

타임라인 보기는 시간의 흐름을 확인하고 싶을 때 유용합니다. 타임라인 보기도 캘린더 보기처럼 날짜 속성이 반드시 포함되어 있어야 합니다. 하나의 날짜만 사용할 수도 있지만 보통 시작일과 종료일을 설정하여 기간 단위로 사용하기 적합합니다.

공모전 관리 템플릿 데이터베이스를 예시로 타임라인 보기를 살펴보겠습니다. 시작일과 종료일이 있는 단위 기간으로 날짜 속성이 입력되어 있습니다.

공모전 관리

Aa 프로젝트명	상태	제출기간	
공모전 A	제출함	2022년 8월 1일 → 2022년 8월 6일	
공모전 B	작업중	2022년 8월 7일 → 2022년 8월 17일	
공모전 C	시작전	2022년 8월 12일 → 2022년 8월 15일	
공모전 D	시작전	2022년 8월 15일 → 2022년 8월 21일	
공모전 E	시작전	2022년 8월 18일 → 2022년 8월 29일	

+ 새로 만들기

계산 ∨   진행 중 1/5

레이아웃 메뉴에서 타임라인 보기로 변경하면 아래와 같이 시간 흐름이 나타납니다. 각 공모전 데이터를 제출 기간만큼 가로 박스 형태로 표시합니다.

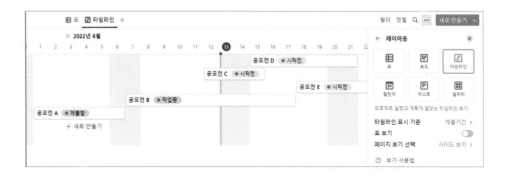

가로로 스크롤하여 시간대를 이동할 수 있습니다. 타임라인의 빨간색 세로 선은 오늘 일자를 표시합니다. 타임라인의 시간 단위를 변경하려면 오른쪽 위의 메뉴에서 선택합니다. [월]을 클릭하면 한 화면에 30일을 볼 수 있도록 설정할 수 있습니다.

타임라인을 주 단위로 바꾸면 공모전의 전체 일정이 한눈에 들어오지 않아 적합하지 않습니다. 타임라인 보기에서는 자신이 정리한 데이터 특성에 따라 적절한 단위를 설정해야 합니다.

타임라인 왼쪽에 속성의 정보를 표로 나타내면 데이터를 이해하기 훨씬 편합니다. ❶ 레이아웃 메뉴에서 [표 보기]를 활성화합니다. ❷ 왼쪽에 표 보기가 생성되고 해당 표에 어떤 속성을 표시할지 선택할 수 있습니다. ❸ [표 속성]을 클릭합니다.

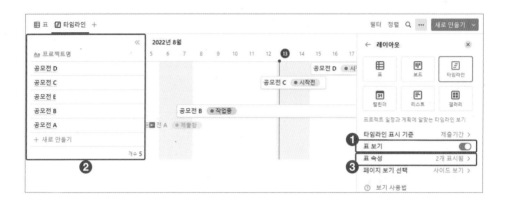

> **TIP** 여러 개의 날짜 속성이 있는 데이터베이스에서는 레이아웃 메뉴의 [타임라인 표시 기준]에서 어떤 속성을 기준으로 타임라인을 표시할 것인지 선택할 수 있습니다.

속성 메뉴에서 눈 아이콘(👁)을 클릭하면 해당 속성을 왼쪽 표에서 확인할 수 있습니다.

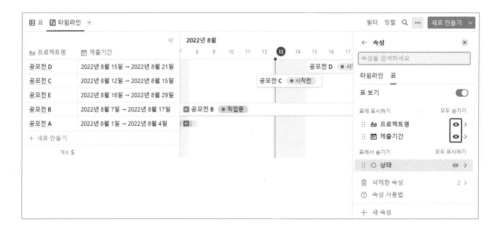

> **TIP** [타임라인] 탭에서 타임라인 박스에 표시하는 속성도 같은 방식으로 설정할 수 있습니다.

리스트 보기

리스트 보기는 제목 목록을 보여주는 레이아웃입니다. 다른 사람과 공유하기 위하여 만든 데이터베이스의 목차로 활용할 수 있습니다. 책리스트 템플릿 데이터베이스를 리스트 보기로 만들었습니다.

리스트 보기의 왼쪽에는 제목 속성을 표시하고 오른쪽에는 나머지 기타 속성을 표시합니다. 여기서는 제목과 완독일만 표시했습니다.

다른 속성을 더 표시하고 싶다면 데이터베이스 보기 설
정 메뉴에서 [속성]을 클릭합니다.

TIP 보기 설정 메뉴는 데이터베이스 오른쪽 [☰]를 클릭하면 나타납니다. 속성 메
뉴는 모든 보기에서 적용되는 기능입니다.

속성 메뉴가 나타나면 리스트에 표시할 속성의 눈 아
이콘(◉)을 클릭하여 활성화합니다. 필요한 경우에는
핸들(▦)을 드래그하여 순서를 조정합니다.

TIP 속성 메뉴에서는 속성 순서를 바꾸거나 속성 유형을 변경/삭제/복제/추가할
수 있습니다.

리스트 보기가 아래와 같이 변경되었습니다.

NOTE

시간 관리 전문가의 노션 활용법

삭제한 데이터베이스 속성을 다시 복구할 수 있어요! 🔍

데이터베이스 속성을 삭제하면 완전히 지워지지 않고 삭제한 속성이라는 목록에 저장됩니다. 휴지통과 같은 개념입니다. 속성 메뉴에서 [삭제한 속성]을 클릭하면 삭제한 속성의 목록이 나타납니다. 되돌리기 화살표 아이콘을 클릭하면 다시 복원할 수 있습니다. 휴지통 아이콘을 클릭하면 해당 속성을 완전히 삭제합니다.

나만의 데이터베이스 보기 만들기

데이터베이스 보기를 자신의 목적에 맞게 만들어 사용하는 방법을 알아보겠습니다.

데이터베이스 보기를 생성하려면 다음과 같은 단계를 진행해야 합니다.

1 데이터베이스 레이아웃 고르기

2 속성 관리하기

3 정렬/필터 조건 부여하기

4 그룹화 설정하기

따라 하기 | 조건에 맞는 데이터베이스 보기 만들기

직원리스트 템플릿 데이터베이스를 활용하여 다음과 같은 조건을 만족하는 데이터베이스 보기를 만들어보겠습니다.

데이터베이스 보기 추가하기

01 ❶데이터베이스 제목 밑에서 데이터베이스 보기 목록을 확인할 수 있습니다. ❷보기 목록 오른쪽의 [➕]를 클릭합니다.

직원리스트

❶ ⊞ 표 ▥ By 부서 ⊞ 갤러리 ➕ ❷

◎ 상태	Ⓐⓐ 직원명	🖹 닉네임	◎ 부서	🖉 직원 사진	📞 휴대전화번호	🗓 입사일	# 나이	+ ...
퇴사자	송해교	Carrie	인사팀	👤	010-1111-1111	2019/11/01	40	
휴직중	박보겸	Matt	영업팀	👤	010-2222-2222	2021/02/03	43	
근속중	헌빈	Dan	재무팀	👤	010-3333-3333	2020/12/03	35	
휴직중	손중기	Ted	영업팀	👤	010-7777-7777	2020/09/15	32	

+ 새로 만들기

| 계산 ∨ | 개수 4 | | 비어 있음 0 | 비어 있음 0 | 최근 2년 전 | 평균 37.5 |

데이터베이스 레이아웃 선택하기

02 데이터베이스 오른쪽에 새 보기 메뉴가 나타납니다. ❶보기 제목으로 **근속직원보기**를 입력합니다. ❷데이터베이스에 직원 사진을 표시하기 위해 [갤러리]를 클릭합니다. ❸아래에 갤러리 레이아웃의 세부 메뉴가 나타납니다.

TIP 데이터베이스 보기 이름 앞에는 레이아웃마다 아이콘이 붙습니다. 따라서 보기 이름은 레이아웃 이름이 아니라, 내가 무엇을 파악하고자 해당 보기를 만들었는지 명확히 인식할 수 있도록 작성합니다.

TIP 보드 보기도 이미지를 표시하지만 그룹화해서 볼 필요가 없다면 갤러리 보기를 선택합니다.

03 ❶ [카드 미리보기]는 직원 사진으로, [카드 크기]는 작게, [이미지 맞추기]는 활성화합니다. [페이지 보기 선택]은 사이드 보기로 지정해줍니다. ❷ 필요한 설정을 모두 마치면 [완료]를 클릭합니다.

TIP 갤러리 보기에서 [페이지 보기 선택]은 중앙에서 보기가 기본으로 설정됩니다.

속성 관리하기

04 이어서 보기 설정 메뉴가 나타납니다. 속성, 정렬, 필터, 그룹화 등을 설정할 수 있습니다. 먼저 [속성]을 클릭합니다.

05 갤러리 보기로 만든 카드에 필요한 속성을 설정해보겠습니다. ❶눈 아이콘(👁)을 클릭하여 원하는 속성을 활성화합니다. ❷핸들(⠿)을 드래그해서 원하는 순서로 배치합니다.

TIP 다음 단계에서 근속 중인 직원만 볼 수 있도록 필터를 적용할 예정이므로 상태 속성은 표시하지 않습니다.

정렬/필터 조건 부여하기

06 필터를 설정해보겠습니다. ❶데이터베이스 오른쪽 [⋯]를 클릭합니다. ❷보기 설정 메뉴에서 [필터]를 클릭합니다.

TIP 필터는 해당 보기에서 어떤 데이터 값만을 노출시켜줄지 결정하는 것으로, 보기의 성격을 규정짓는 가장 중요한 요소입니다.

07 필터로 선택할 수 있는 속성 목록이 나타납니다. [상태]를 클릭합니다.

08 [근속중]을 클릭합니다. 조건에 맞는 데이터가 왼쪽에 바로 표시됩니다.

09 표시된 데이터를 입사일 기준으로 정렬해보겠습니다. ❶데이터베이스 오른쪽 [정렬]을 클릭하고 ❷[입사일]을 클릭합니다.

10 ❶ 데이터베이스 왼쪽 상단에 [입사일]을 클릭합니다. ❷ 최근 입사자 순서로 정렬하려면 [내림차순]으로 설정합니다.

그룹화 설정하기

11 데이터가 많다면 그룹으로 묶어 데이터를 정리할 수 있습니다. 부서별로 그룹을 만들어보겠습니다. ❶ 데이터베이스 오른쪽 [⋯]를 클릭하고 ❷ 보기 설정 메뉴에서 [그룹화]를 클릭합니다.

12 선택할 수 있는 속성 목록이 나타납니다. ❶ [부서]를 클릭합니다. ❷ 그룹화 메뉴에서 눈 아이콘(👁)을 클릭하여 원하는 부서를 표시하고 ❸ 핸들(⠿)을 드래그하여 표시 순서를 변경합니다.

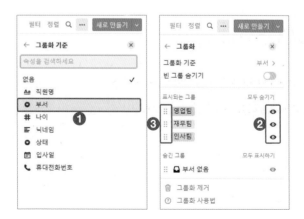

13 '근속직원보기'라는 이름으로 새로운 보기를 생성했습니다.

'근속직원보기'를 생성하기 위해 다음과 같은 작업을 진행하였습니다.

> **1** 갤러리 보기로 직원 사진, 직원 정보와 관련된 속성을 표시합니다. 카드를 클릭하면 화면 오른쪽에 페이지가 나타납니다.
> **2** 근속 중인 직원만 표시하도록 필터하고 최근 입사 일자 순서로 정렬합니다.
> **3** 부서별로 그룹을 지정합니다.

보기를 추가하면서 자신이 만든 데이터베이스를 효율적으로 관리하고 활용할 수 있는 역량을 키울 수 있습니다.

따라 하기 | 데이터베이스 보기 복제 및 편집하기

데이터베이스 보기를 복제해서 새로운 보기를 만들고 싶다면 가장 비슷한 기존 보기를 복제한 후 수정합니다. 근속 중인 직원만 표시하는 보기를 이용하여 근속 중이 아닌 직원만 표시하는 보기를 만들어보겠습니다.

데이터베이스 보기 복제하기

01 ❶데이터베이스 보기 목록에서 [근속
직원보기]를 클릭하고 ❷[복제]를 클릭합
니다.

TIP 새로운 보기를 생성할 때는 새로 만들고자 하는 보기와
비슷한 요소를 가지고 있는 기존 보기를 복제합니다. 그런 다음
필요한 값만 바꾸어 사용하면 더욱 효율적으로 보기를 생성할
수 있습니다.

02 데이터베이스 오른쪽에 보기 설정 메뉴가 나타납니
다. ❶보기 이름으로 **근속중X**를 입력합니다. 기존 [근속
직원보기]에서 변경할 설정이 없다면 필터 설정만 수정합
니다. ❷[필터]를 클릭합니다.

03 ❶필터 메뉴에서
[상태: 근속중]을 클릭합
니다. ❷태그 메뉴에서
[근속중]의 체크를 해제
하고 ❸[휴직중]과 [퇴
사자]에 체크합니다.

TIP [근속중]을 선택한 상태에서 태그 조건을 [값과 동일하지 않은 데이터]로 설정해도 결
과는 동일합니다.

04 근속 중이 아닌 직원은 휴직 중인 직원과 퇴사자로 나뉘므로 상태 속성을 표시해야 합니다. 속성 메뉴에서 [상태]의 눈 모양 아이콘(◉)을 클릭하여 활성화합니다.

복제한 데이터베이스 보기 편집하기

05 근속중× 보기를 보드 레이아웃으로 바꿔보겠습니다. ❶[근속중×]를 클릭하고 ❷ [보기 편집]을 클릭합니다. ❸오른쪽에 보기 설정 메뉴가 나타나면 [레이아웃]을 클릭합니다.

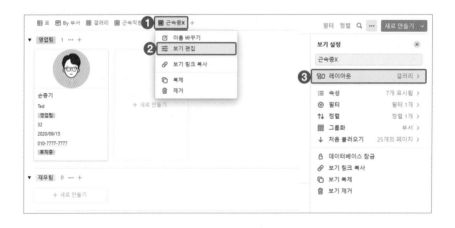

06 ❶레이아웃 메뉴에서 [보드]를 클릭합니다. ❷기존에 지정한 부서 속성은 하위 그룹으로 변경되고 ❸상태 속성을 기준으로 그룹이 지정되어 표시됩니다.

07 ❶하위 그룹화를 삭제하고 싶다면 보기 설정 메뉴에서 [하위 그룹화]를 클릭하고 ❷[그룹화 제거]를 클릭합니다.

08 속성 메뉴에서 눈 모양 아이콘(👁)을 클릭하여 추가로 표시하고 싶은 속성을 활성화합니다.

09 레이아웃 메뉴에서 카드와 관련된 옵션을 원하는 대로 설정합니다.

10 근속 중이거나 상태가 없는 그룹은 숨기겠습니다. ❶숨길 그룹의 [⋯]를 클릭하고 ❷[숨기기]를 클릭합니다.

11 그룹 카드를 드래그하여 순서를 조정합니다. 보드 보기가 완성됩니다.

데이터베이스 보기 삭제 및 순서 조정하기

속성이 다양한 데이터베이스는 보기를 많이 만들어 활용합니다. Life Management System 템플릿의 Task_Master* 데이터베이스에도 다양한 보기가 있습니다. 데이터베이스 보기가 많을 때는 화면에 보이지 않는 보기를 'N개 더 보기'로 표시해줍니다.

클릭하면 모든 보기 목록이 나타납니다. ❶ 보기 이름 오른쪽의 [•••]를 클릭하고 ❷ 세부 메뉴에서 보기를 제거할 수 있습니다.

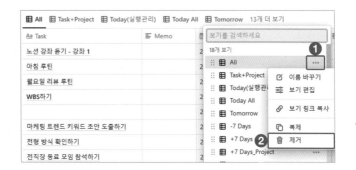

자주 보는 보기는 앞쪽에 꺼내 두는 것이 편리합니다. 보기 이름 앞의 핸들(▦)을 드래그하여 원하는 순서로 조정합니다.

이미 앞쪽에 있는 보기의 순서를 변경하려면 해당 보기 이름을 좌우로 드래그합니다.

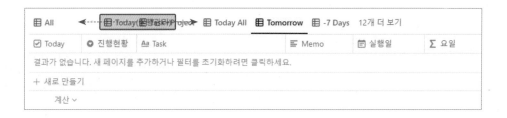

지금까지 데이터베이스 보기 기능과 활용 방법을 살펴보았습니다. 보기 기능은 데이터베이스를 내가 원하는 대로 보여줄 수 있어 데이터를 효율적으로 관리할 수 있게 돕는 유용한 기능입니다. 예제를 따라 하면서 자신의 상황에 필요한 보기를 생성하여 잘 활용해봅니다.

CHAPTER 04 ⊘ SECTION 09

데이터베이스 레벨 업 링크된 데이터베이스

지금부터는 노션 실력을 더욱 높이기 위한 데이터베이스의 고급 기능을 살펴보겠습니다. 앞서 소개한 인생 관리 시스템(Life Management System)에서 사용하는 기능 위주로 익혀보겠습니다.

링크된 데이터베이스 알아보기

원본과 똑같은 데이터베이스를 다른 페이지에서 링크된 데이터베이스로 삽입할 수 있습니다. 링크된 데이터베이스 보기를 사용하면 한 개의 데이터베이스를 여러 페이지에서 보면서 활용할 수 있고, 링크된 데이터베이스에서 데이터를 수정하면 원본 데이터베이스에 실시간으로 동기화됩니다. 링크된 데이터베이스 기능을 활용하면 원하는 페이지에 원하는 보기로 데이터베이스를 불러올 수 있습니다.

회사의 회의록 데이터베이스에서 직원마다 자신이 참석한 회의록만 확인할 수 있도록 보기를 만들었다고 가정해보겠습니다. 회사에서 함께 쓰는 데이터베이스이므로 직원별 보기가 모두 추가되면 관리가 어려울 수 있습니다. 이때 링크된 데이터베이스 기능으로 다른 페이지에서 회의록 데이터베이스를 불러와 내가 원하는 보기를 따로 만들 수 있습니다. 또한 한 페이지에 회의록뿐만 아니라 다른 데이터베이스를 불러와 필요한 데이터를 한번에 확인할 수 있습니다.

따라 하기 | 링크된 데이터베이스 보기 만들기

업무 관리 공간을 만들어서 주로 사용하는 데이터를 모아서 관리하려고 합니다. 업무 관리 공간 템플릿을 활용하여 페이지에 링크된 데이터베이스를 가져오겠습니다.

01 먼저 팀 회의록 데이터베이스를 불러오겠습니다. ❶ 원하는 위치에 마우스 포인터를 위치시키고 **/링**을 입력합니다. ❷ [링크된 데이터베이스 보기]를 클릭합니다.

02 화면 오른쪽에 기존 데이터베이스 선택 메뉴가 나타납니다. 기존 데이터베이스 목록 중 어떤 데이터베이스를 링크된 데이터베이스로 가지고 올 것인지 선택하면 됩니다. 여기서는 [팀_회의록]을 클릭합니다.

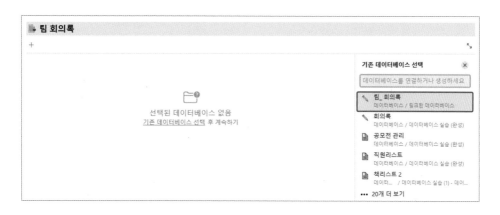

TIP 데이터베이스 목록의 이름 아래에 해당 데이터베이스의 위치가 회색으로 표시됩니다. 목록에서 데이터베이스 이름이 보이지 않으면 검색해서 찾을 수도 있습니다.

03 왼쪽에 데이터베이스가 삽입되고 오른쪽에 기존 보기 복사 메뉴가 나타납니다. 원본 데이터베이스에 생성된 보기 중에서 복사할 보기를 선택합니다. [전체데이터]를 클릭합니다.

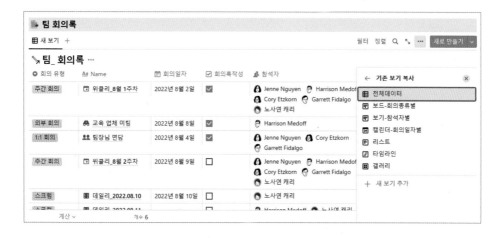

TIP 이후에 보기를 추가하더라도 전체 데이터를 볼 수 있는 보기를 먼저 복사하는 것을 추천합니다.

04 복사한 보기를 수정할 수 있도록 보기 설정 메뉴가
나타납니다. 변경하고 싶은 설정이 없다면 [×]를 클릭하
여 메뉴를 닫습니다.

05 업무 관리 공간 페이지에 팀 회의록을 가져왔습니다. 링크된 데이터베이스는 제목
에 오른쪽 위를 향하는 대각선 화살표가 붙어 있습니다. 제목을 클릭하면 원본 데이터베
이스로 이동합니다.

따라 하기 | 링크된 데이터베이스에 새 보기 만들기

업무 관리 공간 페이지에 가져온 링크된 데이터베이스에 원하는 보기를 추가하겠습니다.

01 팀 회의록 데이터베이스에서 내가 참석한 회의만 볼 수 있는 보기를 만들어보겠습니다. ❶보기 목록 오른쪽의 [＋]를 클릭합니다. ❷오른쪽에 기존 데이터베이스 선택 메뉴가 나타납니다. [팀_회의록]을 클릭합니다.

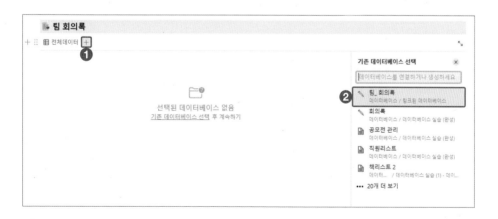

TIP 링크된 데이터베이스의 보기를 다른 데이터베이스에서도 가지고 올 수 있습니다. 즉, 링크된 데이터베이스 내에 여러 개의 데이터베이스에서 가져온 보기를 모아놓는 개념입니다.

02 기존 보기 복사 메뉴가 나타나면 [+ 새 보기 추가]를 클릭합니다.

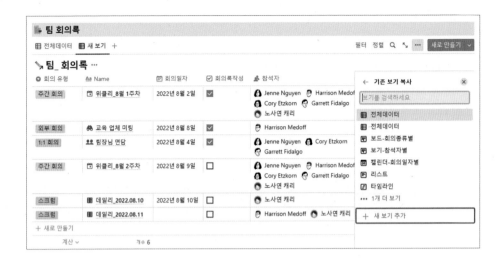

TIP 원본 데이터베이스에 이미 생성된 보기를 여러 개 가져올 수 있습니다.

03 ❶새 보기 메뉴에서 보기 이름으로 **My Meeting**을 입력합니다. ❷[표]를 클릭합니다.

TIP [데이터베이스 제목 표시]를 비활성화하면 제목이 표시되지 않아 데이터베이스를 깔끔하게 볼 수 있습니다.

04 내가 참석한 회의만 보도록 필터를 추가하겠습니다. ❶보기 설정 메뉴에서 [필터]를 클릭하고 ❷필터 추가 메뉴에서 필터할 속성으로 [참석자]를 클릭합니다.

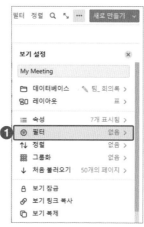

05 ❶필터 세부 메뉴에서 조건을 [사용자를 포함하는 데이터]로 선택하고 ❷필터할 참석자를 클릭합니다.

06 내가 참석한 회의만 보이는 My Meeting 보기가 추가됐습니다. 이제부터는 회의록을 작성하기 위해 굳이 원본 데이터베이스로 이동하지 않아도 나만의 업무 관리 공간에서 편리하게 작성할 수 있습니다.

링크된 데이터베이스의 데이터는 원본 데이터베이스와 동기화되지만 보기는 동기화되지 않습니다. 앞에서 링크된 데이터베이스에 추가한 My Meeting 보기는 원본 데이터베이스인 팀_회의록 데이터베이스에는 추가되지 않았습니다.

링크된 데이터베이스에 원본의 보기는 복사할 수 있지만 반대는 불가능합니다. 원본에도 새로 만든 보기를 보관하고 싶다면 먼저 원본 데이터베이스에서 보기를 만들고 링크된 데이터베이스에서 가져오는 것이 좋습니다.

따라 하기 | 링크된 데이터베이스 보기 기능 활용하기

링크된 데이터베이스는 한 페이지에 여러 데이터베이스를 확인할 때 자주 활용합니다. 나의 업무 관리 공간 페이지에서 회의록 데이터베이스 아래에 To do list 데이터베이스를 불러오겠습니다.

01 [/] 메뉴에서 링크된 데이터베이스를 삽입하고 기존 데이터베이스 선택 메뉴에서 [To do list]를 클릭합니다.

02 기존 보기 복사 메뉴에서 [표]를 클릭합니다.

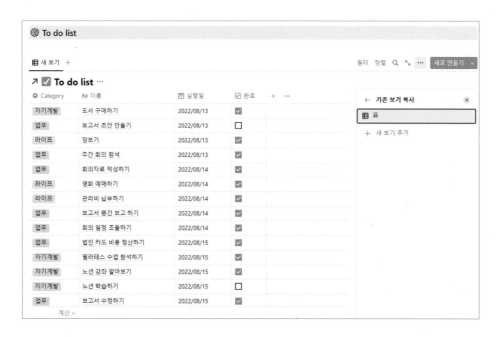

TIP 기존 보기를 가져오지 않고 새 보기를 추가해도 됩니다.

03 실행일이 오늘 기준으로 일주일 이내인 데이터만 필터하는 보기를 생성하겠습니다. ❶ 보기 설정 메뉴에서 보기 이름으로 **+1주일업무**를 입력합니다. ❷ [필터]를 클릭하고 ❸ 필터 추가 메뉴에서 [+ 고급 필터 추가]를 클릭합니다.

04 고급 필터 창에서 다음과 같이 필터 규칙을 만들어 조건을 지정해줍니다.

05 일주일 동안의 할 일을 관리하는 데이터베이스 보기가 완성됩니다.

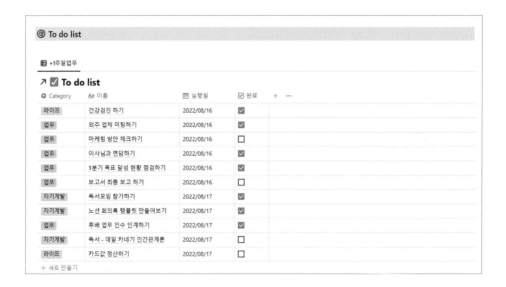

링크된 데이터베이스로 업무 관리 공간 페이지를 완성했습니다. 한 페이지 안에서 회사에서 내가 참석한 회의 회의록과 앞으로 일주일간 할 일을 함께 확인할 수 있습니다. 링크된 데이터베이스 보기를 활용하여 자신만의 대시보드 페이지를 구성해봅니다.

링크된 데이터베이스 기능은 결국 데이터베이스 보기가 핵심입니다. 다양한 설정을 통해 원하는 보기를 잘 만들어야 합니다. 자신의 데이터를 목적에 맞게 여러 요소를 조합하여 데이터베이스 보기를 잘 만들 수 있다면, 원하는 페이지에서 필요한 데이터베이스를 링크된 데이터베이스로 가지고 와서 나만의 Dashboard를 세팅할 수 있습니다.

데이터베이스 레벨 업 관계형/롤업

관계형/롤업 속성 이해하기

데이터베이스 속성 중 관계형 속성과 롤업 속성은 주로 함께 사용합니다. 관계형 속성은 두 개 이상의 데이터베이스를 연결하는 기능이고, 롤업 속성은 연결된 데이터베이스에서 값을 불러와 계산하는 기능입니다. 따라서 관계형 속성으로 데이터베이스가 먼저 연결되어 있어야 롤업 속성을 사용할 수 있습니다.

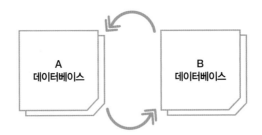

A
데이터베이스

B
데이터베이스

- **관계형** | 두 데이터베이스를 연결
- **롤업** | 연결된 데이터베이스에서 특정 값을 가져와 계산

관계형/롤업 속성 예시 살펴보기

직원 명단 데이터베이스와 부서 데이터베이스를 관계형 속성으로 연결하고 롤업 속성으로 계산하는 예시를 살펴보겠습니다. 다음은 연결하기 전 각각의 데이터베이스입니다.

명단 데이터베이스에 선택 속성을 만들어서 부서를 태그 값으로 입력할 수도 있습니다. 하지만 부서별 평균 직원 연령이나 부서별 차량 보유 대수 등의 값을 계산하고

싶다면 다음과 같이 명단과 부서 데이터베이스를 관계형 속성으로 연결한 후 롤업 속성으로 값을 계산해야 합니다.

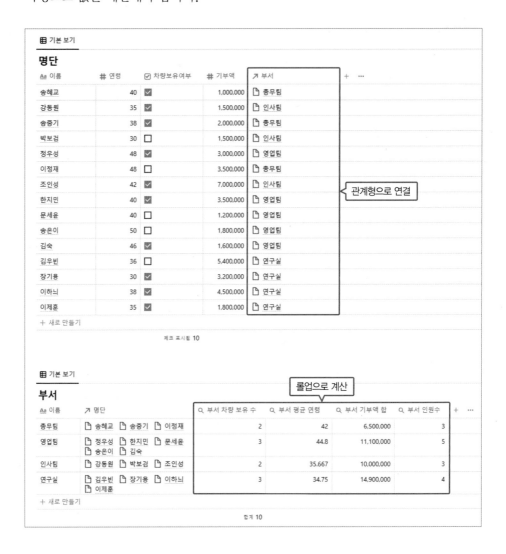

관계형 속성의 이름 앞에 오른쪽 위를 향하는 대각선 화살표가 표시됩니다. 롤업 속성의 이름 앞에는 돋보기 아이콘이 표시됩니다. 부서 데이터베이스에서는 롤업 속성으로 계산한 여러 가지 값을 확인할 수 있습니다. 다음은 관계형 속성과 롤업 속성을 활용해서 만든 독서 관리 데이터베이스입니다.

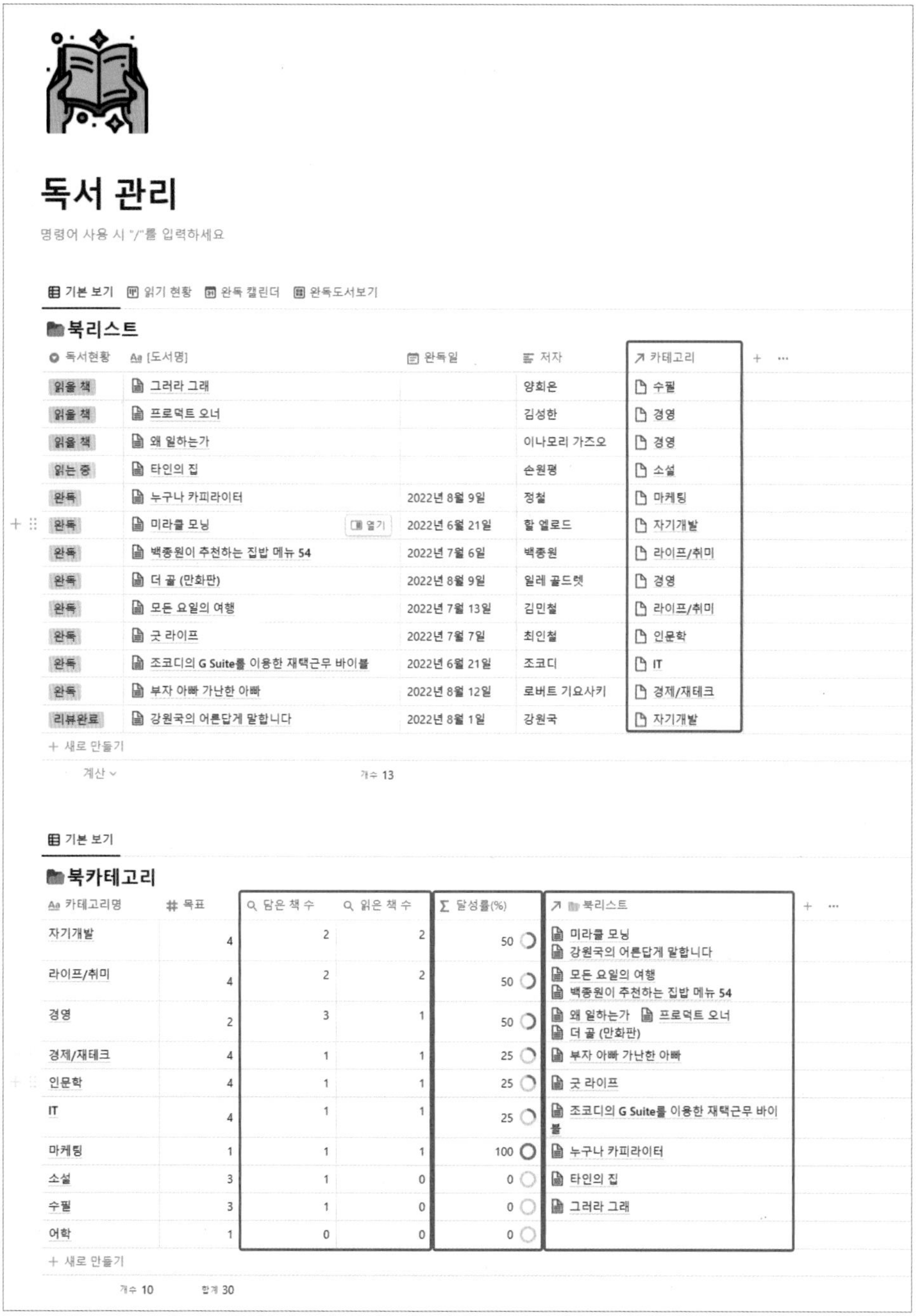

독서 관리

명령어 사용 시 "/"를 입력하세요

⊞ 기본 보기   �️ 읽기 현황   🗓 완독 캘린더   ✅ 완독도서보기

📁 북리스트

◎ 독서현황	Aa [도서명]	🗓 완독일	☰ 저자	↗ 카테고리	+ ⋯
읽을 책	📄 그러라 그래		양희은	📄 수필	
읽을 책	📄 프로덕트 오너		김성한	📄 경영	
읽을 책	📄 왜 일하는가		이나모리 가즈오	📄 경영	
읽는 중	📄 타인의 집		손원평	📄 소설	
완독	📄 누구나 카피라이터	2022년 8월 9일	정철	📄 마케팅	
완독	📄 미라클 모닝 [□ 열기]	2022년 6월 21일	할 엘로드	📄 자기개발	
완독	📄 백종원이 추천하는 집밥 메뉴 54	2022년 7월 6일	백종원	📄 라이프/취미	
완독	📄 더 골 (만화판)	2022년 8월 9일	일레 골드랫	📄 경영	
완독	📄 모든 요일의 여행	2022년 7월 13일	김민철	📄 라이프/취미	
완독	📄 굿 라이프	2022년 7월 7일	최인철	📄 인문학	
완독	📄 조코디의 G Suite를 이용한 재택근무 바이블	2022년 6월 21일	조코디	📄 IT	
완독	📄 부자 아빠 가난한 아빠	2022년 8월 12일	로버트 기요사키	📄 경제/재테크	
리뷰완료	📄 강원국의 어른답게 말합니다	2022년 8월 1일	강원국	📄 자기개발	

+ 새로 만들기

계산 ⌄   개수 13

⊞ 기본 보기

📁 북카테고리

Aa 카테고리명	# 목표	Q 담은 책 수	Q 읽은 책 수	Σ 달성률(%)	↗ 📁 북리스트	+ ⋯
자기개발	4	2	2	50 ◯	📄 미라클 모닝 📄 강원국의 어른답게 말합니다	
라이프/취미	4	2	2	50 ◯	📄 모든 요일의 여행 📄 백종원이 추천하는 집밥 메뉴 54	
경영	2	3	1	50 ◯	📄 왜 일하는가 📄 프로덕트 오너 📄 더 골 (만화판)	
경제/재테크	4	1	1	25 ◯	📄 부자 아빠 가난한 아빠	
인문학	4	1	1	25 ◯	📄 굿 라이프	
IT	4	1	1	25 ◯	📄 조코디의 G Suite를 이용한 재택근무 바이블	
마케팅	1	1	1	100 ◯	📄 누구나 카피라이터	
소설	3	1	0	0 ◯	📄 타인의 집	
수필	3	1	0	0 ◯	📄 그러라 그래	
어학	1	0	0	0 ◯		

+ 새로 만들기

개수 10   합계 30

북리스트 데이터베이스에서는 북카테고리 데이터베이스를 관계형 속성으로 연결하

고 각 도서의 북카테고리로 지정했습니다. 북카테고리 데이터베이스에서는 연결되어 있는 북리스트 데이터베이스에서 담은 책 수와 읽은 책 수를 롤업으로 계산하도록 만들었습니다.

TIP 북카테고리 데이터베이스에서 달성률 속성은 수식 속성으로 계산했습니다. 수식에 대한 자세한 내용은 323쪽을 참고하세요.

따라 하기 | 관계형/롤업 속성 설정하기

명단 데이터베이스와 부서 데이터베이스를 활용하여 관계형 속성과 롤업 속성을 설정해보겠습니다.

데이터베이스 연결형 실습

⊞ 기본 보기

명단

Aa 이름	# 연령	☑ 차량보유여부	# 기부액	☰ 속성	+ ···
송혜교	40	☑	1,000,000		
강동원	35	☑	1,500,000		
송중기	38	☑	2,000,000		
박보검	30	☐	1,500,000		
정우성	48	☑	3,000,000		
이정재	48	☐	3,500,000		
조인성	42	☑	7,000,000		
한지민	40	☑	3,500,000		
문세윤	40	☐	1,200,000		
송은이	50	☐	1,800,000		
김숙	46	☑	1,600,000		
김우빈	36	☐	5,400,000		
장기용	30	☑	3,200,000		
이하늬	38	☑	4,500,000		
이제훈	35	☑	1,800,000		

+ 새로 만들기

체크 표시됨 10

⊞ 기본 보기

부서

Aa 이름	+ ···
총무팀	
영업팀	
인사팀	

관계형 속성 설정하기

01 먼저 관계형 속성으로 데이터베이스를 연결하겠습니다. 두 개의 데이터베이스 중 어떤 쪽에서 연결해도 상관없습니다. 여기서는 명단 데이터베이스에서 설정해보겠습니다. 새 속성 메뉴에서 [관계형]을 클릭합니다.

TIP 새 속성 메뉴는 데이터베이스 오른쪽 [⋯]를 클릭하고 [속성]을 클릭한 후 [새 속성]을 클릭합니다.

02 관계형 대상 메뉴에서 연결할 데이터베이스를 선택할 수 있습니다. [부서]를 클릭합니다.

TIP 데이터베이스 제목으로 검색해서 찾을 수도 있습니다. 비슷한 데이터베이스가 여러 개 있을 경우 데이터베이스 제목 아래의 위치를 확인합니다.

03 새 관계형 메뉴가 나타납니다. [관계형 대상]이 부서로 지정되어 있는 것을 확인할 수 있습니다.

TIP [부서에 표시]를 활성화하면 부서 데이터베이스에도 짝 지어진 데이터를 표시합니다. 양쪽에서 모두 데이터를 확인할 수 있어 데이터를 확인하기가 편리합니다.

04 ❶[제한]을 클릭하고 ❷[제한 없음]을 클릭합니다. ❸설정을 마쳤으면 [관계형 추가]를 클릭합니다.

TIP [제한 없음]을 설정하면 데이터를 복수로 연결할 수 있습니다. 예를 들어 송혜교 직원의 부서가 인사팀이면서 재무팀일 때 [제한 없음]을 설정하면 하나의 직원을 여러 개의 부서와 연결할 수 있습니다. 만약 한 직원이 하나의 부서에만 속해야 한다면 [1개 페이지]로 설정합니다. 애매한 경우에는 [제한 없음]으로 지정해두는 것이 좋습니다.

05 명단과 부서 데이터베이스에 각각 관계형 속성이 추가됩니다.

06 관계형 속성에 데이터를 연결하겠습니다. 지금까지 진행한 작업은 두 개의 데이터 베이스를 연결한 것입니다. 이제는 각 데이터의 관계를 지정하겠습니다. 부서 속성의 빈 칸을 클릭합니다.

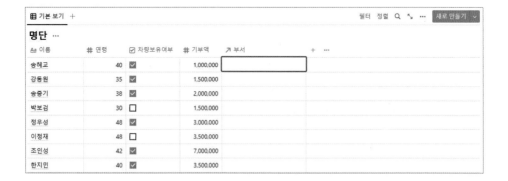

07 연결 메뉴가 나타나고 부서 데이터베이스에 있는 페이지 목록에서 연결할 페이지를 선택할 수 있습니다. [인사팀]을 클릭합니다.

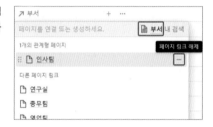

TIP 연결 메뉴 오른쪽 위에는 연결되어 있는 데이터베이스가 표시됩니다. 클릭하면 해당 데이터베이스로 이동하며, 원하는 데이터베이스와 제대로 연결되어 있는지 확인할 때 유용하게 쓰입니다.
연결한 페이지는 오른쪽 [⊟]를 클릭하여 삭제할 수 있습니다.

NOTE 시간 관리 전문가의 **노션 활용법**
새 페이지를 추가하고 싶은 경우에는 어떻게 할까요?

부서 데이터베이스로 이동하여 부서 페이지를 추가해도 되지만 관계형 속성에서 바로 부서 페이지를 생성할 수 있습니다. 예를 들어 연결 메뉴에서 '재무팀'을 검색했을 때 결과가 없으면 아래에 해당 페이지를 생성하는 메뉴가 나타납니다.

클릭하면 부서 데이터베이스에 재무팀 페이지가 추가되면서 해당 직원의 부서도 재무팀으로 지정됩니다.

08 전체 직원의 부서를 모두 입력합니다. 관계형 속성의 값도 복사해서 붙여 넣을 수 있습니다. 관계형 속성은 속성을 생성한 후에 반드시 데이터를 서로 연결해야만 관계형 속성 기능을 활용하는 의미가 있습니다.

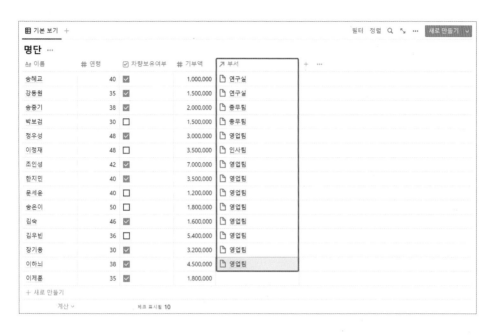

TIP 마지막 이제훈 직원의 부서는 부서 데이터베이스에서 연결하겠습니다.

09 부서 데이터베이스에서 관계형 속성의 빈칸을 클릭하면 직원을 연결할 수 있습니다. ❶인사팀에서 명단 속성의 빈칸을 클릭해 직원 이름을 검색합니다. ❷직원 목록이 나타나면 원하는 직원을 클릭합니다.

TIP 명단 데이터베이스에서도 직원 중 한 명도 빠짐없이 부서 값이 연결되어 있음을 확인할 수 있습니다.

롤업 속성 설정하기

10 롤업 속성을 적용해보겠습니다. 부서 데이터베이스로 이동하여 속성 편집 메뉴에서 [롤업]을 클릭합니다.

> **TIP** 속성 편집 메뉴를 확인하려면 속성 제목을 클릭하고 [속성 편집]을 클릭합니다.

11 롤업 메뉴가 나타납니다. ❶[관계형]을 클릭하면 관계형으로 연결되어 있는 데이터베이스 목록이 나타납니다. 어떤 데이터베이스에서 값을 가져올 것인지 선택할 수 있습니다. ❷데이터베이스의 [명단]을 클릭합니다.

12 데이터베이스까지 선택하면 롤업 속성의 열에 직원 명단을 가져옵니다.

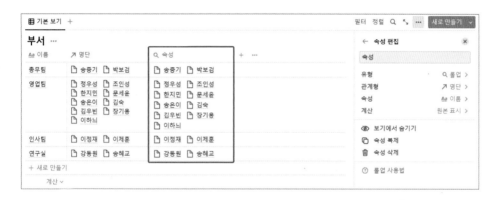

TIP 롤업 속성을 설정할 때 어떻게 계산할 것인지 별도의 조건을 지정하지 않으면 연결된 페이지 이름을 가져옵니다.

13 부서 평균 연령을 계산해보겠습니다. 먼저 속성을 지정합니다. ❶속성 편집 메뉴에서 [속성]을 클릭하고 ❷[연령]을 클릭합니다.

14 ❶롤업 속성에 연령 값이 입력됩니다. 가져온 데이터를 어떻게 계산할지 지정하겠습니다. ❷속성 편집 메뉴에서 [계산]을 클릭하고 ❸[평균]을 클릭합니다.

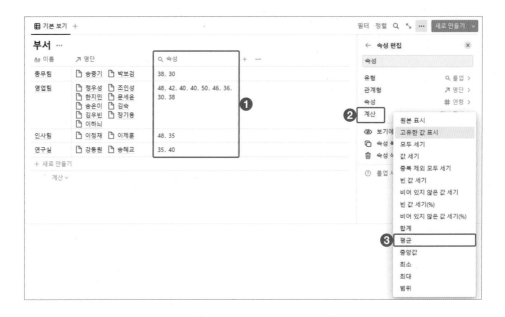

> **TIP** 계산 메뉴의 옵션은 선택한 속성에 따라 달라집니다.

15 ❶평균값이 도출되었습니다. ❷속성 편집 메뉴에서 해당 롤업 값이 어떤 값인지 알 수 있도록 속성 이름을 **부서 평균 연령**으로 수정합니다.

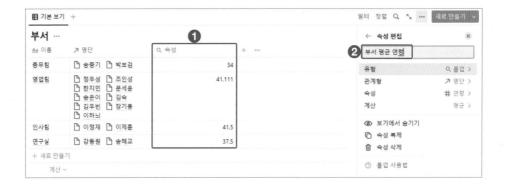

16 추가로 부서별 차량 대수를 계산해보겠습니다. 318쪽을 참고하여 같은 방식으로 롤업 속성을 생성하고 ❶속성 편집 메뉴에서 [속성]을 차량보유여부로 설정합니다. ❷[계산]을 클릭하고 ❸[체크 표시됨]을 클릭합니다.

TIP 계산 메뉴에 마우스 포인터를 위치시키면 계산 결과가 어떤 방식으로 표시되는지 미리 확인할 수 있습니다.

NOTE **시간 관리 전문가의 노션 활용법**
롤업 속성의 계산 활용 팁 🔍

❶ 롤업 속성 값에 마우스 포인터를 위치시키면 연필 모양 아이콘이 나타납니다. 클릭하면 롤업이 어떻게 구성되어 있는지 확인할 수 있고 편집할 수도 있습니다.
❷ 부서인원수 속성은 제목 속성을 값 세기 옵션으로 계산했습니다. 보통 제목 속성은 비어 있는 경우가 없기 때문에 데이터의 전체 개수를 세고 싶다면 제목 속성을 활용합니다.

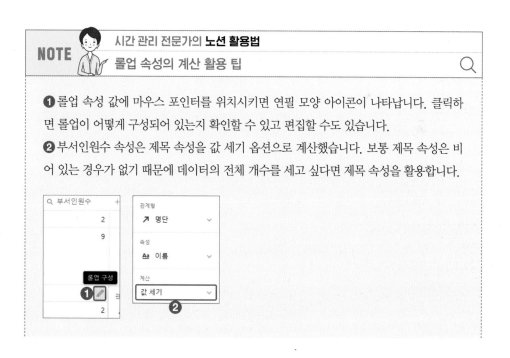

북카테고리 데이터베이스의 읽은 책 수 속성이 어떻게 계산됐는지도 살펴보겠습니다. 북리스트 데이터베이스에서 완독일 속성 값이 입력되어 있으면 이미 읽은 책이므로 완독일 속성을 비어 있지 않은 값 세기 옵션으로 선택하였습니다.

데이터베이스 레벨 업
수식

노션은 엑셀처럼 함수로 수식을 만들 수 있습니다. 함수의 종류는 매우 다양하므로 모두 학습하는 것은 비효율적입니다. 실전에서 많이 쓰는 수식을 살펴보겠습니다.

노션 수식의 구조 이해하기

간단한 사칙연산을 통해 수식 속성의 구조를 파악해보겠습니다. 수식(연산)-더하기 템플릿에서는 참치김밥 숫자 속성과 라볶이 숫자 속성을 더하여 판매수량 합계를 수식 속성으로 계산하였습니다.

수식(연산) - 더하기

⊞ 기본 보기 +   필터 정렬 Q ···   새로 만들기 ∨

⟋ 이름	# 참치김밥	# 라볶이	∑ 판매수량 계	+ ···
	50	48	98	
	33	22	55	
			0	

+ 새로 만들기

계수 3

따라 하기 │ 수식 기능 사용하기

01 ❶[＋]를 클릭하여 속성을 추가하고 ❷속성 편집 메뉴에서 [수식]을 클릭합니다.

02 ❶[수식]을 클릭하면 수식 입력 창이 나타납니다. 왼쪽에는 현재 데이터베이스에 존재하는 속성 목록이 나타납니다. ❷[라볶이]를 클릭합니다.

03 ❶ 수식창에 'prop("라볶이")'
가 입력됩니다. 수식 입력 창을
클릭하여 마우스 포인터를 위치
시킵니다. ❷ +를 입력한 후 ❸
속성 목록에서 [참치김밥]을 클릭
합니다. ❹ 수식을 다 입력했으면
[완료]를 클릭하여 적용합니다.

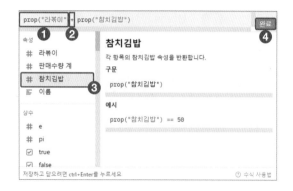

TIP 사칙연산은 함수를 사용하지 않아도 +, −, /, *를 입력하여 계산할 수 있습니다.

 시간 관리 전문가의 **노션 활용법**
NOTE 수식에 속성 입력하기(버전별 수식 표기 방식)

수식에서 속성을 입력하는 구문은 'prop("속성 이름")'입니다. 수식 입력 창 왼쪽에 나타
나는 속성 목록에서 속성을 클릭하면 자동으로 입력되지만 속성 이름 정도는 타이핑해서
입력할 수 있도록 구문을 외워두는 것을 추천합니다. 다른 사람의 수식을 공유받아 속성
이름만 수정하여 사용할 때 유용합니다.

2023년 가을, 노션 수식이 2.0 버전으로 업데이트되어 수식을 쉽게 입력할 수 있게 되었
습니다. 수식 2.0에서는 속성 표기 방식도 직관적으로 바뀌었습니다. prop("속성 이름")
로 표기되던 것이 속성 이름(속성 이름에 회색 음영이 적용)으로 변경되었습니다. 표기
방식만 변경되었을 뿐 prop("속성 이름")를 입력하면 속성값으로 인식되는 것은 동일합
니다. 수식 입력 방식이 편리해졌으니 수식 입력 창 아래 왼쪽 섹션에서 속성 이름을 선
택하여 속성을 넣는 방식을 적극 활용하세요.

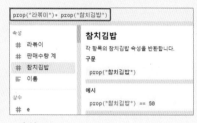

▲ 수식 1.0

▲ 수식 2.0

04 나머지 옵션을 설정해보겠습니다. ❶속성 편집 메뉴에서 속성 이름으로 **판매수량합계**를 입력합니다. ❷표기 방식으로는 [Ring]을 클릭합니다. ❸아래에 세부 메뉴가 나타나면 원하는 색상을 선택하고 나누기 옵션을 **100**으로 입력합니다. 입력한 숫자와 대비하여 속성 값이 차지하는 비중을 시각적으로 보여줍니다. ❹[Show number]를 활성화하면 계산한 숫자도 함께 보여줍니다.

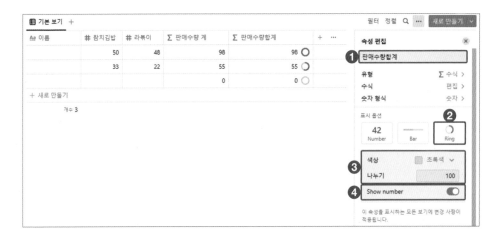

TIP 표시 옵션 중 [Number]는 숫자만 표시하고 [Bar]와 [Ring]은 해당 값을 시각적으로 보여줍니다. [Bar]와 [Ring]은 달성률과 같은 목표 값이 있을 때 주로 사용합니다.

TIP 입력한 수식을 변경하고 싶으면 수식 속성의 칸을 클릭합니다.

사칙연산도 원래 각각 add(덧셈), subtract(뺄셈), multiply(곱셈), divide(나눗셈) 함수가 있습니다. 함수를 사용하는 경우 수식 가장 앞에 함수를 넣어줍니다. 함수를 활용하여 덧셈을 해보겠습니다.

01 ❶수식 입력 창에 **add**를 입력합니다. ❷화면 아래에 add 함수에 관한 설명이 나타납니다. 모르는 함수를 적용해야 할 때 읽어보면 유용합니다. ❸왼쪽 연산자 목록에서 [add]를 클릭합니다.

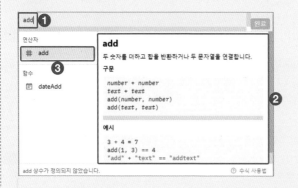

02 add 함수의 형식은 'add(속성, 속성)'입니다. ❶속성 목록에서 원하는 속성을 차례대로 클릭하여 입력합니다. ❷수식을 완성했지만 [완료]가 활성화되지 않습니다. add 함수의 형식 'add(속성, 속성)'과 입력한 수식을 비교해봅니다. 속성과 속성 사이에 쉼표(,)와 마지막 괄호가 누락되어 있습니다.

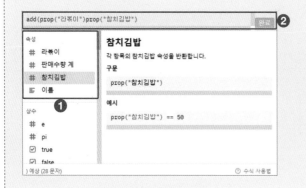

CHAPTER 04

데이터베이스 활용하여 노션 마스터하기

03 규칙에 맞도록 수식을 수정하면 [완료]가 활성화됩니다.

```
add(prop("라볶이"),prop("참치김밥"))
```
[완료]

노션에서 자주 쓰는 수식과 활용법 알아보기

(1) 사칙연산

클래스별 불참률을 계산합니다. 불참률은 '불참자/신청자'로 계산합니다. 불참자와 관련된 속성은 없으므로 다음과 같이 수식을 입력합니다. 엑셀에서와 마찬가지로 수식 구성과 괄호에 유의합니다.

불참률에 퍼센트 단위를 지정하겠습니다. ❶ 속성 편집 메뉴에서 [숫자 형식]을 %로
지정합니다. ❷ [표시 옵션]은 [Bar]로 설정하여 완성합니다.

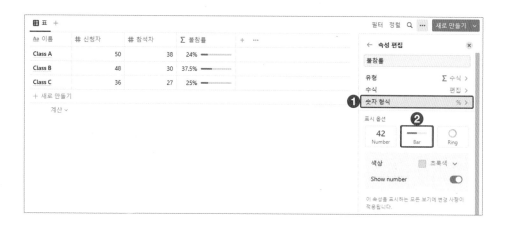

(2) 날짜 변환 수식

노션의 일자는 요일을 표시하지 않습니다. 날짜 속성을 요일까지 표시하려면 날짜
속성을 텍스트 기호에 따라 출력하는 formatDate 함수를 사용합니다.

formatDate 함수의 형식은 'formatDate(prop("날짜 속성"), "텍스트 기호")'입니다. 텍스트 기호는 날짜 형식을 지정합니다. 날짜 속성에 연도를 가져오려면 **"YYYY"**, 월은 **"MM"**, 요일은 **"dddd"**를 입력합니다. 텍스트 기호를 입력할 때는 대소문자를 잘 구분해야 합니다.

조금 복잡할 수 있지만 수식을 활용해 요일을 영문으로도 표시할 수 있습니다. 한국어로 요일을 표시한 값에 if 함수를 사용합니다. if는 조건 함수로 다음과 같이 구성합니다.

```
if(formatDate(prop("일자"), "dddd") == "월요일", "Monday",
if(formatDate(prop("일자"), "dddd") == "화요일", "Tuesday",
if(formatDate(prop("일자"), "dddd") == "수요일", "Wednesday",
if(formatDate(prop("일자"), "dddd") == "목요일", "Thursday",
if(formatDate(prop("일자"), "dddd") == "금요일", "Friday",
if(formatDate(prop("일자"), "dddd") == "토요일", "Saturday",
if(formatDate(prop("일자"), "dddd") == "일요일", "Sunday", "요일
오류"))))))) 완료
```

직접 수식을 작성할 필요는 없습니다. 이 수식 역시 검색 엔진에서 '노션 요일 영문 표기'로 검색하여 찾은 자료를 복사해왔습니다. 속성 이름만 적절하게 변경하여 사용합니다.

NOTE 시간 관리 전문가의 **노션 활용법**

다른 사람이 만든 수식을 가져와서 사용할 때 주의할 점 🔍

완성된 수식을 복사해서 사용할 때 주의해야 하는 점을 예시를 통해 알아보겠습니다.

다음은 과제 제출일을 기록하는 데이터베이스입니다. 앞에서 살펴본 날짜 요일 변환 수식을 복사하여 제출일 속성에 수식 속성을 만들어 붙여 넣었습니다.

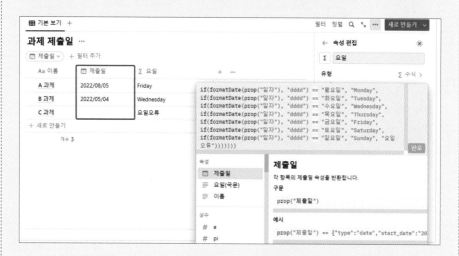

수식 입력 창에 수식을 붙여 넣었지만 [완료] 버튼이 활성화되지 않습니다.

수식을 가지고 올 때 가장 먼저 확인할 요소는 'prop("속성 이름")' 안의 속성 이름입니다. 복사한 수식은 날짜 속성의 이름으로 '일자'를 사용합니다. 하지만 붙여 넣은 데이터베이스의 날짜 속성 이름은 '제출일'입니다. 따라서 [완료] 버튼이 활성화되지 않은 것입니다.

수정 방법은 두 가지입니다. 첫 번째 방법은 수식 입력 창에서 '일자'를 모두 하나하나 '제출일'로 수정하는 것입니다. 간단한 수식일 때는 괜찮지만 변경해야 하는 속성 값이 많을 때는 번거롭고 오류를 만들기 쉽습니다. 두 번째 방법은 내 데이터베이스 속성 이름을 수식에 맞게 '일자'로 변경하고 다시 원래대로 수정하는 것입니다. 수식에 맞게 속성 이름을 바꿔주면 [완료] 버튼이 활성화됩니다.

이후 다시 '제출일'로 속성 이름을 바꾸면 수식도 한번에 제출일로 변경됩니다.

(3) 기간 계산 수식

이번에는 두 날짜 사이의 기간을 구해주는 dateBetween 함수 활용법을 알아보겠습니다. 다음은 오늘을 기준으로 특정 날짜로부터의 경과 기간을 계산하는 D-Day 리스트 데이터베이스입니다.

D-Day 리스트

Aa 이름	📅 일자	∑ D day+(일)	∑ D day+(년)	+ ...
탄생	1980/09/05	15,319	41	
결혼	2018/09/07	1,438	3	
창업	2021/05/01	471	1	
출산예정	2023/05/15	-272	0	

오늘을 기준으로 특정 날짜로부터의 경과일을 계산하는 수식은 다음과 같습니다.

dateBetween 함수는 두 개의 날짜를 가지고 계산한 값을 어떤 시간 단위로 보여줄지 기호로 입력해야 합니다. 여기서는 일자 속성과 오늘을 의미하는 날짜 함수 'now()'의 값을 사용하여 기간을 설정하도록 계산했으며, 이를 연 단위로 표기하는 방식을 선택했습니다.

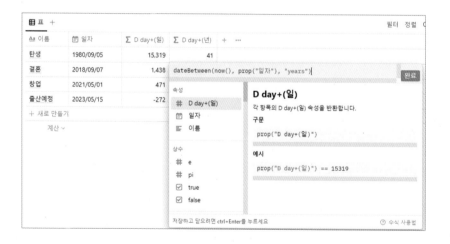

TIP 'dateBetween(now(), prop("일자"), "days")' 수식에서 오늘을 표현하는 'now()'가 앞의 날짜로 들어가야 D–Day 개념으로 계산됩니다.

(4) 날짜 수식을 적용한 사례

날짜 관련 수식이 적용된 데이터베이스를 살펴보겠습니다. 직원리스트 데이터베이스에서 입사일을 기준으로 계산한 수식 속성입니다.

상태	Aa 직원명	닉네임	입사일	Σ 근속년수	Σ 10년근속기념	Σ 근속선물대상연도
퇴사자	송해교	Carrie	2019/11/01	2	2029/11/01	2029
근속중	박보검	Matt	2021/02/03	1	2031/02/03	2031
근속중	현빈	Dan	2020/12/03	1	2030/12/03	2030
휴직중	손중기	Ted	2020/09/15	1	2030/09/15	2030

근속년수는 수식을 'dateBetween(now(), prop("입사일"), "years")'로 입력해서 입사일로부터 오늘까지의 기간을 연 단위로 가지고 왔습니다.

10년근속기념은 dateAdd 함수로 날짜 속성에 기간을 더하는 수식을 입력했습니다. 'dateAdd(prop("입사일"), 10, "years")' 수식은 날짜 속성에 더할 숫자를 적고 해당하는 기간 단위를 입력합니다.

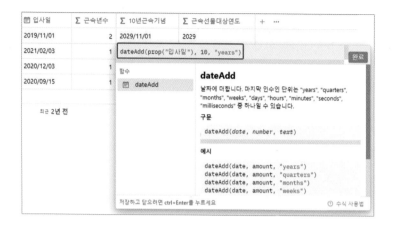

근속선물대상연도 수식은 'formatDate(prop("10년근속기념"), "YYYY")'입니다. 10
년근속기념 속성을 날짜 값으로 활용합니다. 수식의 결과가 날짜 값이면 날짜 속성
으로 활용할 수 있습니다.

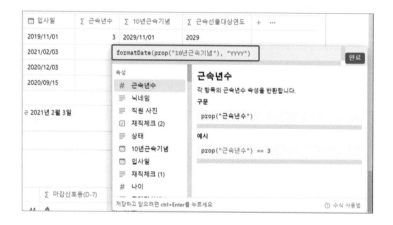

(5) if 함수를 활용하는 수식

이번에는 if 함수를 사용해서 만든 수식을 살펴보겠습니다. 다음은 마감일을 계산하
고 결괏값에 따라 기호를 붙여주는 데이터베이스입니다.

Days 속성은 dateBetween 함수를 사용해서 마감일 속성 값을 기준으로 오늘 일자까지 남은 일수를 계산합니다. 미래 일자 기준으로 오늘 날짜부터 일수를 셀 때는 'dateBetween(prop("마감일"), now(), "days")' 수식에서 now()와 "days"의 위치를 바꿔줍니다.

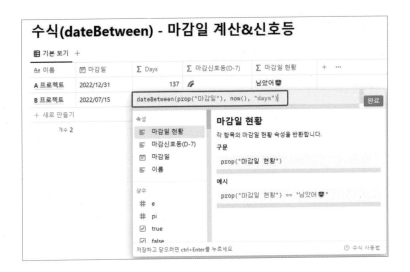

마감신호등(D-7)은 마감일이 어느 정도 남았는지 한눈에 알 수 있도록 기호로 표시하는 속성입니다. if 함수는 첫 번째로 조건식을 입력하고 조건식이 참일 때의 값, 거짓일 때의 값을 차례대로 입력합니다. 'if(prop("Days") < 7, "🔥", "🛹")' 수식은 if 함수를 사용하여 마감일까지 남은 일자 값이 7보다 작으면 🔥을, 그렇지 않다면 🛹를 표시합니다.

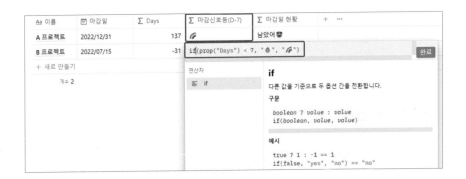

비슷한 방식으로 직원 목록에 if 함수를 적용해보겠습니다. 상태 속성의 태그 값에 따라 이모지를 표시하도록 입력했습니다.

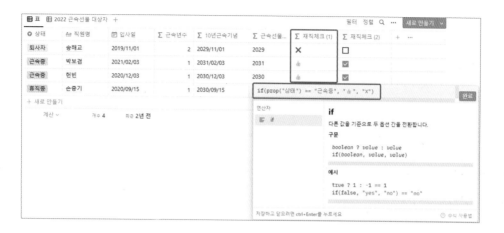

TIP 조건식에서의 등호는 '=='를 사용합니다.

'if(prop("상태") == "근속중", true, false)'과 같이 수식을 입력하면 상태 값에 따라 체크 박스를 표시할 수도 있습니다.

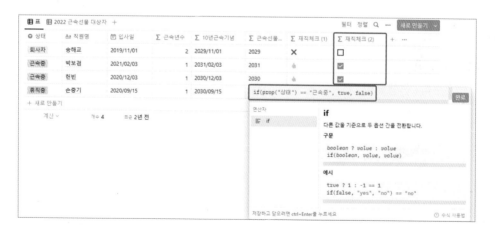

TIP 상태 속성을 체크 박스로 전환하는 작업은 관계형으로 연결된 데이터베이스에서 롤업으로 특정 태그 값의 개수를 셀 때 유용합니다.

다양한 조건식에서 if 함수 수식에 체크 박스 속성을 많이 사용합니다. 근속 3주년 속성의 수식은 'if(prop("근속년수") == 3, true, false)' 방식으로 근속년수 속성 값에 따라 체크 박스를 표시합니다.

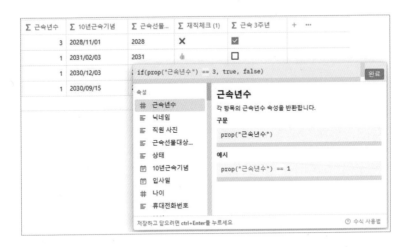

(6) 진행률 바

마지막으로 진행률 바에 대해 살펴보겠습니다. 현재 목표 대비 얼마나 달성했는지를 시각적으로 보여줍니다.

진행률 바에는 기본적으로 목표 값과 현재 값이 필요합니다.

TIP 목표신호등은 진행률 바는 아니지만 목표 달성 상황을 시각화할 수 있는 간단한 수식입니다.

```
if(prop("목표") > prop("현황"), "●", "●")
```

진행률바1 속성은 목표와 현황 값을 막대기로 조합하여 보여주는 수식입니다.

```
if(prop("현황") / prop("목표") > 1, "██████ 초과달성",
format(slice("██████", 0, floor(prop("현황") / prop("목표") *
10)) + format(slice("██████", 0, ceil(10 - prop("현황") /
prop("목표") * 10)) + " " + format(round(prop("현황") / prop("목
표") * 100)) + (empty(prop("현황")) ? "0%" : "%"))))|
```
완료

TIP 진행률 바의 수식은 길고 어렵습니다. 수식 전체를 익히기보다 구조를 이해하는 데에 집중합니다.

진행률 바는 채워진 박스█와 빈 박스▨ 기호로 만듭니다. slice 함수를 사용해서 전체 10개의 박스 공간에 채워진 박스, 빈 박스를 조합해서 보여주는 방식입니다. 예를 들어 현재 수치가 목표 대비 40%라면 '████▨▨▨▨▨▨'와 같이 채워진 박스 네개, 빈 박스 여섯 개를 조합해서 표시합니다.

그런데 퍼센트 값이 10개의 박스에 딱 맞춰지지 않으므로 floor 함수(버림)와 round 함수(반올림)를 사용하도록 지정했습니다. 현재 값이 42%이고 목표까지 남은 값이 58%라면 앞에서는 버림하여 네 개의 채워진 박스만 표현하고 뒤에서는 올림하여 여섯 개의 빈 박스로 표현합니다. 수식을 이해하기 어려워도 속성만 잘 수정하면 복사하여 사용할 수 있습니다. 이 수식에서는 목표와 현황 속성의 위치만 붙여 넣을 데이터베이스 값에 맞게 수정해주면 됩니다.

진행률바2와 진행률바3의 수식도 목표와 현황 속성을 사용해서 만들었으므로 복사해서 붙여 넣은 후 속성 이름만 수정하여 사용할 수 있습니다. 진행률바4와 진행률바5는 concat 함수와 slice 함수를 사용하여 달성률(달성도 값)에 따라 막대기 기호 사이에 이모지를 표시합니다. 달성도는 목표와 현황 속성의 값으로 만든 중간 계산값입니다.

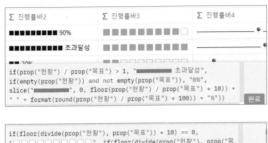

◀ 진행률바2의 수식

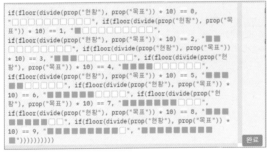

◀ 진행률바3의 수식

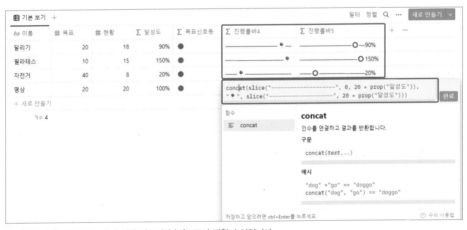

▲ 진행률바5는 진행률바4의 수식에 이모지만 'O'으로 수정한 수식입니다.

TIP 이 책에서 소개하지 못한 수식도 있습니다. 노션수식 키워드로 검색 엔진을 통해 다양한 자료를 찾을 수 있으며, 다른 사람의 템플릿을 통해 완성된 수식을 복사하여 가져올 수도 있습니다. 다양한 수식을 쉽게 활용해보세요.

노션 AI

우리에게 AI(Artificial Intelligence : 인공지능)라는 단어는 익숙하지만 일상생활에서 인공지능의 위력을 절실하게 느껴보지는 못했습니다. 인터넷 쇼핑몰에서 좋아할 만한 상품을 추천해주는 기능이나 같은 말만 반복하는 챗봇 프로그램을 사용해보았으나 감탄할 만한 기술이라고는 생각하기 힘듭니다. 그런데 2023년에 출현한 ChapGPT는 달랐습니다. 몇 가지 질문만 던져도 필요한 자료를 쏙쏙 정리해주는 AI 기술력은 사람들을 놀라게 만들기에 충분했습니다. 이에 IT 기술을 선도하는 구글은 '코드 레드(긴급사태)'를 발령하기도 했습니다.

ChatGPT는 거대한 변화의 시작일 뿐입니다. 국내 인공지능 서비스 '뤼튼' 또한 SNS 광고문구, 창업 아이디어 생성, 책 쓰기, 제품 상세페이지 만들기 등 다양한 글쓰기 작업을 키워드만으로 쉽게 수행할 수 있습니다. 앞으로 AI라는 인공지능이 더 다양한 형태와 서비스로 우리 생활 깊숙하게 스며들 것입니다. 여기서는 노션 AI를 알아보겠습니다.

▼
▼

전문가가 알려주는
노션 AI

노션 AI?

노션 AI를 사용하면 '내가 주로 작업하는 공간 내에서 인공지능을 활용할 수 있다'는 점이 가장 매력적입니다. ChatGPT는 해당 웹 사이트에 방문해서 질문하고 답을 얻는 방식이라면 노션 AI는 내가 작업하고 있는 노션 페이지에서 내가 하고자 하는 일을 AI가 대신 수행합니다.

> **TIP** 노션 AI 서비스는 2022년 11월부터 노션 앰버서더에게 선공개된 후 2023년 2월 24일 공식 출범하였습니다. ChatGPT의 파장과 더불어 노션 AI에 대한 관심도 높아졌습니다.

필자는 블로그 글을 쓸 때 노션에서 미리 초안을 작성하는데 이 과정에서 노션 AI를 활용합니다. 필요한 자료를 찾아오라고 시키거나 맞춤법을 다듬어 달라고 요청하기도 합니다. 작성한 글을 전문성이 느껴지는 어조로 변경하거나 글을 더 풍성하게 늘려달라고도 요구합니다. 다음은 노션 AI의 늘려쓰기 기능을 통해 원고를 보완한 실제 사례입니다.

기존 원고

각각의 서비스에는 당연히 장단점이 존재하겠지만 노션 AI를 경험하면서 무엇보다 돋보였던 점은 내가 주로 작업하는 공간 내에서 인공지능을 활용할 수 있다는 것이었습니다. ChatGPT는 ChatGPT 사이트에서 원하는 질문에 답을 얻어 오는 방식이라고 한다면 노션 AI는 내가 작업하고 있는 공간에서 하고자 하는 일을 대신 수행해 주는 도구라고 설명할 수 있습니다.

각각의 서비스는 그 특성에 따라 장단점을 가지고 있습니다. 노션 AI와 ChatGPT 역시 마찬가지이며, 사용자는 각각의 서비스를 비교 분석하여 자신에게 적합한 도구를 선택할 수 있습니다.

노션 AI는 사용자가 작업하고 있는 공간 내에서 인공지능을 활용할 수 있는 서비스입니다. 이를 통해 사용자는 작업 프로세스를 보다 효율적으로 진행할 수 있으며, 작업에 소요되는 시간을 줄일 수 있습니다. 예를 들어 노션 AI는 작업 중에 자동으로 태그를 생성하거나, 작업의 우선 순위를 설정해주는 등의 기능을 제공합니다. 이러한 기능을 이용하면 사용자는 보다 효율적으로 작업을 수행할 수 있습니다.

또한 노션 AI는 사용자가 작성한 문서를 분석하여 문서 내에 포함된 정보를 추출해주는 기능을 제공합니다. 예를 들어 사용자가 작성한 문서에는 다양한 정보가 포함될 수 있습니다. 이러한 정보를 일일이 추출하려면 많은 시간과 노력이 필요합니다. 하지만 노션 AI를 활용하면 이러한 정보를 간편하게 추출할 수 있습니다.

반면 ChatGPT는 ChatGPT 사이트에서 원하는 질문에 대한 답을 제공해주는 서비스입니다. 이를 통해 사용자는 쉽고 빠르게 필요한 정보를 얻을 수 있습니다. 그러나 ChatGPT는 노션 AI와는 달리 작업 프로세스를 진행하는 데에는 직접적인 도움을 제공해주지는 않습니다.

따라서 노션 AI와 ChatGPT는 서로 다른 기능을 가지고 있으며 사용자는 이를 이용하여 자신에게 적합한 도구를 선택해야 합니다. 그러나 노션 AI를 활용하면 작업의 효율성을 높일 수 있으며 더욱 다양한 작업을 수행할 수 있습니다. 이러한 점을 고려할 때 노션 AI는 사용자에게 매우 유용한 도구임이 분명합니다.

몇 줄의 내용만으로 한 편의 블로그 글이 완성되었습니다. 노션 AI에게 요청하는 주요 기능은 정해져 있지만 사용자의 상상력에 따라 노션 AI의 활용 범위는 점차 넓어질 것입니다.

노션 AI를 어떻게 사용할 수 있을까?

노션 AI 메뉴는 페이지 가장 위에 배치되어 있습니다. 노션 페이지의 빈 공간에서 Spacebar 를 누르면 바로 노션 AI에게 질문하는 작업을 요청할 수 있습니다.

AI로 초안 쓰기

페이지에서 Spacebar 를 눌러 AI에게 요청할 작업의 세부 항목을 선택할 수 있습니다. 주제와 형태를 선택하는 개념입니다. 예를 들어 **'시간 관리를 잘 하려면 어**

떻게 하면 좋을까?'라는 주제에 대해 아이디어 브레인스토밍의 형태로 초안을 써줘!와 같이 요청합니다. 초안의 형태는 아이디어 브레인스토밍 외에도 블로그 게시물, 개요, SNS 게시물, 보도 자료 등으로 다양합니다. 심지어 시도 쓸 수 있습니다.

▲ Spacebar 를 눌러 작업 요청하기

노션 AI를 활용하여 시간 관리에 대한 아이디어를 브레인스토밍해보겠습니다. 먼저 [아이디어 브레인스토밍]을 선택하고 브레인스토밍할 주제를 입력합니다.

Enter 를 누르면 다음과 같은 결과가 나타납니다. 브레인스토밍 형태의 초안은 주로 글머리 기호와 함께 아이디어들을 나열합니다.

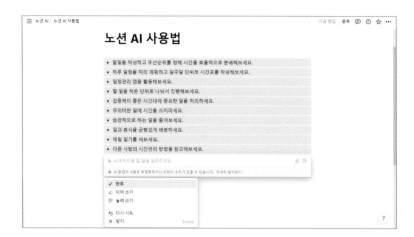

완료하거나 내용을 이어쓰기, 더 풍성하게 보이도록 늘려쓰기 등의 추가 기능을 선택할 수 있습니다. 글이 마음에 들지 않을 때는 [다시 시도]를 선택하면 같은 주제의 다른 글을 작성해줍니다.

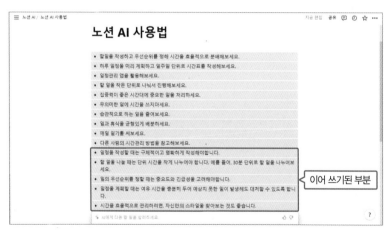

▲ 초안에 이어쓰기 기능을 적용함

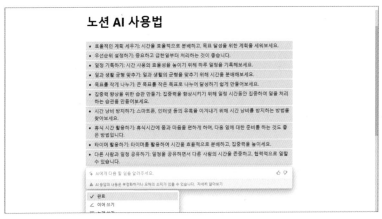

▲ 초안에 다시쓰기 기능을 적용함

추가 작업 요청하기 – 블로그 형태로 글 바꾸기

작성한 글을 토대로 AI에게 추가 작업을 요청할 수도 있습니다. 브레인스토밍 형태로 만든 초안을 블로그 글 형태로 바꿔보겠습니다.

기존 글이 선택된 상태에서 AI 입력 창에 **위 글을 블로그 형태로 바꿔줘**를 입력한 후 Enter 를 누릅니다.

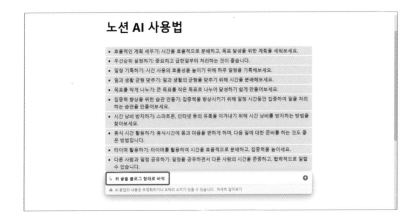

아래와 같이 글이 바뀝니다.

추가 작업 요청하기 - 심플한 말로 바꾸기

바꾸고자 하는 내용의 블록을 선택하고 [Ctrl]+[/]를 누르면 블록 메뉴에서 AI에게 다른 작업을 요청할 수 있습니다. 이번에는 [심플한 말로 바꾸기]를 클릭합니다.

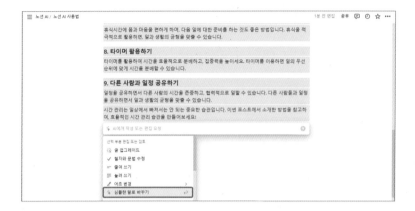

추가 작업 창을 통해 노션 AI가 요청한 작업을 빠르게 수행합니다. 추가 작업이
완료되면 해당 내용으로 무엇을 할지 선택할 수 있습니다. [선택한 부분 바꾸기]
를 클릭하면 기존 글이 새로운 작업 내용으로 변경됩니다. 기존 글은 유지하고
새로운 내용을 추가하고 싶으면 [아래에 삽입]을 선택합니다.

AI로 초안 쓰기 - 이메일 초안 작성하기

'노션 본사에 유튜버를 위한 지원 프로그램이 있는지' 묻는 이메일을 작성해보겠

습니다. AI 입력 창에 초안의 주제와 함께 이메일이라는 형태도 포함하여 요청합니다.

좋은 결과물을 얻기 위해서는 원하는 주제와 형태를 잘 포함한 요청문을 작성해야 합니다. 결과가 마음에 들지 않으면 [글 업그레이드]를 클릭하거나 요청을 다시 수행합니다. 요청을 다시 입력하면 AI가 새로운 버전의 글을 보여줍니다.

추가 작업 요청하기 - 번역

필요한 블록을 모두 선택하고 Ctrl + / 를 누르면 블록 메뉴에서 AI에게 추가 작업을 요청할 수 있습니다. AI 메뉴에서 [번역]을 클릭하고 [영어]를 클릭합니다.

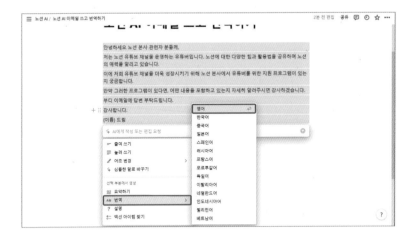

번역이 완료되었습니다. 마지막 줄에 이름만 변경하고 이메일을 발송하면 됩니다. 물론 작업한 번역문에서 추가 또는 변경하고 싶은 내용이 있으면 자유롭게 수정할 수 있습니다.

기존에는 번역 서비스를 이용하려면 해당 사이트에서 텍스트를 번역한 후 필요한 곳으로 가져오는 과정을 거쳐야 했습니다. 또한 번역한 내용을 수정하고 싶다면 번거롭게 다시 앞의 과정을 반복해야 합니다. 노션 AI를 활용하면 한 곳에서 내용을 작성하고 번역까지 한번에 할 수 있습니다.

노션 AI로 영어 공부까지!

영어 공부도 노션 AI의 도움을 받을 수 있습니다. 내가 쓰고 싶은 말을 영어로 작성한 후 해당 블록을 선택합니다. 그리고 노션 AI에게 **위 문장을 문법에 맞게 고쳐주고 틀린 부분에 대해 설명해줘**라고 요청합니다.

이외에도 '토익에 많이 나오는 단어 10개와 뜻 정리해줘'와 같은 요청을 통해 단어장을 만들 수도 있습니다.

노사연 캐리의 노션 AI 활용법

AI는 사용자가 어떤 방식으로 작업을 요청하는지에 따라 매우 다양한 일을 해냅니다. 필자가 노션 AI를 활용할 때는 다음 두 가지 사항을 고려합니다.

- **첫째, 어떤 작업을 요청해야 단순 노동을 줄일 수 있을까?**
- **둘째, 어떤 방식으로 요청해야 노션 AI가 똑똑하게 잘할 수 있을까?**

시간과 노력을 줄일 수 있는 아이디어

필자는 TV에서만 보던 가우디의 건축물을 직접 보기 위해서 바르셀로나에 갈 예정입니다. 노션 AI를 활용하여 가우디 건축물 투어 계획을 세워보겠습니다.

TIP ChatGPT와 마찬가지로 노션 AI는 한국어 자료보다 영어 자료에 좀 더 특화되어 있습니다.

노션 AI에게 **바르셀로나에 있는 가우디 건축물들을 모두 찾아서 표로 정리해주고 각 건축물 특징을 설명해줘**라고 구체적으로 요청합니다.

바르셀로나에 있는 가우디 건축물을 정리한 표가 나타납니다. 특징 열을 참고하면 이름만 보고 구분하기 어려웠던 장소의 정보를 쉽게 파악할 수 있습니다.

노션 AI에게 추가 작업을 요청하겠습니다. 표를 선택하고 Ctrl + J 를 누르면 추가 요청을 입력할 수 있습니다. 또 다른 열을 추가해서 건축물 투어를 예매할 수 있는 사이트를 찾아달라고 요청합니다.

예매 사이트를 클릭해보니 모두 접속 가능한 사이트입니다. 예매 사이트를 찾기 위한 시간을 절약할 수 있습니다.

추가로 이틀 동안 건축물을 다 보기 위한 일정과 함께 위치를 고려한 동선까지 요청하였습니다. 노션 AI가 동선뿐만 아니라 건축물 근처에서 점심을 먹는 것이 좋겠다는 제안도 합니다. 가까운 점심 장소와 추천한 식당의 구글 지도 정보를 찾아달라고 요청하여 건축물 투어 계획을 완성했습니다.

자신에게 필요한 영역에서 AI를 어떻게 활용할 수 있을지 고민하고 여러 가지 아이디어를 내어 시도하면 노션 AI를 더욱 유용하게 사용할 수 있을 것입니다.

노션 AI, 이것만은 꼭 체크하세요

자료의 최신성

모든 AI 서비스는 특정 시점의 데이터를 토대로 분석 작업을 수행합니다. 따라서 실시간 자료는 보여주지 못합니다. 예를 들어 노션 AI에 '현재 한국에서 상영하는 영화 정보를 보여줘'라고 요청하면 2021년도 영화 작품을 보여줍니다.

다음은 노션 공식 페이지에서 확인할 수 있는 노션 AI에 대한 정보입니다. '최근 6~12개월 내 사건에 대해 알지 못하고 부정확하거나 오래된 결과를 출력할 수 있다'고 설명합니다.

자료의 정확성

최근 ChatGPT가 잘못된 분석을 내놓아 이슈가 되는 것처럼 노션 AI도 부정확한 정보를 제공할 수 있습니다. 노션 AI를 사용할 때는 분석해주는 정보가 모두 정확하다고 생각하지 않아야 합니다. 인공지능이 찾아준 정보는 꼭 검색을 통해 사실 관계를 검증해야 합니다. 예를 들어 노션 AI를 활용하여 '나쁜 리더십으로 인해 기업이 망한 사례 10가지'를 주제로 리더십 칼럼을 쓴다고 가정합니다. 사용자는 노션 AI가 찾아준 사례를 인터넷에 직접 검색해보고 그중 쓸 만한 사례만 찾아 칼럼을 작성합니다.

자료의 적절성

노션 AI가 찾아준 자료는 사실 관계는 정확하나 자신이 원했던 자료는 아닐 수도 있습니다. 이런 경우에는 요청 질문을 바꿔야 합니다. 앞서 소개한 건축물 투어 사례처럼 원하는 내용의 주제뿐 아니라, 어떤 형식으로 보여줄지, 얼마나 자세하게 써줄지 등을 최대한 구체적으로 요청해야 합니다. 한 번의 요청으로는 내가 원하는 완벽한 결과물이 나오기 어렵습니다. 노션 AI가 보여주는 결과에 차근차근 추가 작업을 요청하여 원하는 결과물을 만들어가야 합니다.

노션 AI 무료로 사용해보기

현재 노션 AI는 플러스 요금제나 비즈니스 요금제 등 유료 요금제와 별도로 월 10달러를 추가 지불해야 하는 유료 서비스입니다. 여러 멤버와 함께 팀스페이스를 사용하는 경우 해당 팀스페이스에서 노션 AI를 사용하기 위해서는 기존 요금제 비용 외에 추가로 멤버당 10달러를 내야 합니다.

20번의 요청은 무료로 체험할 수 있으니 필요한 테스트를 한 번 해보고 결정합니다. 처음 노션 AI를 접했다면 먼저 노션 AI를 어디에 쓰면 좋을지 생각해보고, 앞서 소개한 활용 예시를 참고하여 테스트를 진행해보세요.

특별부록

커리어
셀프 체크리스트

삶에 필요한 세 가지 기둥(Career, Grow, Relationship) 중 커리어는 다른 영역에 비해 좀 더 면밀하게 리뷰하고 개발 방향을 수립해야 합니다. 일에 많은 시간을 할애한다고 해서 내가 원하는 커리어가 쌓여가는 것이 아니기 때문입니다. 주기적으로 건강검진 하듯이 나의 커리어 성장에 대한 검진을 하는 것이 좋습니다. 건강검진 문진표를 작성하면 '나의 어떤 부분에 건강 문제가 있구나' 느낄 수 있지요? 필자의 커리어 성장 체크리스트(Career Development Checklist) 템플릿을 통해서 앞으로 어떤 영역에 집중하고 어떤 요소를 성장시켜야 할지 생각해보세요.

커리어 성장 방향 설정을 위한 셀프 체크리스트

커리어 성장 프레임워크 알아보기

먼저 커리어 개발 영역을 체계적으로 생각해볼 수 있도록 돕는 구조를 소개합니다. 커리어 성장 체크리스트(Career Development Checklist)는 시간(현재/미래)과 형태(조직 내/조직 외), 두 가지 관점에서 총 네 개의 영역으로 구성되어 있습니다.

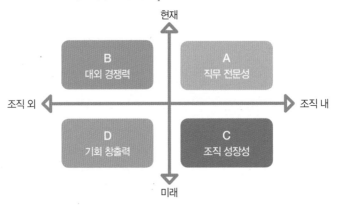

Career Development Framework

A. 직무 전문성 | 현재 하고 있는 일을 잘하기 위한 필수 요소이자, 조직 내에서 필요로 하는 일을 수행하기 위한 영역입니다.

B. 대외 경쟁력 | 현재 일하고 있는 영역에서 소속된 조직을 넘어 시장 전체에 내역량이 경쟁력 있게 준비되어 있는지 체크하기 위한 영역입니다. 쉽게 말해 같

은 분야의 다른 곳으로 이직할 수 있는 준비가 되어 있는지 생각해볼 수 있는 문항입니다.

C. 조직 성장성 | 소속되어 있는 조직에서 장기적으로 성장하기 위해 준비하는 영역입니다. 이전에 비해 사람들이 조직에서 더 상위 포지션으로 올라가거나 리더가 되는 것을 크게 선호하지는 않지만, 조직 성장성은 내 성과를 제대로 인정받기 위해서 꼭 필요한 영역입니다. 현재 조직에서 쓰고 있는 시간을 더 가치 있게 만들기 위한 노력과도 연결되어 있습니다.

D. 기회 창출력 | 장기적 관점에서 현재 조직에서 하고 있는 일에서 벗어나도 내 역량을 기반으로 계속적인 기회를 만들어 나갈 수 있는지 체크하는 영역입니다. 종종 이 영역을 재테크와 혼재해서 생각하기도 하는데, 전업 투자자로서 커리어를 꿈꾸는 것이 아니라면 재테크가 미래 커리어의 답이 될 수는 없습니다. 마찬가지로 일하지 않았던 새로운 영역에서 갑자기 신박한 아이템을 발굴해 새로운 커리어로 전환한다는 것 역시 쉽게 접근하기 어려운 일입니다. 필자는 조직을 떠나 프리랜서로 전향하면서 기존 조직에서 교육 기획과 강의를 했던 경험을 가지고 강사라는 다음 커리어로 나아갈 수 있었습니다. 그동안 쌓아온 커리어에서 만든 강점과 세상이 필요로 하는 것의 교집합에서 출발할 때 가장 현실적이고 파워풀한 미래 기회가 될 수 있음을 기억하세요.

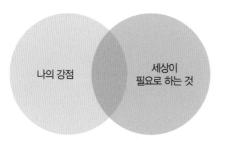

미래 기회, 거창한 것이 아니라…

나의 강점

세상이
필요로 하는 것

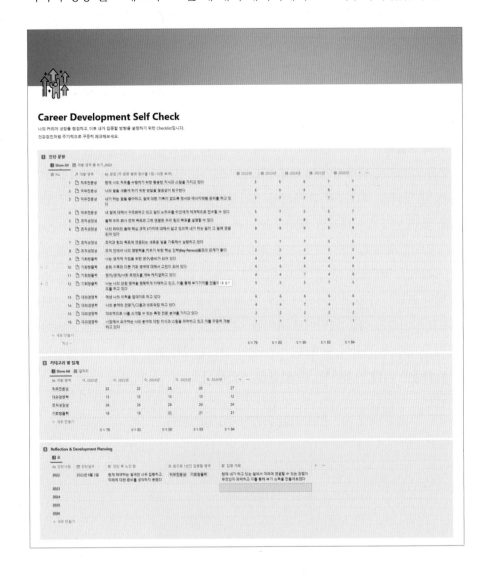
커리어 성장 셀프 체크리스트 사용 방법

커리어 성장 셀프 체크리스트는 세 개의 데이터베이스로 이루어져 있습니다.

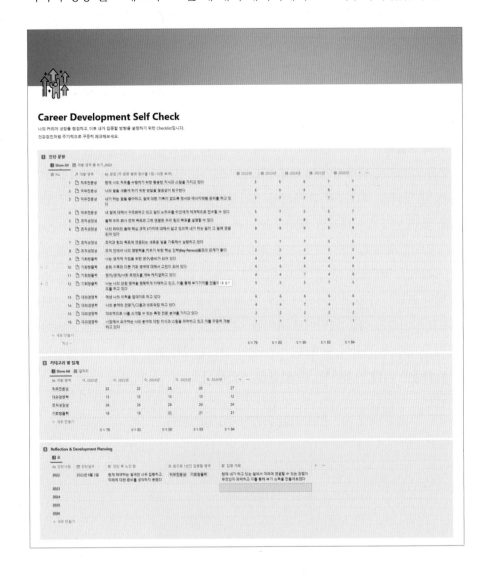

진단 문항 데이터베이스

① 네 개의 영역별로 각 네 개씩 총 16개의 문항이 있습니다.

② 진단 연도별로 1점에서 10점 사이로 진단 점수를 기입하는 방식입니다. 연도별로 꾸준히 체크할 수 있도록 2022년부터 2026년까지 생성했습니다. 진단을 시작하는 시점에 맞춰서 숫자 속성을 지우거나 늘리는 방식으로 계속 관리해나가면 됩니다.

③ 개발 영역은 관계형 속성을 사용해 카테고리별로 집계할 수 있습니다.

카테고리별 집계 데이터베이스

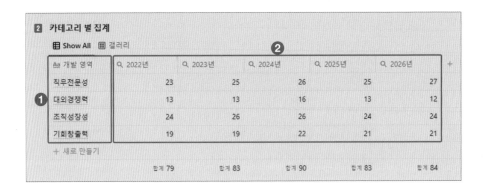

① 진단 문항 데이터베이스에서 진단한 결괏값을 카테고리, 연도별로 집계해서 볼 수 있습니다.

② 각 연도별 집계 값은 롤업으로 해당 연도 점수를 자동으로 계산해서 가져옵니다. 연도를 추가하는 경우 같은 방법으로 롤업 속성을 추가해서 만듭니다.

Reflection&Development Planning 데이터베이스

문항에 점수를 부여하는 것보다 문항을 읽으며 나의 현재 커리어 개발 현황과 앞으로 가야 할 방향을 생각하는 것이 더 중요한 목적입니다.

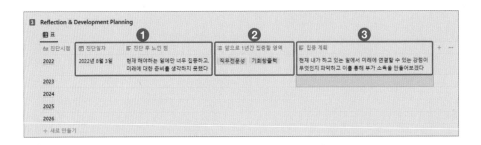

① 진단 일자를 적고 진단 후 느낀 점을 적습니다. 진단 점수보다 더 중요한 것이 문항을 체크하면서 느낀 생각입니다. 이 리뷰가 커리어 개발로 이어질 수 있도록 진단 후 느낀 점을 캡처하고 커리어 방향을 잡을 때마다 확인하는 것을 추천합니다.

② 앞에서 살펴본 커리어 성장 프레임워크의 네 가지 영역 중 앞으로 1년간 집중할 영역을 고를 수 있습니다. 매년 네 개 영역을 골고루 개발해야 하는 것이 아닙니다. 1년 단위로 내가 현 시점에서 집중할 영역을 생각해보고 두 개 이상 넘어가지 않도록 선택하는 것이 현실적입니다.

③ 집중 계획에는 집중할 영역에서 어떤 활동을 할 것인지 입력합니다. 직무전문성을 높이고 싶다면 '업무 일지 적기', 대외경쟁력을 높이고 싶다면 '분기 단위로 진행한 프로젝트 기록으로 정리해두기' 등의 활동을 계획할 수 있습니다.

위에서 설명한 내용을 데이터베이스에서 각각 페이지로 생성해서 기재해도 되지만 표 보기로 각 연도별 내용을 한번에 볼 수 있도록 속성 값으로 만들어서 쓰는 것을 추천합니다.

Q&A로 알아보는 커리어 개발의 핵심 노하우

필자가 커리어 개발에 대해 받아왔던 여러 질문을 살펴보겠습니다. 커리어 개발 방향에 한 가지로 정해진 답은 없습니다. 자신이 어떤 비전을 가지고 있는지에 따라 다른 버전의 개발 방향이 존재하므로 아래 내용은 커리어 성장 프레임워크에서 원하는 영역을 개발할 때 참고하는 것을 추천합니다.

Q1. 현재 vs 미래 준비, 어떻게 밸런스를 맞춰야 할까요?

현재 조직 안에 있다면 현재를 위한 일에 70%, 미래를 위한 준비에 30% 정도 에너지를 투자하는 것이 맞습니다. 현재 얻을 수 있는 기회를 제쳐둔 채 불확실한 미래 준비에만 걱정과 시간을 쓰는 것은 소탐대실입니다. 지금 일을 잘하려고 노력하는 과정에서 쌓여가는 실력이 여러분의 다음 스텝을 위한 중요한 양분이 될 수 있습니다. 이 또한 기회이므로 꼭 챙기기를 바랍니다.

Q2. 조직 내 vs 조직 외, 어떤 방향으로 준비할까요?

이 질문이야 말로 각자가 처한 상황마다 답이 다릅니다. 한 조직에 오래 머무르기보다 이직을 통해 자신의 커리어를 점핑하려는 사람이 있는가 하면, 공무원처럼 안정적으로 오래 지속할 수 있는 직장을 희망하는 사람도 많습니다. 어떤 직장에 다니던 노후 준비를 빨리 끝내고 조기 은퇴하겠다는 사람도 늘어나고 있고요. 자신의 삶에 커리어가 어떤 가치를 지니고 있는지에 따라 방향이 달라집니다.

자신이 원하는 방향대로 에너지를 쏟되, 한 가지는 꼭 기억하세요. **마음과 행동이 같은 방향으로 연결되게 만들어야 합니다.** 현재 다니고 있는 직장에서 의미 없이 시간만 보내고 있다고, 기회가 닿는 대로 빨리 그만두고 싶다고 생각하는 사람도 많습니다. 이럴 때는 어떻게 해야 할까요? 아무리 바쁘더라도 커리어 성장 프레임워크의 네 가지 영역 중에서 '조직 외'로 가기 위한 대외 경쟁력과 기회 창출력 영역을 개발해야 합니다. 그래야만 조직과 헤어질 수 있습니다. 이런 노력은 하지 않으면서 조직에 대한 불평에만 에너지를 쏟으면 슬프지만 당연하게도 조직에 그대로 남을 수밖에 없습니다.

반대의 경우도 마찬가지입니다. 안정적으로 조직 내에 오래 머무르는 것이 좋다고 생각한다면 조직 내에서 요구되는 직무 전문성과 조직 성장성 영역에 신경을 써야 합니다. 설령 자신이 다니는 회사가 성과와 상관없이 고용을 유지해주는 곳이라고 해도 다르지 않습니다. 누군가가 자신을 월급 루팡이라고 생각할 것 같다는 느낌은 스스로를 불행하게 만듭니다. 인간의 행복에 있어 유능감은 굉장히 중요한 요소입니다. 하루에 가장 많은 시간을 보내는 곳에서 가치 있는 성장을 만들지 못하고 단순히 머물러만 있는 것은 감옥에 있는 것과 다를 바 없습니다.

위에서 말한 내용은 우리가 커리어에서 큰 업적을 이루기 위함이 아니라 우리 삶에서 뺄 수 없는 키워드인 '일'에서 더욱 마음 편하게 자신을 긍정적으로 바라볼 수 있기 위함입니다. 그러기 위해서 마음과 행동의 연결을 잊지 않길 바랍니다.

Q3. 무엇부터 해야 할지 막막하다면?

아무리 진단을 하고 고민을 해봐도 지금 무엇을 해야 할지 모르겠다면 주저 없이 현재 하는 일에서 전문성을 높이는 데 힘을 쏟기를 권합니다. 지금 하는 일을 잘하려고 연마하는 과정에서 쌓을 수 있는 다양한 경험이 시드 머니(Seed money)가 되어 대외 경쟁력, 조직 성장성, 기회 창출력 영역의 개발로 이어질 수 있는 고리가 될 것입니다.

⊘ 노션 핵심 단축키

노션에서는 단축키가 직관적으로 잘 설정되어 있습니다. 제대로 익힌다면 마우스를 사용하지 않고 키보드만으로도 노션을 자유롭게 사용할 수 있습니다.

단축키 설명에서 **Cmd/Ctrl**은 Mac에서는 **Cmd**, Windows와 Linux에서는 **Ctrl**을 누르라는 의미입니다. 또한 **Cmd**+**Option**은 Mac에서의 조합, **Ctrl**+**Shift**는 Windows와 Linux에서의 조합입니다. 직접 입력해야 하는 키, 클릭해야 하는 부분은 **굵게** 표시했습니다.

페이지 단축키

Cmd/Ctrl + **P**   검색 창을 열거나 최근에 본 페이지로 이동

Cmd/Ctrl + **[**   이전 페이지로 이동

Cmd/Ctrl + **]**   앞(+) 페이지로 이동

Cmd/Ctrl + **Shift** + **U**   상위 페이지로 이동

Cmd/Ctrl + **+**   확대해서 보기

Cmd/Ctrl + **-**   축소해서 보기

블록 선택/편집 단축키

Esc   현재 블록을 선택 또는 선택된 블록을 선택 해제

Cmd/Ctrl + **A**   한 번 누르면 현재 마우스 포인트 위치의 블록을 선택

Spacebar   선택한 이미지 블록을 전체 화면으로 열기 또는 전체 화면 종료

→/**←**/**↓**/**↑**   다른 블록 선택

Shift + **↑**/**↓**   위/아래 블록 함께 선택

(Shift) + **클릭** 다른 블록과 그 사이의 모든 블록 선택

(Backspace) 또는 (Delete) 선택한 블록 삭제

(Cmd/Ctrl) + (D) 선택한 블록을 복제

(Enter) 선택한 블록의 텍스트를 편집, 페이지 블록일 때는 선택한 페이지 열기

(Cmd/Ctrl) + (/) 선택한 모든 블록을 편집 또는 변경

블록 입력 단축키

(*) + (Spacebar) 글머리 기호 목록 입력

([][]) + (Spacebar) 할 일 목록의 체크 박스가 만들어집니다. 괄호 사이에 띄어쓰기는 없습니다.

(1)(.)/(a)(.)/(i)(.) + (Spacebar) 번호 매기기 목록 블록 입력

(#) + (Spacebar) 제목1(대제목) 블록 입력

(#)(#) + (Spacebar) 제목2(중제목) 블록 입력

(#)(#)(#) + (Spacebar) 제목3(소제목) 블록 입력

(>) + (Spacebar) 토글 목록 블록 입력

(") + (Spacebar) 인용 블록 블록 입력

(:) + **이모지 이름** 해당 이모지 입력

(Cmd/Ctrl) + (Option/Shift) + (0) 텍스트 생성

(Cmd/Ctrl) + (Option/Shift) + (1) 제목1 생성

(Cmd/Ctrl) + (Option/Shift) + (2) 제목2 생성

(Cmd/Ctrl) + (Option/Shift) + (3) 제목3 생성

(Cmd/Ctrl) + (Option/Shift) + (4) 할 일 목록 체크 박스 생성

⊘ 노션 핵심 단축키

[Cmd/Ctrl] + [Option/Shift] + [5] 글머리 기호 목록 생성

[Cmd/Ctrl] + [Option/Shift] + [6] 숫자 매기기 목록 생성

[Cmd/Ctrl] + [Option/Shift] + [7] 토글 목록 생성

[Cmd/Ctrl] + [Option/Shift] + [8] 코드 블록 생성

[Cmd/Ctrl] + [Option/Shift] + [9] 새 페이지 생성 또는 해당 텍스트 블록을 페이지로 전환

[Option/Alt] + 드래그 페이지 콘텐츠 복제

텍스트 입력/편집 단축키

[Enter] 텍스트 한 줄 삽입

[Shift] + [Enter] 텍스트 블록 안에서 줄바꿈

[Tab] 들여쓰기

[Shift] + [Tab] 내어쓰기

[Cmd/Ctrl] + [Shift] + [→]/[←]/[↑]/[↓] 선택한 블록 이동

[Cmd/Ctrl] + [Option/Alt] + [T] 모든 토글 목록 펼침/닫힘

[Cmd/Ctrl] + [Shift] + [H] 마지막으로 사용한 글자 색 또는 배경 색 적용

[Cmd/Ctrl] + [Enter] 현재 블록 편집

텍스트 양쪽에 * 입력 텍스트를 굵게 표시

텍스트 양쪽에 / 입력 텍스트를 기울임꼴로 표시

텍스트 양쪽에 ~ 입력 텍스트에 취소선 표시

--- 입력 구분선 블록 입력

[Cmd/Ctrl] + [B]   선택한 텍스트를 굵게 표시

[Cmd/Ctrl] + [I]   선택한 텍스트를 기울임꼴로 표시

[Cmd/Ctrl] + [U]   선택한 텍스트에 밑줄 표시

[Cmd/Ctrl] + [Shift] + [S]   선택한 텍스트에 취소선 표시

원하는 것을 성취하면서도
여유롭고 행복한 삶을 응원합니다!

이제까지 필자의 삶을 움직이는 근간인 Life Management System와 이를 구현할 수 있는 노션 기능을 소개했습니다. 이 책을 읽는 독자에게 꼭 전하고 싶은 마음이 너무나 깊은 탓인지, 어쩌면 쏟아부었다고 표현하는 것이 더 적합할 수도 있겠네요.

십여 년 전의 필자는 참으로 까칠했습니다. 모든 사람은 자기 이유가 있듯, 저의 까칠함에도 다 이유가 있었지요. 아무리 노력해도 장밋빛 미래가 그려지지 않는다는 것입니다. '이렇게 회사 다녀서 월급 받고 언제 집 사고 언제 내가 하고 싶은 거 다 하고 살지?' 이런 마음으로 지내니 하루 하루가 고행 같고, 이런 고행을 견뎌도 마법 같은 큰 보상을 기대할 수 없겠다 싶었습니다.

그러다 함께 일했던 동료이자 인생에 좋은 자극을 주는 멘토를 통해 Life Management System 을 시작해보았습니다. 당연히 무언가 드라마틱하게 바뀌는 것은 아니었습니다. 그러나 시간이 지날수록 '오늘 하루 꽤 괜찮았던 것 같은데?'라는 날이 쌓여갔습니다. 때로 약속을 지키지 못한 날도 있었지만 지난 시간을 돌이켜보며 '마음먹은 대로 살아오고 있구나'라는 생각을 하며 놀라곤 합니다.

물론 현재의 제가 많은 사람이 선망하는 멋진 모습이 아닐 수는 있습니다. 하지는 저는 제 자신이 참 괜찮습니다. 이 자신감은 제가 살아 내고 있는 하루하루를 통해 쌓은 것입니다. 꼭 대단한 무언가가 되지 않아도 원하는 삶을 위해 만들어내는 뿌듯한 하루들은 미래에 대한 조바심에서 벗어나게 해줍니다. '이렇게 살다 보면 분명 내가 원하는 대로 갈 수밖에 없지 않겠어?' 삶에 대한 막연한 긍정도 여기서 생겨납니다.

저의 시행착오들이 제 삶의 방식을 더욱 견고하게 만들 수 있었습니다. 이 과정에서 숙성한 노하우를 여러분에게 아낌없이 나누고자 노력했습니다. 노션을 만나 체계적인 도구를 만들 수 있었고, 이 도구를 여러분과 나눌 수 있어서 행복합니다.

좋은 삶을 살기 위해 이 책을 사고, 읽는 여러분은 원하는 삶을 살기에 충분한 자격을 갖춘 분들입니다. 이 책과 노션이라는 도구가 원하는 것을 성취하면서도 여유롭고 행복한 삶을 사는 것에 보탬이 될 수 있다면 더할 나위 없이 기쁘겠습니다.

＿⁄ 2023년 6월 노사연 캐리, 박현정

⊘ 찾아보기